营造智慧课堂
——新课程小学语文创新设计

主　编　李　琼　刘学山

编　委　（以姓氏笔画为序）

王宏玉　刘学山　吕虎明
祁　俊　刘　琴　巫乃刚
杨志云　李丽萍　吴　烨
李笑雪　李　琼　范丽娟
孟祥桂　金　燕　胡冬梅
赵　敏　徐玲莉　陶　霞

图书在版编目(CIP)数据

营造智慧课堂:新课程小学语文创新设计 / 李琼,刘学山主编. —合肥:安徽大学出版社,2010.12(2013.7重印)

ISBN 978-7-81110-886-6

Ⅰ.①营… Ⅱ.①李… ②刘… Ⅲ.①语文课－课堂教学－课程设计－小学 Ⅳ.①G623.202

中国版本图书馆 CIP 数据核字(2010)第 225142 号

营造智慧课堂:新课程小学语文创新设计　　李　琼　刘学山　主编

出版发行:	北京师范大学出版集团 安 徽 大 学 出 版 社 (安徽省合肥市肥西路3号 邮编230039) www.bnupg.com.cn www.ahupress.com.cn
经　　销:	全国新华书店
印　　刷:	合肥创新印务有限公司
开　　本:	169mm×228mm
印　　张:	19
字　　数:	350 千字
版　　次:	2011 年 3 月第 1 版
印　　次:	2013 年 7 月第 2 次印刷
定　　价:	37.00 元

ISBN 978-7-81110-886-6

责任编辑:刘　红　江　琛　姜　萍　　　　装帧设计:李　军
责任印制:赵明炎

版权所有　侵权必究

反盗版、侵权举报电话:0551－65106311
外埠邮购电话:0551－65107716
本书如有印装质量问题,请与印制管理部联系调换。
印制管理部电话:0551－65106311

前　言

寻找智慧的原点

回顾这几年课程改革走过的路,总感觉自己永远赶不上时代的脚步。前沿的教学专家用自己的智慧,为我们展现了魅力十足的新语文教学,从激情语文到诗意语文、从本色语文到简单语文,色彩斑斓,各领风骚。在新课改这个T型舞台上,面对这些纷至沓来的新潮流,我们有时来不及捕捉,来不及咀嚼,最终只能把那颗奔放的心慢慢收回,留下些许最触动眼球的光彩慢慢欣赏,使自己不断在被创新和被否定中辗转,也许这就是矛盾中求发展吧。

反观教学专家们的课堂,我对"智慧"这个词充满了敬意。当你身边有一个充满智慧的长者引导你时,你的脚步将走得更坚定。当用"智慧"这个词指导教学时,我们的课堂无疑将迎来崭新的革命。

《新课程小学语文创新设计》就是智慧课堂的荟萃。从教者对教材的深刻解读中、从教学流程的独到设计中、从教学方法和手段的精心选择中,我们不难看出教者的虔心与匠心。同时,从《新课程小学语文创新设计》中也不难看出,在《新课程标准》下,一堂智慧的语文课应该具备的主要元素。

1.智慧的课堂应遵循语文教学的科学性和创造性。

教学是一种规范的社会行为,必须遵循一定的客观规律,具有一定的科学性。小学语文教学也不例外,必须在科学思想指导下进行。首先,要科学准确地确定教学目标及教学思路。其次,教学过程的组织要科学有序,使教学符合学生学习语文的规律;运用科学方法,合理地利用时间,保证学生有足够的时间进行听说读写的语文实践。另外,教师要以规范的、准确的语言进行启发、引导、解惑,课堂提问要精、要准、要巧。科学组织学生的语文能力训练,使学生深刻体会字、词、句、段、篇所表达的内容、思想、情感,理解语言的科学性,获得规范的语言积累。教学方法的使用,要化繁为简,变难为易,要在短时间内获得高效率。

2.智慧的课堂应有教师个性化的理解。

"感人心者,莫乎于情"。课堂上打动学生的是情,震撼学生的仍然是情。这就要求教师自己在阅读中要质疑文本,让自己的心灵与文本撞击,在撞击中受到触动,真正读出一点心得感受,不能浅尝辄止,不能顾此失彼,更不能混沌不明。面对洋溢着至理至善的文章,如果自己没有心得,以俗读、浅读、误读来理解,来"说文解义",可能会因缺乏智慧而让精彩的文章变得庸俗,也可能会因缺乏明辨而让清晰的内容变得冗杂。所以,一个好的教学设计需要教师对文章内容有自己个性的理解,尤其是对文本的提炼、加工、组合,或朴实,或大气,或精巧,这全在于教师"会之于心"的彻悟。

3. 智慧的课堂应该主线突出,有舍有得。

叶圣陶先生在《教学二十韵》中有一句名言:"作者思有路,遵路识斯真。"根据作者思路才能使教学循序进行。我十分赞同作者主线式阅读的方法,我们只有抓住重点,确定好课堂的教学主线,才可能把教学内容上升到一定的高度,学生才不会囿于支离破碎的知识点的学习,从而使课堂学习系统化。在实际教学中,确立教学主线的方法有很多,根据教学内容,可以设计情感主线、情节主线、空间主线等;根据教学目的,可以设计读书主线、识字主线、实践主线等。主线明晰说明教者思路清晰,目的明确;反之,面面俱到,则会因小失大。

4. 智慧的语文课堂是属于学生的,教师要学会等待。

课堂就是学堂,学生是主人,老师只是个组织者和引导者。让学生快乐地学习,对于老师来讲,是最有效、最智慧的做法;对于学生来讲,则是最有收获、最能增长智慧的语文课堂。如果我们能抓住学生的学习心理,激活他们的语言和倾诉需求,就一定能使语文课堂变成师生共同享受的快乐课堂。

等待,不是每个人都会的。在某些教师眼中,等待无疑是尴尬的冷场和时间的浪费;而在智慧教师的眼中,等待却是对学生心智的深度开发和唤醒。在解决问题的过程中,如果教师用鼓励的目光和平静的心态去等待,那么我们的学生定会静下来,沉进去,想开去,最终柳暗花明,豁然开朗。如此学习,才会真正刻到学生的骨子里,铭记在学生的心坎上;如此学习,才会真正激发孩子们的生命活力。

《新课程小学语文创新设计》给了我们许多有益的启示,相信你读了之后,也一定会有同样的感觉。

刘学山
2010 年 12 月

目 录

第一章 拼音教学
1. j q x 〔3〕
2. ang eng ing ong 〔9〕
3. 汉语拼音复习 〔14〕
4. 汉语拼音教法集锦 〔19〕

第二章 识字写字教学
1. 升国旗 〔23〕
2. 识字5 〔28〕
3. 识字6 〔33〕
4. 识字3 〔38〕
5. 写好钢笔字 〔43〕
6. 识字方法集锦 〔46〕

第三章 阅读教学
1. 鲜花和星星 〔51〕
2. 这儿真好 〔56〕
3. 美丽的丹顶鹤 〔62〕
4. 云房子 〔68〕
5. 台湾的蝴蝶谷 〔74〕
6. 军　神 〔80〕

7. 金 子 〔87〕
8. 掌 声 〔93〕
9. 庐山的云雾 〔99〕
10. 花瓣飘香 〔104〕
11. 狼和鹿 〔109〕
12. 海底世界 〔112〕
13. 日月潭的传说 〔119〕
14. 剪枝的学问 〔125〕
15. 揠苗助长 〔132〕
16. 开天辟地 〔137〕
17. 雾 凇 〔144〕
18. "番茄太阳" 〔150〕
19. 特殊的葬礼 〔157〕
20. "生命桥" 〔163〕
21. 古诗两首之一——《池上》 〔167〕
22. 黄河的主人 〔171〕
23. 变色龙 〔176〕
24. 滴水穿石的启示 〔182〕
25. 游园不值 〔188〕
26. 秦兵马俑 〔193〕
27. 月光启蒙 〔200〕
28. 自相矛盾 〔205〕
29. 大江保卫战 〔208〕
30. 轮椅上的霍金 〔214〕
31. 詹天佑 〔219〕
32. 冬夜读书示子聿 〔224〕
33. 勇 气 〔229〕
34. 寻 梦 〔234〕

第四章 习作教学

1. 给动物设计名片 〔241〕
2. 写写自己的新发现 〔245〕
3. 发表自己对某件事的看法 〔248〕

4. 记一次体验活动 〔251〕
5. 写一个自己喜欢或崇拜的人 〔256〕

第五章 综合性学习

1. 问　路 〔263〕
2. 未来的汽车 〔267〕
3. 动物——人类的朋友 〔272〕
4. 学会拒绝 〔275〕
5. 学做节目主持人 〔279〕
6. 学会安慰 〔283〕
7. 小小新闻发布会 〔287〕
8. 诵读与积累 〔291〕

第一章　拼音教学

1. j q x

教学内容 苏教版一年级上册汉语拼音第6课

创新思考

　　《j q x》一课的教学,要求学生在读准声母 j q x 并正确书写的基础上,准确拼读 j q x 与 ü 组成的音节,掌握 j q x 与 ü 组成音节时 ü 上两点省写的规则。ju qu xu 中的韵母实际上是 ü,读音也是 ü,只是书写时省写两点。普通话拼读规律则要求,j q x 不和 u 相拼,即使 ü 上两点省去不写,也不会与 u 混淆。可实际上,许多学生常出现如下错误:一是忘记省写 ü 上的两点;二是学会了省写规则后,又将其他声母与 ü 相拼时也去掉 ü 上两点;三是省掉两点后又将 ü 读成 u,造成拼读错误。为了突破这一难点,这节课的设计思路是:创设情境,激发学习兴趣,重视引导其正确的情感态度、价值观的形成;采用学生自己创编儿歌等教学形式,让学生用自己的眼睛去观察,动脑去思考,以促进孩子的观察、思维、表达等能力的提高。

教学设计

一、教学目标

　　1. 学会 j q x 3 个声母,认清形,读准音,能正确书写。

　　2. 能准确拼读 j q x 与 i ü 组成的音节,并了解 j q x 与 ü 相拼去掉 ü 上两点的省写规则。

二、教学重、难点

　　教学重点:正确认、写 b d p q 4 个声母;学会 j q x 与 ü 相拼两点省略的规则。

　　教学难点:j q x 与 ü 相拼时,ü 上两点省略。

三、教学时间
2课时。
四、教学准备
多媒体课件、j q x的字母卡片、课文挂图、学生自制"l c"图形卡。
五、教学过程

第一课时

1. 创设情境,激趣导入。

(1)(出示课件)小朋友们,今天老师带你们去桃园逛一逛。你们看,桃园里的桃子真多呀,又大又红。树下的小鹿斑比、小鸭妞妞和小狗汪汪馋得直流口水,可因为吃不着,急得直跺脚。你们能帮帮他们吗?这些桃子里面都藏有拼音宝宝,谁能叫出他们的名字,谁就能摘到这些桃子。

(2)课件逐个出示拼音字母:f t n m d p b g h l k,请学生"摘桃子",指名读,齐读。

2. 观察情境图,学习j q x的发音。

(1)学习"j"。

阿姨在用什么洗衣服?

教师边出示拼音卡片"j"边讲述:洗衣机的"机"跟这个声母 j 的读音相同。师范读,生跟读,指名读,齐读。

(2)学习"x"。

冰冰在干什么?你觉得她是个怎样的孩子?

洗衣服的"洗"的第三声改为第一声就是"x"。西瓜的"西"也可以帮助我们记住声母"x"的发音。师举卡片范读,指名读,大组开火车读。

(3)学习"q"。

阿姨为什么不上班?冰冰为什么不上学呢?因为今天是星期天。星期天的"期"读得短一些、轻一些,就是声母"q"的读音。自由读,指名读,男女生赛读。

(4)拍手念语境歌:"洗衣机,嗡嗡响,星期天洗衣裳,妈妈洗衣我帮忙。"

(5)听听拼音博士是怎么读的?

课件播放 j q x 发音方法的录像。学生跟着小博士学习正确的发音方法,了解 j q x 都是由舌面前部接触或接近硬腭前部而形成的音,叫"舌面音"。

【设计意图:此环节充分利用课文情境图,学生在对话交流和反复模仿练习中掌握声母的发音,既培养其观察和语言表达能力,又于潜移默化中培养其做力所能及的小家务、爱劳动的意识。】

3.利用图片,识记 j q x 的形。

(1)3个声母宝宝的名字我们记住了,该怎样记住他们的样子呢?(课件出示书中的字母和表音表形图)先自己想一想,然后小组讨论。

(2)展示、交流学习成果。

玩积木 jjj,小鸡啄米 jjj,小鸡带帽 jjj,竖弯加点 jjj;打气筒 qqq,像个"9"字 qqq,p 字转身 qqq;阿姨唱戏 xxx,刀切西瓜 xxx,一个大叉 xxx。

(3)变魔术,比较形近字母 b d p q。

①小组学习,拿出课前自制的学具"丨 c"图形卡,摆一摆、读一读、比一比,相互启发,看谁变得多。

②小组派代表交流汇报,课件随机以动态合成的形式显示 b d p q 4 个声母。

(4)课间做手指字母操:左下半圆 ddd,右下半圆 bbb,左上半圆 qqq,右上半圆 ppp。

【设计意图:乐于动手是孩子的天性,让孩子们亲自实践,在拼拼摆摆、读读比比中探索发现。学生经历这种分析、比较的过程之后,b d p q 的不同之处将会深深地印在脑海中,并且以后再碰到这样的问题,也会动脑去思考。】

4.指导书写,重在激励。

(1)学生自己看书,学习 j q x 的写法。

(2)交流 j q x 的写法。

(3)师范写,并强调四线格中的正确书写。

(4)学生练习写 j q x,教师巡回指导。

(5)师在实物投影仪上展示学生写错的字母,并集体纠正。

5.巩固练习。抽读字母卡片。

第二课时

1.复习检查。

(1)抽读字母 j q x。

(2)说说有关 j q x 的顺口溜。

2.引导发现。

(1)看动画,听故事。了解 j q x 与 ü 组成音节时 ü 上两点省写的规则。

我们的主人公是一只可爱的小熊,小熊 üü 今天在公园过生日,他邀请小狐狸 jj、小猪 qq、小猫 xx 来吃蛋糕。小熊戴着墨镜高高兴兴地站在公园门口迎接好朋友的到来,看见 jj qq xx 来了,连忙伸出手,可是他们都背过身去,不理他。

他转念一想,我戴着墨镜和人家握手多不礼貌呀!于是,他连忙摘下墨镜,向他们道歉,再和 jj qq xx 一一握手,一起开开心心做起了游戏(多媒体随机演示相关画面)。

【设计意图:形象、新颖的动画和绘声绘色的讲述,使枯燥抽象的规则变得生动有趣,让学生在美中学、趣中学,不仅能学到知识,习得技能,还促使学生在学习过程中培养健康的情感和审美的情趣。】

(2)学儿歌,拍手念儿歌。

üü见了jj qq xx,摘下墨镜再握手,知错就改懂礼貌,真是一个好孩子。

(3)多媒体演示动画,将小熊 üü 与狐狸 jj 握手的情景定格,在图的下方出示:

$$j—ü—ju$$

提示学生 j 和 ü 组成音节时,ü 上两点就像墨镜一样被拿掉了。

示范拼读,跟读,练读,指名读。

(4)课件演示:

j		ju
q	ü	qu
x		xu

让学生自己试着拼一拼,看看它们在一起发生什么变化,指名拼读音节,交流发现的变化。

(5)编顺口溜巩固。

①小朋友们很聪明,谁能想个办法把 j q x 与 ü 相拼的规律记住呢?

自由创编顺口溜,提示:可以把 ü 上的两点想象成不同的东西。

②集体交流。

小 ü 见了 j q x,摘下墨镜笑眯眯。

小 ü 遇到 j q x,擦掉眼泪笑嘻嘻。

小 ü 碰见 j q x,脱帽敬礼有礼貌。

小 ü 碰见 j q x,去掉两点还读 ü。

j q x,真淘气,从不和 ü 在一起,它们和 ü 来相拼,见了帽子就摘去。

【设计意图:学生的想象力、创造力是无限的,他们用眼去观察,用脑去思考,主动参与。孩子们编的顺口溜既好听又好记,在浓厚的兴趣中将 j q x 和 ü 相拼两点去掉这一规则牢记于心中,本课的教学难点也会迎刃而解。】

3.**看图拼读。**

(1)出示"机器"图,引导学生说出图上画的是什么。

(2)出示音节 jī,让学生自己试着拼拼读读,指名读,教师板书:j—ī—jī,个别读、开火车读、齐读。

(3)出示音节词:jī qì。个别读、请小老师带读、同桌互读。

(4)同样的方法学习音节词 hú xū,用多种形式让学生练习读。

(5)用喜欢的音节组词、说句。

4.扩展巩固。

(1)比一比,看谁读得又快又准。

出示音节:qì xī jǐ qú jú xū

学生自由认读、指名读、齐读。

(2)火眼金睛:找一找音节中的错误并改正。

xü qu jü

(3)填一填:

n－ü－(　)　h－u－(　　)　j－ü－(　　)　l－ü－(　　)

x－(　　)　－ xu

【设计意图:为了验证学生的学习效果,我设计了3个小练习:比一比、找一找、填一填,在练习中发现学生的不足,及时给予纠正,同时也能培养他们发现问题、思考问题、解决问题的能力。】

板书设计

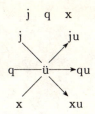

探究反思

　　j q x 与 ü 相拼的规律是本课教学的难点,也是重点。教学时,我借助课件,先用童话故事的形式来吸引学生,用小熊摘墨镜的方式来启发学生,认识拼读规律。接着,我出示顺口溜,"üü见了 j j q q x x,摘下墨镜再握手,知错就改懂礼貌,真是一个好孩子"。这样,学生不仅对规律加深了印象,而且喜闻乐见的形式也让他们着迷,喜欢上了知错就改、有礼貌的小熊 üü,正确引导情感、态度、价值观,实现了新课程的三维目标。随后,我用课件出示 j q x 与 ü 组合在一起的音节,引导学生自己试着用拼读规则创编顺口溜,激发了他们的想象力和创造力。孩子们兴趣盎然,编出来的顺口溜生动易记。在巩固环节中,让学生在比比、找找、填填的趣味练习中活学活用。本课教学设计故事情节,运用做游戏、编口诀等方法和形象直观的多媒体教学手段,激发学生的学习兴趣,开发学生智力,使学生成为学习的主体,并使其在快乐的学习氛围中有效地理解和掌握 j q x 与 ü 相拼的规律。

2. ang eng ing ong

教学内容 苏教版一年级上册汉语拼音第15课

创新思考

关注每一个学生的发展,是《新课程标准》的基本理念。在教师的课堂理念中,应把目光落在每一个学生身上,让每一个学生都觉得自己受到了老师的关注,课堂上没有被老师遗忘的角落。本节课应该采用做游戏、讲故事等形式来激发孩子学习的欲望,培养他们学习拼音的兴趣,并且通过大面积指名读、开火车读、同桌读等方式,让每一个学生在课堂中都有展现自我的机会,都有和同学交流的时间。在每个学生的自我表现中,老师还能发现学习落后者,及时进行查漏补缺。

教学设计

一、教学目标

1.学会后鼻韵母 ang eng ing ong 和整体认读音节 ying。能读准音,认清形,正确书写。

2.学习声母与 ang eng ing ong 组成的音节,能准确拼读音节,正确书写音节。

二、教学重、难点

教学重点:后鼻韵母的发音、声母和后鼻韵母组成音节的拼读。

教学难点:eng ing 的发音和三拼音节的拼读。

三、教学时间

2课时。

四、教学准备

多媒体课件、拼音卡片。

五、教学过程

第一课时

1.复习检查,铺桥搭路。

(1)我们在拼音乐园中认识了几位新朋友,你们还记得是谁吗?

(2)指名认读 an en in un ün。

(3)全班齐读 an en in un ün。

(4)听说我们班的小朋友特别喜欢学拼音,今天老师专门请小蜜蜂当导游,带我们一起去拼音乐园中玩。你们准备好了吗?我们出发了。

【设计意图:富有童真童趣的复习导入语可以激发学生浓厚的学习兴趣。】

2.创设情境,引出新课。

(1)引导看情境图。

图上画的是什么地方?有哪些人?他们在干什么?孩子们放的是哪种风筝?(一群孩子在田野里放风筝,他们放的风筝各种各样,有老鹰风筝、有蜜蜂风筝,还有龙风筝)

这里面放风筝的"放"去掉声母就是我们今天学的韵母 ang,这是老鹰的 ing,这是长龙的 ong,还有蜜蜂的 eng。(师一边指图一边说)

(2)相机出示卡片:ang eng ing ong。(板书:ang eng ing ong)

(3)教学语境歌:"星期天,天气晴。小朋友们放风筝,有蜜蜂、有长龙,还有一只大老鹰。"

【设计意图:通过看情境图和听语境歌,引出教学主题,调动学生的多个感官参与学习,形式新颖,能激起学生的学习兴趣。】

3.指导发音,学会读法。

(1)教学 ang 的读音。

①师读,放风筝的"放"去掉声母,读第一声就是 ang。

②出示"ng"并讲述发音方法:新朋友后面的"ng"怎么读呢?请看老师的口形,看哪个小朋友观察得最认真、学得最快?要读准这个音,记住老师的三句话就可以了:"嘴巴张开一点,舌头平平地往后缩,鼻子出气。"

③老师用手当舌头,边做手势边发音"ng",全班跟读。

④范读,同座位读,指名读,开火车读,反复练习。

⑤将 ang 和 an 比较,告诉学生 ang 叫"后鼻韵母"。

⑥教学 ang 的四声。学生自由练读,指名读,齐读。

(2)eng ing ong 的教学方法同上,可让学生推测它们的发音,要着重指导发音有困难的同学。

(3)比较前、后鼻韵母的区别。

(4)出示前鼻韵母,认读。

(5)出示 ang eng ing ong,指名说说发前鼻韵母和后鼻韵母的时候要注意什么?(注意它们的字形特点)

【设计意图:此环节设计旨在关注每一个学生,抓住难点,以点带面。在教学后鼻韵母时,关键在于"ng"的发音。先出示"ng",教师说清楚发音的方法,然后通过范读、指名读、开火车读,让每一个学生都掌握发音方法。在此基础上,学习 ang eng ing ong ying,以点带面,面向全体。这种教学设计与老师逐个指导后鼻韵母的发音相比,既能节省教学时间,又能提高课堂教学效率。】

4. 整体认读,四声拼读。

(1)师:小蜜蜂带谁来了?出示拼音卡片"ying",猜猜看,它喜欢和谁交朋友?为什么?(通过"ying"和"ing"的比较,解决了"ying"的读音)

师告诉学生:ing 是后鼻韵母,而 ying 是整体认读音节,不用拼,应整体记忆。

(2)师先示范读"ying",生跟读,然后分组读。

(3)讲故事,相机出示 ying 的四声卡片:yīng yíng yǐng yìng。

一天,猫头鹰(yīng)妈妈带着她的孩子来到野外,她要教她的孩子学习翱翔。可孩子才学了一会儿就不耐烦了,他嚷嚷着要妈妈教他捕捉田鼠的本领。妈妈耐心地说:"孩子,假如不会翱翔,怎能捉得到田鼠呢?"这时,燕子姐姐飞过来对小猫头鹰说:"还是让我来教你翱翔的本领吧!"猫头鹰妈妈兴奋地说:"欢迎(yíng),欢迎(yíng)!"只听"唧"的一声,怎么不见了燕子姐姐的影(yǐng)子?原来她已经由这边的稻田之上,飞到了那边的高柳之下。小猫头鹰看到燕子姐姐的本领这么高,佩服极了,这才下了决心:一定要好好学习。经过刻苦的学习,小猫头鹰终于学到了一身过硬(yìng)的翱翔本领。猫头鹰妈妈也答应了孩子的要求,教孩子捕捉田鼠的本领。最后他们母子俩一起帮农民伯伯除害。

(4)打乱顺序出示 ying 的四声卡片,进行抽读练习。

5. 课堂练习,巩固新知。

(1)认读字母卡片,开展小竞赛,看谁找得快。

(2)将单韵母 a o e i u ü 和尾巴 n ng 的卡片发给学生,师发音,生做组合卡片游戏。

(3)听音节,说说声母和韵母各是什么?

【设计意图:由于低年级学生刚入学不久,注意力易分散,40 分钟的学习时间对于他们来说是很漫长的。根据学生活泼、好动、爱玩的特性,在教学中穿插竞赛和游戏,让学生在玩中学,这样既能活跃课堂的气氛,又能吸引学生的注意力。】

6. 当堂描红,指导书写。

小朋友,今天我们又交了几个新朋友,高兴吗?想要写一写吗?

(1)出示四线格,教师范写 ang　eng　ing　ong　ying,让学生观察它们的占格位置。

(2)描红。

(3)学生练习,愿意写几个就写几个,直到自己满意为止。

【设计意图:培养学生的观察能力以及辨别能力,激发他们的自我评价、自我调控意识。】

7. 总结新课,布置作业。

(1)今天我们又认识了4个后鼻韵母朋友 ang　eng　ing　ong,我们不仅掌握了它们的音形,能够正确书写,而且还学习了整体认读音节 ying,同学们真棒!

(2)制作 ang　eng　ing　ong　ying 小卡片。

【设计意图:培养学生的动手能力,孩子在实际操作过程中提升对所学知识的兴趣,提高教学的实效性。】

第二课时

1. 复习检查。

(1)齐读 ang　eng　ing　ong。

(2)指名读,整体认读音节 ying　yīng　yíng　yǐng　yìng。

(3)区别读前、后鼻韵母。

(4)听音,找韵母。

2. 学习拼读音节。

(1)看图读音节词。

①出示图画:图上画的是什么?(房屋)相机出示 fáng wū,指名拼读,提醒学生注意声调。

②指名说说这是什么音节,怎么读。

③学生自由练习,指名领读,小组读,齐读。

(2)huā shēng　shuǐ píng　hóng qí　方法同上。

【设计意图:通过小组展示朗读、个人展示朗读,调动大家朗读的积极性,也增强大家区分后鼻韵母与声母拼音的能力。】

(3)读拼音句子。

①指导看图,图上画的是什么?(小蜜蜂)它们在干什么?(飞来飞去)小朋友在干什么?(她在看小蜜蜂)她看到了什么?(小蜜蜂飞到了花丛里面)

②引导学生诵读拼音句子。
③反馈指导,指名读准后鼻韵母的音。
④指名读,小组读,男女生读,齐读。(适时评价)
【设计意图:给个人和小组在全班展示的机会,激发孩子们的兴趣和荣誉感,同时,评议的过程也是展示孩子学习能力的过程,两者相结合促使孩子读准、读好,促使孩子在学习上精益求精。】

3. 巩固练习。
(1)练读课文。
(2)比一比,读一读。

an—ang en—eng in—ing ing—ying

(3)抄写音节词。

板书设计

    fáng wū huā shēng shuǐ píng hóng qí

探究反思

1. 融入游戏,融入故事。

根据一年级学生的心理和生理特点,我在教学中穿插了一些游戏,在课堂中引入了"小蜜蜂",让学生在游戏中学习,在童话般的情境中学习,既活跃了课堂气氛,也极大地吸引了学生的注意力。

通过讲故事的方式也能极大地激活学生的语言与思维能力,使其得到充分的发展。例如,在教"ying"这个整体认读音节时,我设计了富有童话色彩的故事,把 ying 的 4 个声调的音节放在具体的故事情节中,给抽象的音节赋予了实在的意义,这极大地吸引了学生的注意力,并激起其学习兴趣。

2. 抓住难点,以点带面。

后鼻韵母的教学,关键在于"ng"的发音。我在教学中对本课难点进行准确的定位。先出示"ng",接着说清楚发音的方法,然后通过范读、指名读、开火车读,让每一个学生都掌握发音方法。在此基础上,学习 ang eng ing ong ying,以点带面,面向全体。这种教学设计与教师逐个指导后鼻韵母的发音方式相比,既节省了教学时间,又提高了课堂教学效率。

3. 引导观察,训练朗读。

在教学中,教师注重利用学生已有的经验,引导他们去观察、比较,找出前后鼻韵母的规律。让学生组成小组,或一一对应、或轮流展示、或集体朗读,以多种形式进行朗读训练,从而进行有效的合作学习。

3.汉语拼音复习

教学内容 苏教版一年级上册

创新思考

　　本课是一年级上册汉语拼音单元的总复习课,第一部分是声母表、韵母表和整体认读音节表;第二部分是汉语拼音儿歌。德国哲学家约瑟·狄慈根有句名言:"重复是知识之母。"复习是帮助刚入学的孩子巩固拼音知识、提高拼读能力,并把拼音知识系统化的方法。通过分析学龄初期儿童的生理心理特点可知,这一时期的儿童形象思维占主导地位,注意力保持时间短,又较好动。所以,本课设计采用学生喜爱的游戏形式,提出具有挑战性的问题,以歌谣、游戏、竞赛等方式激发学生的学习兴趣,化枯燥无味为生动形象,使学生在欢快轻松的气氛中复习了汉语拼音知识。

教学设计

一、教学目标

　　1.巩固声母、韵母和整体认读音节的知识,熟记汉语拼音字母表。

　　2.诵读汉语拼音儿歌,提高拼读能力,了解每首儿歌的意思,丰富语言积累。

二、教学重、难点

　　教学重点:全面系统地掌握声母、韵母和整体认读音节。

　　教学难点:

　　1.ｂｄｐｑ的区分。

　　2.ei和ie、ui和iu的区分。

　　3.前、后鼻韵母发音。

　　4.整体认读音节。

三、教学时间

2课时。

四、教学准备

多媒体课件、拼音卡片。

五、教学过程

第一课时

1. 激趣导入。

在拼音王国里,有许多我们熟悉的老朋友,邀请我们去做客。今天,老师要带小朋友去"汉语拼音王国"游玩,你们想去吗?准备——出发!(配上音乐,学生自由做动作)

2. 复习声母。

(1)要想进入声母朋友的家,需对上一些口令,你能对出来吗?小朋友们一起来试试看!课件出示23个声母的"表音表形图",指名说。

例:水上冲浪——bbb

小猴推车 ppp、一根拐杖 fff、模特表演 ttt……

(2)过渡:小朋友们对得又快又好,现在我们可以进入声母朋友的家了,赶快来叫出他们的名字吧!

(3)打开书自己读声母表,注意声母要读轻一些、短一些。小组比赛读,齐读。

(4)认认双胞胎:有些声母宝宝长得特别相像,大家能不能认清楚他们呢?学生汇报相似的声母,老师课件出示。

①辨别形近、音近声母:

〈1〉b—d p—q 〈2〉f—t 〈3〉z—zh c—ch s—sh

②同桌合作读。

(5)看声母表,按声母表顺序一部分一部分地背,很容易背下来。比赛看谁背得快,开火车背。

3. 复习韵母。

告别了声母,我们继续向前走,去看望拼音王国里的其他朋友。咦,今天韵母宝宝怎么都不在家?原来他们到大森林去玩迷路了,请同学们帮帮忙,把他们送回家。

(1)分别出示单韵母、复韵母、前鼻韵母和后鼻韵母4座房子,请学生把相对应的韵母送回家。

①单韵母 a o e i u ü。

②复韵母(由两个单韵母组成):ai ei ui ao ou iu ie üe 再加一个 er(特殊韵

母)。有些韵母宝宝长得也很像,小朋友分得清吗?(根据发音方法来区别)

课件出示易混淆的韵母:

⟨1⟩iu—ui dui diu hui jiu liu kui tui

⟨2⟩ei—ie xie gei jie bei qie lie fei

③前鼻韵母:an en in un ün

④后鼻韵母:ang eng ing ong

说说前鼻韵母和后鼻韵母之间发音的区别,重点认读,同桌互读。(前鼻韵母:舌尖抬起,抵住上牙床。后鼻韵母:舌根高抬,舌头后缩,抵住下牙床。)

(2)出示韵母表,提醒学生韵母要读得响一些、长一些。学生反复认读,指名让学生认读。

(3)小组内赛读,4个组员分别读单韵母、复韵母、前鼻韵母和后鼻韵母,小老师正音。

【设计意图:通过观察、比较、分析,让学生体会易混声韵母的相同点和不同点,可以帮助学生读准音,认清形,形成正确、清晰的认识。小组合作学习可提高学生学习的兴趣,培养学生的协作意识。】

(4)背诵韵母表。

把24个韵母分为四大组、七小组,按顺序记。

①a o e/i u ü

②ai ei ui/ao ou iu/ie üe er

③an en in un ün

④ang eng ing ong

4.复习整体认读音节。

下面我们就来看一类特殊的音节——整体认读音节。这些音节不用拼读,见到就直接读出来。

(1)出示16个整体认读音节。

zhi chi shi ri zi ci si

yi wu yu

ye yue yuan

yin yun ying

找出规律,归类整理,认清形,读准音。

①第一行是翘舌音 zh ch sh r 和平舌音 z c s 分别加不发音的 i 组成。

②下面三行中大多都有大 y,懂礼貌的 ü,一见到大 y 伯伯,马上就摘下帽子敬礼。(yu yue yuan yun)

③ie 长胖了,只好把太小的衣服(i)脱掉,换上大衣(y),变成 ye。
④w 开头的整体认读音节只有 wu。
(2)按顺序读熟,卡片抽读,全班开火车读,全组没有读错的画红星。
(3)背诵整体认读音节表。
(4)游戏:采蘑菇。(课件)

由 y w 打头的音节不一定都是整体认读音节。现在我们一起去小河边采蘑菇吧!从众多的音节卡中找出整体认读音节卡,找对了,卡片下面会出现一朵大蘑菇。指名读,读对了全班跟读。

y:yao yi ying yu ye yan yue yun yang yuan yong you ya
w:wang wu wai wei wa wo wan weng wen

【设计意图:学生在认清、读准整体音节的基础上,凭借自己已有的经验进行分辨,教师再抓住时机,及时纠正、强化,给学生充分实践的机会。通过大量音节的比较,帮助学生掌握整体认读音节不能拼读而必须整体认读的特点。】

第二课时

1. 复习巩固。

(1)听音取片。学生每人准备一套写有声、韵母的字母卡片。老师读,学生迅速取出相应的卡片,看谁拿得又快又对。

(2)搭桥。选 4 个"小建筑师",手持卡片在黑板上按顺序搭建整体认读音节桥,过桥最快的"小建筑师"带读所排音节。

【设计意图:这两个游戏生动、有趣,既可活跃课堂气氛,也能使学生的手、脑、口并用,进一步巩固声、韵母和整体认读音节的知识。】

2. 复习音节。

过渡:拼音王国里的娃娃团结友爱,声母和韵母这两个好朋友常常手拉手一起玩耍和散步,这样就组成了我们的另一类朋友——"音节"。

(1)音节都分为哪三类呢?(整体认读音节、两拼音节、三拼音节)
(2)两拼音节、三拼音节。
①两拼音节:由 1 个声母和 1 个韵母组成。举例:pu,并复习拼读方法。
②三拼音节:由 1 个声母和 2 个韵母组成。举例:jia,并复习拼读方法。
复习 ü 和 j q x y 相拼的省写规则。

3. 读拼音儿歌。

(1)这些都是学拼音时老师教过的语境歌。现在自己来拼读,注意不要一个音节一个音节地顿读,也不要不看拼音念成顺口溜。

(2)请2名学生比赛读第一首儿歌,评读。

(3)让学生挑选自己读得最好的一首儿歌在小组内读给大家听,相互帮助,纠正错误。

4. 拓展延伸。

(1)小朋友们每天可以用拼音在绘画日记本上写上一句心里话,画画自己所写的事物。

(2)课后可以多多阅读带拼音的故事、儿歌等。

【设计意图:汉语拼音是识字的拐杖,除了在课堂上反复练习,还要延伸到课外,在不断的运用中达到巩固的目的。】

板书设计

汉语拼音复习
声母　韵母　整体认读音节

探究反思

本课教学设计遵循《语文新课程标准》指出的"汉语拼音教学尽可能有趣味性,宜以活动和游戏为主"的教学原则,寓枯燥乏味的拼音知识于生动活泼的游戏、活动中,让学生在轻松愉快的气氛中熟记汉语拼音字母表,朗读汉语拼音儿歌,提高拼读音节的能力。

1. 系统性。

复习课给了孩子一个全面认识声母、韵母和整体认读音节的机会,抓住音形易混淆的声母、韵母和整体认读音节对其予以强化练习,温故而知新,为今后学习普通话、识字和阅读打下扎实的基础。

2. 情趣性。

学习语文需要孩子和老师共同营造一个轻松的学习环境。我把孩子带入拼音王国,让孩子在童话里学习,这样孩子的学习始终处于故事当中,让他们始终没有感觉到是在学习,而是在玩。玩中学、学中玩,让学习的全过程成为孩子难忘的快乐体验。

3. 参与性。

在教学过程中,我充分利用多媒体课件,师生交互,生生交互,生动、直观地学习我们的母语发音,使学生的学习积极性大大提高。"对口令"、"认认双胞胎"、"采蘑菇"、"听音取片"等有趣的学习方式激发了学生的参与意识,提高了学生的拼读能力。教师不再是满堂灌的教书先生,而是孩子的学习伙伴,是学习活动的指导者和帮助者,这就真正体现了学生的主人翁地位。

4. 汉语拼音教法集锦

图画与拼音相交互

教师和学生可自制卡片,一面是图画,另一面是拼音。课上可利用事先制好的卡片进行训练,即让学生看图想拼音,读拼音想图画。这种训练一方面巩固了拼音知识,另一方面又能使学生在认识事物的同时培养他们的观察力,拓展他们的思维想象能力。

表演突破重难点

大家知道,儿童的特点就是好动,表演是他们比较喜欢的一种活动方式。让儿童在活泼、生动的"演一演、做一做"中学习新知,可以让他们通过表演来掌握教学中的重难点,从而学得轻松,学得自然,并能记得牢固。

讲故事激发学习兴趣

浅显生动的故事能引起儿童的兴趣,使其潜移默化地获得知识。新教材精美的插图给人以完整、和谐、自然、生动的美感,做到了知识性与趣味性的统一,体现了思想美、色彩美、音韵美。教师在最初教学拼音时,要充分利用插图的功能,让学生仔细观察插图,老师边讲故事,边将学生引进拼音的王国,激发他们学习拼音的兴趣。在逐步学习的基础上,教师再引导学生自己一边看图一边说故事,这样不仅能激发学生学习的兴趣,养成勇于表达的习惯,提高说话的能力,而且还培养了他们的想象和思维能力。

利用儿歌进行趣味记忆

儿歌是一种将所学内容转化为音乐智慧的最便捷、最直观的形式。一年级刚入学的学生尤为喜欢这种形式。新编语文教材中安排了不少语境儿歌,教师应创造性地利用。另外,教师也可根据教学的实际需要,自编一些生动的、贴近学生生活的儿歌,让学生在趣味中学有所得。

在游戏中进行学习

游戏可以活跃课堂气氛,调动学生学习的积极性,让学生在轻松快乐的氛围中获取知识,享受到学习的乐趣。刚入学的儿童注意力不易集中,要使他们掌握拼音知识，就必须采取形式多样、生动活泼的教学方法来激发他们的学习兴趣，引导他们积极主动地参与学习活动。可以将枯燥无味的复习巩固方法换成"找朋友"、"摘花"、"摘苹果"、"送信"、"爬山比赛"、"开火车"等游戏形式，以激起学生的学习兴趣。

开展比赛活动

比赛活动既可检测学生的拼音掌握情况，又可调动他们的学习积极性。因此，在拼音教学中，教师可适当在课上开展一些训练性的比赛活动。如开展一些"看谁读得准"、"看谁读得快"、"看看谁是我们的拼音大王"等比赛活动，来调动学生学习拼音的积极性，不断提高他们的拼读能力。

恰当运用现代化教育手段

儿童入学前知识和经验的积累，一部分来自生活，还有一部分来自现代化传播媒介。教学拼音完全可以借鉴现代化教育媒体，在创设生活情境与认识事物相结合等拼音教学过程中，适当运用现代化教育手段，这样能起到直观、有效的作用。

第二章　识字写字教学

1. 升国旗

教学内容 苏教版一年级上册第 2 课

创新思考

　　《升国旗》是一首小诗,只有一节,三句,六行,25 个字,押韵上口,好读易背。通过学习这首诗,孩子们能了解五星红旗是我们的国旗,升旗时要奏国歌、要敬礼等常识。学生透过文字感悟文中浓浓的爱国之情是教学的难点,也是语文学科人文性特点对语文教学的必然要求。情感体验是伴随阅读全过程的,情境渲染,品读悟情,是激发学生情感体验的重要手段。要感悟,就必须充分地读,熟则能悟,悟则能化。因此,在教学中我主要以学生为主,以读为主,让学生在读中了解国旗,激发学生热爱国旗、热爱祖国的感情。

教学设计

一、教学目标

　　1.能正确、流利、有感情地朗读课文和背诵课文。

　　2.学会本课 7 个生字:升、我、们、中、立、正、向;两条绿线内的 7 个字:国、旗、歌、起、您、敬、礼,只识不写。认识 2 个笔画:斜钩和提。理解由生字组成的词语。

　　3.知道五星红旗是我国的国旗,知道国旗的象征意义,激发学生的爱国主义情感。

二、教学重、难点

　　教学重点:

　　1.正确、流利、有感情地朗读课文和背诵课文。

　　2.读准生字的字音,正确、规范地书写。

　　教学难点:在读中理解国旗的含义,激发学生尊敬国旗、热爱国旗的情感。

三、教学时间

2课时。

四、教学准备

录音机、磁带、教学挂图、多媒体课件。

五、教学过程

第一课时

1. 导入新课,观察挂图。

(1)看课文情境图:这是什么时间?谁在什么地方干什么?你还观察到了什么?

(2)咱们一起给课文插图起个名字,叫它什么呢?齐读课题。

2. 初读课文,整体感知。

(1)有位诗人还给这幅画配上了一首好听的小诗,小朋友们听老师读一读。教师配乐范读课文。

(2)借助拼音自由读课文。注意:读准字音,词语连读,声音响亮。

(3)同桌互读,互相正音,读得好的在书上画一面小红旗,帮得好的画一个大苹果。

(4)开火车读,检查绿线内和生字条的生字读音,教师相机正音。

(5)指名分句读课文。齐读课文。

【设计意图:借助课文插图来引导学生听读课文,学生会很快进入识字情境,会很顺利地借助汉语拼音把句子读正确。通过自由读、同桌读、开火车读等形式,使生字的音字字落实。反复朗读文章,为理解诗意打下坚实的基础。】

3. 析文明理,指导朗读。

(1)学习第一句。

①课件出示国旗。

国旗是一个国家的标志,你们看这面国旗什么样子?什么颜色、什么图案、什么形状?所以我们叫她——"五星红旗"。

【设计意图:老师精心设计的提问促使学生的观察和表达有了明确的方向,更加具体和有条理,有利于学生观察能力和表达能力的提高。】

②讲述:这一颗大星代表中国共产党,这四颗小星代表全国各族人民,四颗小星向着一颗大星,代表着在中国共产党的领导下,全国各族人民大团结。

③五星红旗代表什么?我们国家的全称是什么?我们都是中国人,所以她是——"我们的国旗"。

④你们看,我们的国旗多么美丽,读出美丽的感觉。练读,指名读,齐读。

(2)学习第二句。

①请小朋友们闭上眼睛,回忆一下,每周星期一的早上,我们在操场上升国旗时,听到了什么、看到了什么?

②指名读句子:"国歌声中,高高升起。"

③看图,五星红旗在祖国的蓝天上飘得多高呀!读出高高飘扬的感觉。男女生赛读。

(3)学习第三句。

①升国旗、奏国歌的时候我们应该怎么做呢?

指名读句子:"我们立正,向您敬礼。"

②请生做动作理解"立正"、"敬礼"时我们该行什么礼?(注目礼)少先队员呢?(敬队礼)为什么用"您"而不用"你"呢?(表示对国旗的尊敬)"您"一般用在长辈或值得你尊敬的人身上,在生活中可以用"您"称呼哪些人?

③升国旗、奏国歌时身体要站直,不讲话,不乱动,行注目礼。下面我想检查一下同学们是否做到了,全体起立,升国旗、奏国歌。

多媒体演示北京天安门前的升旗仪式,全班模拟参加升旗仪式。

④看着鲜艳的五星红旗,你有什么话想对她说吗?

⑤向国旗敬礼表示我们尊敬国旗、热爱祖国,谁能读出对祖国的热爱之情?自荐或推荐读,评读,齐读。

【设计意图:逐句指导,有的放矢,比较符合低年级教学的特点。让学生在观察、说话和理解文本的基础上进行诵读,体现学生的主体性,也体现对学生理解独特性的尊重。】

4. 回归整体,读背全诗。

(1)听录音,想一想播音员叔叔读得好在哪?

(2)指导标注重音符号和停顿线,读出停顿和重音。

(3)教师范读,学生仿读,齐读。

(4)总结并引读全诗:

学习了今天的课文,我们知道,五星红旗是_____(我们的国旗),在国歌声中_____(高高升起),升国旗时,我们要_____(立正),向国旗_____(敬礼)。

(5)用自己喜欢的方式背诵小诗,指名试背,师生一起边背诵边表演。

5. 布置作业,课外拓展。

把课文背给爸爸、妈妈听,或给他们介绍升国旗时的情景。

第二课时

1.复习巩固。
(1)认读词语。
(2)指名背诵小诗。

2.学习生字。
(1)说说你是怎样记住生字的。四人小组内交流自己的识字方法。
(2)认识新偏旁,范写,"提"要写得短而有力,"斜钩"要写得舒展到位。
(3)自学笔顺图,边说边书空笔顺。重点提示"正"和"我"的笔顺。
(4)读帖,指导学生观察生字的各个部分所在田字格的位置,讨论怎样写才漂亮,师相机范写。

升:比较短撇和竖撇。"左边撇小小,右边竖长长。竖撇和竖在一起,还是一竖长。"

我:比较竖钩和斜钩,钩的方向不同,竖钩往左钩,斜钩往右钩。"斜钩个子高,顶天又立地,更加有精神。"

向:"撇头长一点,框框上宽下面窄",竖画和折处向里收。

们:左右结构,左窄右宽,"人在门前站,门变瘦一点"。

正:"短横和短竖,上下左右空相等。"

【设计意图:一年级是写字的起步阶段,一开始,教师要扶着学生看,带着学生认真读帖,观察揣摩字的笔画和结构,看清字的形状、特点及其在田字格中的大体位置。点拨总结书写要点时,朗朗上口的儿歌易诵易记,既能避免琐碎分析,又能激起孩子的识字兴趣,帮助学生积累规律性的知识。】

(5)配乐描红,教师巡视,纠正学生错误的握笔和书写姿势,表扬写字有进步的同学。

3.布置作业:完成习字册。

板书设计

2.升国旗

五星红旗　升起

立正　敬礼

探究反思

低年级学生的形象思维占主导地位。教学时,我把抽象的课本知识以具体的画面、音乐等形式展现在学生面前,进行视觉和听觉的巧妙刺激。学生通过自主地看、听、读、演等一系列的实践活动,知、情、意、行相辅相成,在轻松愉快地学会知识的同时,也受到了语言文字中蕴含的对国旗崇敬和对祖国热爱的情感的熏陶。

在教学中,我设计新颖的歌谣巧妙点拨了书写要点,以提高学生写字的能力。从笔画、笔顺、结构等来科学分析每个生字书写的重点和难点,"因字制宜",避免平均使用力量,如教学"升"抓住短撇和竖撇,比较笔画的大小和长短;教学"我"抓住竖钩和斜钩,比较钩的方向的不同。

本节课的教学设计,注重基础知识和技能的落实。落实字音,落实字词理解,落实朗读训练,落实写字基本功,每一环节均能以生为主体,启发、示范、激励、引导,激发学生积极参与的兴趣,提高了课堂教学效率。

2. 识字 5

教学内容 苏教版一年级上册

创新思考

　　这篇课文最显著的特征就是采用"词串"和图画来识字,令学生看到图想到词,读到词想到图。这是一堂指导学生识字写字,培养其观察、想象、口头表达能力的好课例。词串识字是课标本苏教版的特色,它将一些表面不相关但意思紧密相连的词语巧妙地连成配有插图的韵文,有着很强的整体性、可读性。这种识字形式充满诗意,充满情趣,深受学生欢迎。教师只需要当一名导游,引导学生游历于韵文的意境中,让学生体会韵文之美妙。同时,在教学中,引领学生感受、体会、欣赏汉字的优美,探究、分析汉字的特点,积极主动地学习汉字,识记汉字,书写汉字,注意培养学生"提笔即练字"等良好的写字习惯。

教学设计

一、教学目标

　　1.学会本课7个生字,两条绿线内的3个生字只识不写;掌握"了"这个多音字的两种读音;认识"雨字头"。

　　2.观察图画,养成细致观察的习惯,借助图画上描绘的事物去理解字词。

　　3.了解夏天的特点,积累词语。

二、教学重、难点

　　教学重点:

　　1.按一定顺序观察图画,培养学生的观察能力和说话能力。

　　2.利用插图,帮助学生理解字词义,使识字与认识事物相结合。

　　教学难点:认识本课生字,正确、美观地书写。

三、教学时间

2课时。

四、教学准备

多媒体课件、教学挂图、词语卡片。

五、教学过程

第一课时

1. 联系生活,激趣导入。

(1)同学们,你们喜欢夏天吗?为什么喜欢夏天呢?

(冰淇淋、花裙子、游泳……)

(2)老师也很喜欢夏天,那么请快打开课本,让我们一起来学习一篇关于夏天的韵文。

【设计意图:从学生生活入手,以孩子感兴趣的事物导入课文,能激起学生的学习兴趣。】

2. 新知呈现,初步感知。

(1)夏天来到了玲玲家的小院,请小朋友们仔细看图,看看、想想、说说:

①图上有谁,他们在干什么?

②哪些是夏天常见的景物?边找边说,找到一种,就在旁边画一颗五角星,比比谁找得最多。

【设计意图:自己带着问题去寻找答案,及时画星进行自我激励,学生兴致勃勃地观察插图,有利于良好的观察习惯的形成。】

(2)学生自由读韵文,要求读准每个字的字音。再读,要求把词语读连贯。同桌互读,互相正音。

(3)以开火车的形式请小老师带读课文中的词语,如果读对了,其余小朋友跟读。

【设计意图:这一环节我放手让学生借助拼音自己读准生字、生词,把识字的主动权完全交给学生,让学生自由读,同桌互读,小老师带读字词,老师相机引导轻声的读法,提示"了"这个多音字的两种读音,在轻松的氛围中让学生读准每一个字词。】

3. 创设情境,学习生词。

(1)学习第一行:夏天　台风　雷雨

①你们见过刮台风、下雷阵雨的景象吗?什么季节会有这样的景象?

多媒体展示台风和雷雨的视频,学生观看后谈体会。

②说说"台风、雷雨"和"春风、春雨"有什么不同?

【设计意图:让学生把夏天的风和雨与春天的风和雨进行比较,进一步巩固《识字1》的内容,温故而知新,使其对不同季节的气候特点有深刻的认识。】

③练习读出台风和雷雨的气势。男女生赛读。

(2)学习第二行:桃子　梅子　西瓜

①夏天还有许多好吃的水果呢!在农家小院里,奶奶、妈妈和玲玲在品尝哪些水果呢?

②玲玲也爱吃西瓜,可她先把西瓜给了谁?你们喜欢玲玲吗?

③你们吃过这些水果吗?说说它们是什么味道。

④自由读,一边想象这些水果的味道,一边读这些词语,比比谁读得水果最好吃,把我们的口水都馋得流下来了。指名读,评读,齐读。

【设计意图:利用学生已有的生活经验,通过教师幽默风趣的语言,诱发孩子读的兴趣,营造快乐的学习氛围,留下愉快的学习体验。】

(3)学习第三行:蝈蝈　青蛙　知了

①池塘边,喜欢唱歌的动物歌唱家们正在开演唱会呢!谁来说说图上画了哪些动物?

②听录音,猜动物,学学它们的叫声。

③谁来为大家介绍这些动物?

④指导朗读,读出小动物的活泼可爱。挑战读,加上动作自由表演读。

(4)学习第四行:葵花　茉莉　荷花

①夏天到了,花朵都绽开了笑脸,多美呀!谁知道哪些花在夏天开放?

②课件展示多幅葵花、茉莉、荷花图。

③说说这三种花的特点,可从颜色、形状和香味来说。

④端出一盆茉莉花,请几名学生闻闻,说说自己的感受。

⑤指导朗读。

自由练读,读出"美美的"、"香香的"感觉来。扮演花仙子表演读。

【设计意图:时时注意捕捉说话训练的时机,让学生联系自己的生活实际,在看、听、想、说中锻炼其观察和表达的能力。运用看图片、看实物、闻花香等手段,调动学生多种感官,帮助其获得对事物直观具体的鲜明印象,使学生学得津津有味。】

4.整体感知,诵读升华。

过渡:小朋友,四行词连起来,就像一首优美的小诗,让我们一起美美地读一读!

(1)自由朗读韵文,整体感知。

(2)指名读,小老师点评。

(3)归类引读词串。

(4)教师配乐范读。你们知道老师读得这么好的秘密是什么吗?

我边读边想象夏天这些景物的样子、声音和味道。

(5)挑战老师读。指名学生配图片、音乐诵读。

【设计意图:通过自由读、指名读、引读、老师范读、竞赛读、配乐配图朗读等形式,让学生熟读韵文,在充满情趣的氛围中,沉醉于优美的意境中,读出词语的节奏和韵味,读出良好的语感,促进其词语的积累内化。】

5. **总结全文**,延伸课堂。

小朋友们,今天我们共同了解了夏天的气候特点,认识了夏天常见的动植物,大家学得很开心。让我们留心观察,到生活中去寻找夏天,可以用画画、词串、儿歌等形式告诉大家。

【设计意图:社会就是大课堂。在生活中学语文,使学生感到学语文不再是枯燥无味的,而是有声有色、有静有动、有情有趣的。】

第二课时

1. **复习检查**,导入新课。

(1)归类词串。

(2)齐背韵文。

(3)说说自己找到富有夏天特点的事物。

2. **教学生字**,指导书写。

(1)学生尝试用自己喜欢的方法记住字形。

(2)展示交流,小老师上台来教生字,说出自己记忆字形的方法。

夏:上面像百不是百,比百还要多一横,下面是个"折文底"。(难字拆分法)

台:抬头的"抬"去掉提手旁,上下结构,部首是"私字头"。(熟字减偏旁)

雷:轰隆隆,轰隆隆,大雨下到田地里。(编顺口溜)请小朋友观察"雨"和"雨字头"的区别。

梅:左边"木字旁"是形旁,表示梅子跟植物的果实有关,右边的"每"字是声旁。(形声字识字法)

瓜:"瓜"字很像一只大手在抓瓜子吃。(象形识字法)

蛙:我在饭店的菜谱上看到过红烧牛蛙的"蛙"。(生活识字法)

荷:"草字头"是形旁,表示跟植物有关,"何"是声旁。(形声字识字法)

【设计意图:教师鼓励学生灵活使用自己喜欢的方法去识记字形,如生活识字法、

象形识字法、形声字识字法等,学生思维活跃,积极讨论,互相启发,印象深刻。】

(3)自学笔顺图,记忆生字笔顺。抢答游戏,检查易错笔画和笔顺。

(4)指导写字,重点指导"夏"、"瓜"、"蛙"。

(5)学生诵读写字歌,写字姿势自查、互查。

(6)生描红,教师巡视指导,播放古筝曲。

(7)老师和学生一起在实物展示台上批改部分学生的写字作业。

3.布置作业:完成《习字册》。

板书设计

识字5

夏天:天气　水果　动物　植物

探究反思

　　词串是词儿的串联,它被苏教版小学语文教材编辑部张庆主编形象地喻为"北京的冰糖葫芦儿"。词串的语文教育功能是多方面的。首先它是识字教材,所以识字的功能应是第一位的;其次是帮助儿童认识事物和享受审美乐趣;再次可以发展儿童的想象力和整合力。我充分利用文中插图和多媒体课件,图文对照,将词语与该词语所指事物进行相似联系、相似匹配,以加深学生对词语的理解,让他们享受审美乐趣。最后,我注重学法指导,经常进行识字方法的点拨渗透,学生掌握了多样化的识字方法,就会产生两个飞跃,一是由"学会"变成"会学";二是由"被动地学"变成"主动地学",大大激发了学生的识字潜能。经过一个多学期的积累,学生已能灵活运用自己喜欢的方法来记忆字形。课堂上学生自主探究、分析字形,积极主动地识字,真正成了学习的小主人。

3. 识字6

教学内容 苏教版一年级下册

创新思考

课文围绕夏天的乡村夜晚，把12个词语按一定的联系，排成四行，一、二、四行押韵。这种形式的词串读起来富有七言的韵味，更能引起学生的兴趣。课文配有相应的插图，图文对照，既有利于学生识字和理解词语，又能把学生带入乡村夜晚的情境，引起学生的遐想。教学时可以创设情境，将学生带入温馨、恬静的乡村夏夜，激发学生对夏夜的喜爱之情，从而快乐地进入对文本的学习。在识字过程中，教师应注意体现情趣化，采取多种有效形式，激发学生的学习兴趣，使每个学生在课堂上乐于识字、主动识字。

教学设计

一、教学目标

1. 学会本课8个生字，两条绿线内的3个字只识不写，认识1个偏旁，理解本课新词。

2. 仔细观察图画，认识图上描绘的事物，并与所学的词语联系起来。

3. 解读课文，积累词语，体会农村夏夜的情趣。

二、教学重、难点

教学重点：识字、写字。

教学难点：读词串、想画面，体会农村夏夜的情趣。

三、教学时间

2课时。

四、教学准备

生字卡片、多媒体课件。

五、教学过程

第一课时

1. 导入新课。

(1)师:同学们,夏天到了,有时刮____,有时下____,桃子、____、____都成熟了,蝈蝈在弹琴,青蛙在荷叶上____,知了在____唱歌,葵花、____、____都开了,真香呀!夏天多么美好呀!

【设计意图:此环节的设计既能巩固《识字5》的内容,又用描述性语言将词串丰富成一篇富有情趣的小散文,并且创设情境,将学生带入一个有声有色的夏天世界,为新课的学习奠定情感的基调,以达到"激发孩子们喜爱自然"的这一目标。】

(2)师:那么,夏天的夜晚呢?(师出示课文插图)请大家仔细观察图画,细心的小朋友都看到了什么?再用"我看到了____"的句式说一说。

【设计意图:此环节的设计不仅让学生把图上的事物与文中的词串联系起来,培养孩子的说话能力,并且能培养孩子的思维和表达相统一的能力,进一步激发孩子对夏天的喜爱和对学习课文的兴趣。】

(3)师:刚才大家看到的和说的就是我们今天要学习的新课——《识字6》,请伸出小手和老师一起写课题。(师板书课题:《识字6》)生齐读课题。

2. 新授内容。

(1)打开书本,翻到《识字6》,生自由读课文。

(2)师:课文把农村夏天的夜晚写得很美、很有趣,想读出这种美、这种趣,就得先读好生字的字音。

(3)师出示识字的方法和步骤,生自己识字。

①带拼音自读生字。

②去拼音自读生字。

③同位互相检查生字的读音。

【设计意图:此环节设计旨在教会孩子识字的方法和步骤,让一年级孩子开始掌握一些有效的学习方法。】

(4)学生自学时,师出示练习题,检查识字情况。

①连线。

pú　　　　yíng　　　　fán

繁　　　　蒲　　　　萤

②把音节补充完整。

x＿　d＿　d＿　＿ǎi　＿ǔ　＿àn　＿ī　q＿
星　　丁　　斗　　奶　　女　　扇　　织　　牵

③指名上前连线,补充音节,师生及时订正。

小结:"星"、"丁"是后鼻韵母,"奶"、"女"是鼻音,"扇"、"织"是翘舌音,"牵"是三拼音节。

④齐读生字。

【设计意图:通过练习的形式来加强孩子对字音的区别和识记,并且对生字的字音进行归类指导,利于孩子加深记忆。】

(5)师:这些字宝宝,我们都认识了,现在我们把他们送回家,你能把这些词串读得更好吗?

①带上拼音自读。

②去掉拼音再读。

③分小组,每组读一行。

(6)师:听着同学们的朗读,老师也想读了。(师配乐朗读)

(7)师:想知道老师为什么能读得这样棒吗?因为老师之前听过一个很美的故事,我是一边读一边想这个故事,所以读得这么好。你们也想听这个故事吗?

(8)师配乐讲故事:在一个夏天的夜晚,一个农家小院里,爷爷、奶奶和小丁丁正在欣赏美丽的夜空,他们看到什么呢?哦,深蓝的天空中住着许多眨着眼睛的星星宝宝,他们多么像闪亮的珍珠呀! 小丁丁禁不住问爷爷:"这么多星星,我有什么办法认识它们呢?"爷爷听了,一边摇着蒲扇,一边抚摸着小丁丁的头笑着说:"孩子,它们都有一个美丽的名字,你看,那七颗星连起来像一把勺子的叫北斗星;那两颗星分别在天河的两边,叫牵牛星和织女星,这两颗星还有一个动听的故事呢!"爷爷便开始给小丁丁讲起了《牛郎织女》的故事,小丁丁听得可认真啦! 连一旁的小花猫也听得入了迷……乡村的夏夜多么美好呀!

(9)师:故事美吗? 请你再来读课文,一边读一边回想老师讲的故事。(学生读完,师及时评价、鼓励)

(10)师:其实这一课如果用七言诗来读,那就更美了。(师范读第一行,生模仿老师的读法来读二、三、四行,师肯定、表扬)

【设计意图:教师采用美妙的音乐,将一行行词串串成一个动人的故事,将学生带入一个充满情趣的乡村夏夜,让学生感受乡村夏夜的温馨,从而激发其对夏夜的喜爱之情。在此情感调动起来后,接着读课文,就会读出情感来。最后,教师引导学生用七言诗读法来创造性地朗读这些词串,学生便能读出韵味和美感,从而使教师的指导朗读落实到位。】

3.指导写字。

(课件展示:生字"星"、"奶"、"丁")

(1)看大屏幕,我们的小向导萤火虫先提来了3个字,一起喊喊它们的名字。

(2)师:这3个生字你最喜欢哪个?你有什么好办法能很快记住它们呢?

(3)师:仔细观察它们的字形,想想怎样在田字格写好它们呢?

(4)师:书写之前请同学们自学笔顺表中这3个字的笔顺。

(5)师在田字格里范写且提醒"奶"的笔顺。(生一边唱笔画一边和老师一起按正确笔顺写完这3个字)

(6)生在《习字册》中描红和临写这3个字,师巡视指导。

【设计意图:以学定教,让学生自己说说怎样记住喜欢的字,学生的自主识字能力得到体现,同时也能丰富学生的想象力,启迪他们的思维,让枯燥的写字教学变得充满童真童趣,调动学生的积极性,从而构建一个灵动的、有效的写字课堂。】

第二课时

1.复习旧知。

(1)小组长带同学们复习生字词。

(2)开火车认读老师生字筐里的生字。

(3)各小组比赛读课文,看哪组读得最有感情、最生动。

(4)听写"星"、"奶"、"丁"3个字,并指名口头扩词。

过渡:刚才我们复习了上节课学的3个字,今天我们继续来学习剩下的生字宝宝。

2.指导写字。

(1)课件出示:爷、扇、织、女、斗。

①认读生字。

②复习"父"、"纟部",认识"户字头"。

(2)小组内讨论:你会记住哪个字?怎样记?

(3)交流讨论结果。

(4)师在田字格范写,学生跟着书写、唱笔画。

(5)游戏扩词。

(6)选词练习说话。

(7)播放舒缓的音乐,学生在《练习册》中描红、临写,教师巡视指导。

【设计意图:教师将识字写字的主动权交给学生,让学生自主地去学生字,学生学得轻松,学得愉快。教师还注意引导学生积累词语,并且训练他们的说话能力,

有意识地将语言文字的训练穿插其中,培养学生热爱祖国语言文字的情感。】

板书设计

识字6

夜晚　　　繁星　　　亮晶晶

探究反思

　　本节课我充分运用情景图和事物的相关图片,把词串和事物联系起来,并把音乐带进语文课堂。教学形式多样,采用配乐朗诵、配乐讲故事、七言诗节奏诵读等形式,不仅培养了学生良好的语感,还将识字课的识字功能、认识功能、审美功能、铺垫功能尽情地展现了出来。

　　本课识字教学,将主动权交给学生,让学生在学习中开动脑筋,用巧妙地办法把它们记住。而我从"台前"退至"幕后",成为帮助学生、鼓励学生发现真知的引路人,而不是给学生现成答案的人,从而使识字教学显得轻松愉快,活跃学生的思维。识字过程不求唯一的答案,要引导学生主动地说、尽情地说,鼓励学生用喜欢的方式识记字形。同时重视学生的创新性思维的发挥,并予以肯定,使之成为他们持续学习的动力,让学生有主动识字的兴趣,拓宽其识字的途径。

4. 识字 3

教学内容 苏教版二年级下册

创新思考

　　本课属于形近偏旁的比较识字,教材根据汉字形象直观的特点,巧妙地将两组容易混淆偏旁的生字集中在一起。分别用图表的形式,按照实物图、古文字、偏旁的字形形象地揭示了"木"、"禾"、"竹"、"艹"两组偏旁的发展演变过程,使小学生初步认识到"木"和"禾"、"竹"和"艹"所表示的不同意思。这样编排有助于学生辨析形近偏旁,也有助于学生初步感受汉字表意的特点。教师应引导学生充分利用教材理解字义,掌握字形,突破难点,发现规律,触类旁通,使他们找到一把打开汉字迷宫的小钥匙,激发其热爱汉字的思想感情,提高自主识字的能力。

教学设计

一、教学目标

　　1.学会本课 9 个生字,借图画理解生字新词。

　　2.借助图画感知古今字的发展演变,对形近偏旁进行比较。

　　3.培养学生的识字兴趣,提高学生自主识字的能力。

二、教学重、难点

　　教学重点:识字写字。

　　教学难点:寻找规律,举一反三。

三、教学时间

　　2 课时。

四、教学准备

　　课件、生字卡片、投影片。

五、教学过程

第一课时

1. 做小游戏,激趣导入。

(1)游戏:"请小医生来治病。"

①课件出示"生病"词语:蓝球、篮天　眼晴、天睛

②请小医生来治病。

(2)这些词语得了什么病?(用错偏旁)

(3)总结:为什么有些同学特别容易将这些字写错?怎样才能区分这些形状相近的偏旁,不写别字呢?今天我们一起来学习《识字3》。(板书)

【设计意图:教学通过游戏的形式,从学生容易出错的问题入手,找出学生疑惑的地方,使教学有明确的针对性。因为切合学生的实际,所以他们自主识字、自主探究的热情能够被迅速点燃。】

2. 指导看图,区分"木""禾"。

(1)课件出示表(一),复习"木字旁"、"禾字旁"。

①观察书上的图,看一看图上画了哪些事物。

②自由读韵文。要求:看清音节,读准字音。

③观察实物图画与古文字,了解偏旁本义。

〈1〉"木"的古文字像什么?(像一棵树)

师:同学们说得对。"木"的古文字像一棵树,有树冠、树干和树根。

〈2〉复习"木字旁"。

教师范读带"木字旁"的生字。指名读、齐读。

为什么这些字都是"木子旁"?你还知道哪些"木子旁"的字?

〈3〉"禾"的古文字像什么?(像一株禾苗)

师:同学们说得对。"禾"的古文字像一株禾苗,有穗、叶、茎与根。

〈4〉复习"禾字旁"。

教师范读带"禾字旁"的生字。指名读、齐读。

为什么这些字都是"禾木旁"?你还知道哪些"禾木旁"的字?

3. 诵读词串,加深感悟。

(1)诵读词串,感悟词语之间的联系。(自练—小组交流—反馈指导)

(2)出示挂图,学习生字词。

①这些是什么树?你能说出它们的名称吗?(相机出示词卡:松柏、杨柳)

②你们知道这些树有什么作用吗?(能制成许多有用的东西,如我们学习用

的桌椅)

③出示词卡:桌椅。(多种形式反复诵读)

④春天到了,农民伯伯把什么插在田里?(相机出示词卡:秧苗)

⑤秋天到了,秧苗长大成熟结出果实,远远望去,金灿灿的一片,好喜人的景象啊!那金灿灿的一大片是什么呢?(相机出示词卡:稻谷)

⑥"秧苗"、"稻谷"这些地里长的农作物叫什么呢?(相机出示词卡:庄稼)多种形式反复诵读。

【设计意图:这个环节充分利用教材编排长处,紧紧抓住汉字能够见形知义,具有很强的形象性、直观性的特点,通过图文结合、古今文字的演变、诵读感悟、对比分析等教学举措,引导学生见形知义,帮助同学轻松识记,认清区别,化枯燥、抽象为生动、形象,让学生充分感受学习汉字的乐趣。】

4. **分析字形,指导书写。**

师过渡:刚才我们学习了两组词语,第一组词语的偏旁是什么?(木字旁)为什么都是"木字旁"?(因为这些词语大都与树木有关)第二组词语的偏旁是什么?(禾木旁)为什么都是"禾木旁"?(大都与庄稼有关)你们觉得汉字有趣吗?中国的汉字有悠久的历史,你们要认真学习!

(1) 学生看第12页笔顺图,记忆"杨、秧"的笔顺。

(2) 说说你是怎样记住这些字的。

(3) 教师范写本课5个生字。让学生注意:在田字格书写时都应该左窄右宽;"木"、"禾"两字做偏旁时,捺要变成点。

(4) 学生描红书中田字格里的生字。

(5) 让学生在《习字册》上描红、仿影、临写生字。

第二课时

1. **复习检查,导入新课。**

(1) 抽读生字、新词卡片。

(2) 听写生字。

2. **找到规律,自主探究。**

(1) 通过上一节课的学习,同学们有什么发现?(6个词语中,凡是与树木有关的字都是"木字旁",凡是与庄稼有关的字都是"禾木旁",我们看见偏旁就能大概知道字的意思。根据意义来记字,就不会把偏旁写错了。)

(2) 同学们真了不起,找到了学习这类字的规律。现在,带着你们的发现,以四人小组为单位自主学习第二组生字、词语。

(3)小组探究。

①图文对照,认识与词语相对应的事物。

②自由读韵文。要求:读准字音。

③找出生字的相同点。

④观察偏旁文字演变表,想想实物、古文字、今文字(偏旁)的联系。

(4)交流总结:你发现了什么?这个发现有什么用处?(学生发言)

总结:刚才我们学习了两组词语,第一组偏旁的名称是"竹字头",因为这些制品都是竹子做成的,大都与竹子有关;第二组偏旁的名称是"草字头",大都与植物有关。抓住偏旁能够使我们快速理解字义,正确书写,减少错别字。

(5)诵读词串,加深理解。

(6)分析字形,指导书写。

【设计意图:因为两组生字的编排方式完全相同。教学时注意引导迁移,让学生举一反三,触类旁通,提高孩子的自学能力。在总结上节课学习方法的基础上,指导学生自己发现规律,然后运用规律自主探究,让学生学有所得,乐在其中。】

3. **总结拓展,提高能力。**

(1)歌诀总结:"禾字旁表示庄稼,木字旁表示树木。爸爸下田插秧苗,爷爷上山栽松树。""草字头表示花草,竹字头与竹子有关。窗台上放着两盆花草,墙壁上挂着一只竹篮。"

(2)课外拓展。

通过《识字3》两组字的练习,我们发现汉字还真特别奇妙,我们看见偏旁就能大概知道字的意思。根据意义来记字,就不会把偏旁写错了。你还知道哪些偏旁表示的意思,哪些字含有这些偏旁?

学生发言,教师适机补充。

如:"日字旁"表示与太阳有关。(暖、晓、晒、明等)

"目字旁"表示与眼睛有关。(盯、睡、眼、睛等)

扌——"提手旁"表示手的动作。(打、抱、抓、扶等)

足——"足字旁"表示脚的动作。(跑、踢、跃、跟等)

【设计意图:一方面教给学生学习汉字的方法,培养学生独立识字的能力,促使学生活学活用,用教材给的钥匙去打开汉字迷宫的大门。另一方面,以教材为支点,广泛开发课程资源,给学生提供展示课外学习成果的平台,这样,学生的课外自主识字兴趣会更高,意识也更强。】

板书设计

识字 3

忄 竹 竹篮

艹 艹 茶叶

探究反思

教材分别用图表的形式按实物图、象形字、偏旁的字形形象地提示了偏旁的发展演变功能和表意功能,有助于学生辨析形近偏旁。在教学中,应让学生借助图画感知古今文字的发展演变,了解偏旁与字、词之间的联系,认识形声字的特点,进而提高孩子的识字能力是教学中的重中之重。

教学时,老师充分发挥文中插图的作用,图文结合,采取由扶到放的教学策略,引导学生观察、比较、发现、感悟,进而熟读成诵。

在诵读词串加深理解这一环节中,老师充分利用每组3个词语之间的内在联系,保证了足够的时间让学生诵读,并图文对照,结合已有的知识经验理解词义,把识字、理解词语与认识实物融为一体。再通过自读、互读、小组读、齐读、赛读等形式,激发学生的诵读乐趣,提高诵读质量,巩固识字效果。

另外,本节课充分考虑学段特点,营造了一个良好的学习氛围:游戏开课,合作识字,规律识字,美在其中,乐在其中,趣在其中。由于激发了学生美好的学习情感,学生的独立思考、自主识字、交流分享、合作学习、大胆探究、积极识字都显得如鱼得水。在识字课的第二课时,教师先引导学生探究上节课的识字方法,再及时运用于本课时,注意和强化了学生识字的意识和习惯。在这样的课堂上,学生不仅学会了生字,而且丰富了知识,增长了智慧,陶冶了情操。

5. 写好钢笔字

教学内容 苏教版三年级下册练习8

创新思考

本课为第八单元练习中的"写好钢笔字"部分。以"晶"、"蒜"、"森"为范字,这样结构的字的书写规律是:下半部分要写得左小右大些,在实践中注意各部分在田字格中的位置。教学时,注意指导学生循序渐进地观察范字,由整体到局部,不断强化学生读帖的能力,促进他们自主练字的能力。

教学设计

一、教学目标

1. 学会读帖,观察"品"字结构特点。
2. 养成良好的写字习惯。
3. 能将"品"字结构的字写得端正、美观。

二、教学重、难点

教学重点:通过指导学生读帖,将"品"字结构的字写端正、美观。

教学难点:学生往往忽略了写字后的自我评价、自我修正的过程,教学过程中要加以引导。

三、教学时间

1课时。

四、教学准备

汉字部件模型、课件。

五、教学过程

1. 故事导入,揭示内容。

朗读学生创作的童话故事《近视猴》。

【设计意图:巧妙地穿插进本单元习作"养成良好的习惯",既贴近学生,又整合了教材。】

板书课题。

2.循序渐进,指导写字。

出示"晶"、"蒜"、"森"。

(1)无指导临写,教师巡视。

(2)指导观察"品"字结构的特点。

思考:这三个字由哪几部分构成?各部分在田字格的什么位置?指名上黑板,用汉字部件模型在田字格中摆一摆。为什么这样摆?评价。在自己的本子上再练习写这几个字,并与前面的字比照一下。

小结:汉字书写要注意结构美。

【设计意图:巧妙地通过摆部件模型,让孩子直观地感受汉字在间架结构方面的特点,变枯燥的讲解为有趣的实践,这也是训练孩子读帖的好办法。】

3.再次观察,研究结构。

思考:下半部都由相同的两个部件构成,它们真的完全相同吗?讨论,指名上黑板在田字格中书写并评价。

小结:原来写字时也要注意细节,尤其要注意汉字的穿插与避让,在写字中学会做人。

【设计意图:训练学生的书写能力也要遵循整体到局部的规律,引导学生掌握正确的读帖方法。写字同时育人。】

4.迁移训练,提升能力。

出示"众"、"焱",你能根据这节课学到的写字知识,写好它们吗?

练习,教师巡视指导。

5.总结新课,指点规律。

认真读帖很重要,掌握规律再动笔。

描红临写慢慢来,练完还要细端详。

板书设计

练习8 写好钢笔字

探究反思

　　语文教学中的写字指导是一项易被忽视又极其重要的部分。面对日益普及的快餐文化,孩子们的书写水平下降已成为不争的事实。作为承担基础教育任务的小学教师,我们更应扎扎实实地将写字落实在平时的课堂教学中。然而我们走进课堂,看看学生写字,往往会发现诸多问题:有的坐姿不端,眼凑笔尖;有的本子不正,左歪右倒;有的手腕外凸,笔尖向内;有的握笔过紧,食指内凹成弓状;有的笔画随意,笔顺错乱。学生在写字中出现的诸多问题,究其原因还是与我们平时的写字教学不甚得法有很大关系。因而在这次写字教学中,我有意识地把培养学生读帖的能力纳入到教学环节中,通过"不读帖直接临写→出现问题,指导读帖,发现规律→再次指导,关注细节→整体比较,反复修改",使学生逐步养成仔细读帖、认真书写的好习惯。长此以往,学生的写字水平一定会有明显的提高。

6. 识字方法集锦

猜谜识字法

编谜语和猜谜语的方法,适用于间架结构相对比较简单的汉字。字谜,如"尖","下边大,上边小,扎住手,不得了"。画谜,画面上一个人靠着树(休),许多树(林)。

编顺口溜识字法

合辙押韵的歌诀令学生更易识记。节奏感强、形象化的语言帮助学生在轻松愉快的氛围中识字。如在区别"有、友、左、右"等字时,可把这些字编成"左下工,右下口,有下月,友下又"的顺口溜。

实验演示识字法

部分会意字的识字可以运用实验演示法。如教学"灭"字,可以把一支蜡烛或一张纸放在烧杯里,点燃后问学生看到了什么?(火)接着用块玻璃盖上,火就会灭了,"灭"字的音形义就会迎刃而解了。

变魔术识字法

很多简单的汉字只要添一二笔就是另外一个字。如"日",变出了"电"、"甲"、"由"、"申"、"田"、"白"、"百"、"目"、"旦"等;"木",变出了"本"、"禾"、"术"、"未"等。

难字拆分法

对于笔画结构复杂的字,把字体分解成部件来帮助记忆,化难为易,如"赢"是由"亡"、"口"、"月"、"贝"、"凡"5个字组成。

偏旁连串法

学某个偏旁时,可学习与其相关的一串字。如"提手旁",可学相关字:"抱"、"提"、"搂"、"摸"、"捏"、"拢"、"掐"、"拧"等。

表演法

让学生发挥自己的想象,给生字配上"思维动画"、"身体动画",如教"跳"、"扔"、"跑"、"扫"、"笑"、"愁"等字,让学生通过表演动作或做表情加深印象。

奇特联想法

在识字教学中,鼓励学生展开丰富的联想来加深记忆,如:把"哭"当做一幅画来记,两个"口"表示眼睛,"大"像鼻子,"点"像眼泪,流眼泪就表示哭了。

故事识字法

根据汉字的特点给汉字编故事,如教学"候"和"猴"字,编成故事:森林爷爷拿了两件礼物,一件是反犬旁,一件是竖。"候"和"猴"都很聪明,也很谦让,一人只要了一件礼物。"猴"说它是动物,要反犬旁,"候"说它就要竖。

分析结构法

看到汉字后,引导学生分析是什么结构,同时确定不同部位的部件。例如:教"庄"字,半包围结构,外面是"广字头",里面是"土",合起来就是"庄","庄稼"的"庄"。这样,从整体到部分再到整体地识记,效果会更好。

比较法

把同音字或形近字,如:"圆"、"园"、"原"、"元",集中起来从音、形、义三方面通过比较来认识,可以收到事半功倍的效果。

部件识字法

适用于形声字和部件相同的字。用已学过的熟字部件,进行笔画上的加减或部件的换合。如"大"字就可以用"加"法,即"人"加"一",而"渴"字,用"换"法,即把"喝"的"口"换成"氵"。

象形识字法

汉字有一部分为象形字,它来源于对生活中实物形状的模仿,如"风"、"石"、"川"、"舟"等,只要让学生根据字形用简笔画画出来,就能直观地、形象地记住了。

会意识字法

会意字是把两个以上的字或部件合成为一个字,这种字从外形就可以理解字义,如两个"人"字并排写就是"从",还有"歪、晶"等字。

形声字识字法

常用汉字大部分是形声字。形声字具有形旁表义、声旁表音的特点,如"梨"是下形上声,"妈"是左形右声。形声字的重点在于"形",见到基本字就能想到字音,看到形旁联想到字义,基本字加上不同的偏旁,就构成不同意义的字,如学基本字"胡"时,也可学"葫"、"糊"、"蝴"、"瑚"等字,教学生学会举一反三。

生活识字法

我们生活的学校、社会、家庭,无处不有识字的好教材,如街上的广告牌和招牌、商店里各种各样的商品的汉字标签和说明、电视机上随时出现的字幕。我们要鼓励学生做识字的有心人,在课外尽可能多地识字。

大量阅读法

生字与学生反复见面的最有效办法就是大量阅读。孩子在读儿歌、诗歌、故事的过程中,可以边读边借助拼音自主识字。阅读中识字,识读同时进行,学用结合。

第三章 阅读教学

1. 鲜花和星星

教学内容 苏教版一年级下册第14课

创新思考

  本篇课文是一首诗歌，结构简单，学生易于理解。所以，本课设计难点应放在如何引导学生入情入境地感受儿童生活的美好，读出儿童的天真烂漫上。教学中应充分抓住学生学习诗的浓厚兴趣，结合插图以及多媒体加以理解，采取多种形式地读，让学生读出自己的喜爱之情，直至成诵。也可以通过适当的课外延伸，如出示句子让学生补充完整等，依此来提高学生理解和运用语言文字的能力。

教学设计

一、教学目标

  1.正确、流利、有感情地朗读课文、背诵课文。

  2.读准生字词，认识田字格中的8个生字和两条绿线内的1个字。

  3.通过读书展开想象，感受课文语言的优美、体会儿童的生活情趣，引发儿童对周围事物及大自然的关注及热爱。

  4.通过拓展学习，提高学生理解和运用语言文字的能力。

二、教学重、难点

  教学重点：有感情地朗读课文，背诵课文。

  教学难点：通过读书展开想象，感受课文语言的优美，培养学生对大自然的热爱之情。

三、教学时间

  2课时。

四、教学准备

多媒体课件。

五、教学过程

第一课时

1. 谈话揭题,导入新课。

(1)小朋友们,你们都见过哪些鲜花?在夏天数过天上的星星吗?

(2)你们说得真好!有个小朋友,她跟你们一样,也特别喜欢,并且写成了一首很美的小诗。

(3)板书,指导朗读。

2. 初读全诗,整体感知。

(1)想听听她都写了什么吗?(出示动画配音诗朗读)

(2)哎呀,我看到很多小朋友都想自己来读一读了。把语文书翻到第90页。把字音读准确,不认识的字多读几遍。

3. 学习字词,再读全文。

(1)读词语。

zuì	zhēn	mǎn dì	mǎn tiān	yì duǒ	yì kē
最	真	满地	满天	一朵	一颗
xǐ huan	shuì le	zhè li	nà li	wǎn shang	shǔ zhe
喜欢	睡了	这里	那里	晚上	数着

①同学们读了诗歌,里面的词宝宝你们都认识吗?瞧,第二行词语的最后一个字要读轻声。谁来读?

②你们都读准了吗?一起读一遍。

③去掉拼音还会读吗?

(2)读生字:晚 数 满 真 朵 颗 那

①能读好词花瓣,那字星星呢?谁想大声地读一读?

②齐读。

【设计意图:对于一年级的孩子来说,唤起他们学习语文的兴趣很重要,所以要创设一个充满活力的生活化的课堂环境。看着藏在朵朵花瓣里的词、颗颗星星中的字,语文学习变成了一次有趣的体验。在愉悦的活动中,让课文内容悄无声息地走入学生的心里。】

(3)学习生字。

①生字开花。

②学习新偏旁:"十字头"和"页字旁"。
③记忆字形。
④学习笔顺。
⑤指导书写。
(4)读课文。这些字词宝宝躲进课文里,你们还能读准吗?

4. 总结激励,结束新课。

同学们脸上洋溢的笑容,像满地的鲜花,更像满天的星星一样灿烂美丽。下节课我们再去好好地欣赏吧!

第二课时

1. 复习导入,巩固旧知。
2. 创设情境,精读体会。

(1)学习第一节。
①师范读过渡。
②(出示课件)花真多啊!都多成什么样啦?
③一眼望过去,整片地都是刚刚盛开的鲜花,一个角落都不落下!你闻到什么了?
④嗯,真香!夏天的微风轻轻吹在你的脸上,凉凉的,舒服极了!我觉得花儿更美了!书上用了一个什么词形容花多?
⑤(出示课件)赛读"满地"。
⑥指导朗读"满地的鲜花"。
⑦你想说什么吗?你们喜欢这五颜六色的鲜花吗?有最喜欢的吗?朗读"我最喜欢夏天满地的鲜花"。
⑧(出示课件)这里一朵,那里一朵,真比天上的星星还多。
小朋友们来到草地上,都兴奋地数起了花朵!谁来数一数?
⑨小结:瞧,这一朵朵长在地上的花儿,多像铺满夜空的繁星啊!
⑩指导有感情地读背本节。

(2)学习第二节。
①(出示课件:满天的星星)过渡:到了晚上,花儿睡了,我不再打扰花儿了,就数着满天的星星。
②读一读,想一想:你看到了什么?你还听到什么了?
③我忍不住去数星星,可怎么数也数不清,你想对它们说什么?
④怎样读好这一节?是啊,要读得轻一点儿,还要读好"满天",才能体会星

星之多。老师帮你们把要注意的词语用红色标出来。

⑤个别读,赛读。

【设计意图:指导学生联系生活实际,展开想象,进入课文情境,体会大自然的美好及人与自然的和谐。在练习表达中适时引导学生把自己的感受通过朗读表现出来,学生由对语言文字的感悟品味到内在情感的真切流露,从内心产生共鸣,达到真正意义上的生本对话。】

(3)课中操:咱们现在就把自己当做闪亮的星星,一起眨眨眼睛放光芒!

3.总结全诗,拓展训练。

(1)读背积累。

①同学们热爱大自然,也特别善于发现大自然的美。大家想配上动作,再把这首诗背给花儿和星星听吗?

②有感情地朗读全诗。

③同桌之间比一比,看谁背诵得好!

④(配音乐)集体背诵。

(2)创作诗歌。

①我最喜欢

草原上一群群的羊儿,

这里_____

那里_____

真比_____

②我最喜欢

秋天漫山遍野的黄叶,

这里_____

那里_____

真比_____

【设计意图:利用儿童的阅读期待,创造性地使用教材,引导学生模仿课文中的句式创编诗歌。学生通过语言实践,能丰富自己的内部语言。在广阔的生活情境中学习语文,不但能训练学生的语言表达能力,而且能扩大课堂容量。】

4.趣味作业,延伸内化。

这节课我们欣赏了美丽的鲜花、闪烁的星星,并且还当了一回小诗人。回家以后,在日记本上把你最喜欢的东西用小诗的形式写出来,并给小诗配上美丽的图画!

板书设计

14. 鲜花和星星
　　满地　　　　满天

探究反思

在本课的课堂教学中，教师始终把培养学生入情入境的朗读、读准生字词、感受语言文字的优美和运用语言文字的能力作为教学要求。在教学中，利用自然图片、课文动画设计"字花瓣"、"词星星"，做课中操，配乐表演朗诵等形式，将学生导入情境，激发学生的阅读欲望，让学生充分地阅读。

在指导朗读上，老师有重点地讲解第一节，第二节以扶读的方式让学生自己说说如何读出感情。第一节教学从读词入手，有了感悟之后再朗读整句，体现了指导朗读的层次性，也为第二节的扶读做了铺垫。拓展练习，由说到写，难易度适中，及时巩固了所学知识，对诗歌也有了更高层次的理解。

2. 这儿真好

教学内容 苏教版一年级下册第16课

创新思考

"阅读教学要让学生充分地读,在读中感悟,培养语感,受到情感熏陶"。教学课本紧扣"这儿真好",充分利用文本及插图,创设画面,引出小岛的变化。通过小岛前后变化的对比和小熊神态前后变化的对比,带领学生入情入境,进行角色体验、情境体验,从而明白"这儿真好"来之不易,懂得创造美好环境的重要性。引导学生在体验中理解词句,读出文本情境,在情境中进行说话训练,丰富文本内涵。重视读的训练,让学生在读中整体感知,并有所感悟,这样,既能培养其语感,又使学生受到情感的熏陶。一年级阅读教学应采取多种手段,让每一个学生都喜欢读书,视读书为一种享受和乐趣。让学生在有趣的读书活动中形成正确的价值观和积极的人生态度。

教学设计

一、教学目标

根据《语文课程标准》、教材、学段的要求和学生的认知特点,本课的教学目标为:

1. 能正确、流利、有感情地朗读课文。
2. 学会9个生字,两条绿线内的9个字只识不写,认识2个偏旁,理解由生字组成的词语。
3. 了解小熊是怎样找到朋友的,知道"这儿"好在哪里。使学生懂得创造美好的生态环境、建设可爱的绿色家园的重要性,激励学生从身边的小事做起,积极、努力地改善环境。

二、教学重、难点

教学重点:通过读书知道小熊是怎样找到朋友的,知道"这儿"好在哪里。

教学难点:通过读书让学生感悟到找朋友和种树之间的联系,明白保护环境的重要性。

三、教学时间

2课时。

四、教学准备

制作课件。

五、教学过程

第一课时

1. 激趣导入,揭示课题。

(1)出示"荒岛图"。

师:这幅图上画的是什么?在这座岛上你能看到什么?你觉得这个岛怎么样?

(2)这是一座荒岛,上面光秀秀的,四周都是海水。在这座荒岛上,住着一只小熊。(贴上小熊图)

师:小朋友们想一想,小熊独自生活在这个小岛上,他的心里会有怎样的感觉呢?学生自由说一说。教学"孤零零"。

(3)今天,我们就一起来学习一篇有关小熊的故事——《这儿真好》。看老师板书课题,齐读课题。

【设计意图:揭示课题时,既注重对学生观察能力的培养,又注重他们的说话能力的训练,并且创设情境以激发他们阅读的兴趣。】

2. 初读课文,整体感知。

过渡:原来这个小岛很荒凉,后来变得怎么样了呢?认真听老师读课文。

(1)范读。

(2)提问。后来,小岛变得怎么样了?学生说一说。出示"漫山遍野,绿树成荫"的图画。教学这两个词语。

(3)"这儿真好"这句话是谁说的?出示小动物们的图片。

(4)再读课题。

(5)小结:在小熊的努力下,这个小岛变得多么美丽啊!小动物们都来到了这里,居住下来,和小熊成了好朋友。小熊再也不会感到孤单了。

【设计意图:整体感知课文时,目标很明确,不能太大,也不能太多,而且是有步骤

的,符合低年级小学生的特点。】

3.**自读课文,扫清障碍。**

(1)借助拼音把课文读一读,请同学们边读课文边对照田字格在课文中找出生字,并且圈出来,多读读,读准确。

【设计意图:让小朋友自学,既符合《新课程标准》的思想,而且也是完全可能的。】

(2)检查自读情况。

①同桌帮助。把生字读给旁边的小朋友听,互相提意见。

②出示生字卡片。

请学生当小老师,领着大家读一读。(师生及时评价)

③出示词语:

一座荒岛　孤零零　梦见　连忙　飘来飘去　两年　漫山遍野　绿树成荫　高兴极了　划着船　不停地

4.**练读课文,深入理解。**

(1)学生自读。小朋友们,刚才大家把生字和词语读得很准确,下面我们把这些生字、词带到课文里再读一读。这一次不仅要读准字音,还要把句子读正确、读通顺。

(2)指名让学生分段朗读。指名分段朗读,其余边听边想,听后评议。个别长句老师领读。

(3)听课文录音朗读。小朋友们,我们一起来听听课文的录音朗读,要认真听,用心学。

(4)听了课文录音朗读,你们想不想再来读读课文?你想读哪个自然段,就读哪个自然段。大家听一听,是不是比刚才有进步了?

【设计意图:通过不同形式的朗读,既能激发小学生的阅读兴趣,又能将朗读训练落到实处。】

5.**写字教学,强化书写。**

(1)指导书写:座、空、连、忙、呀、话、年、极。

(2)学生描红。

第二课时

1.**复习生字,导入课文。**

(1)师:小朋友们,昨天我们学习了(指课题,齐读:这儿真好),交了不少词宝宝朋友,现在我们来跟他们打个招呼吧!

(2)出示:一座荒岛　高兴极了　孤零零　漫山遍野　绿树成荫

(3)开火车读,指读。

【设计意图:这些词是课文中的关键词,复习的目的一是检查,二是为下文学习做铺垫。把词语标成不同的色彩,一方面想引起小朋友的注意,另一方面也想潜移默化地引导学生通过词语的颜色体会词语的感情色彩。】

2.创设情景,体验感悟。

(1)学习第一自然段。

① 指名读课文。

小熊的家在哪儿?(教师画出荒岛图)为什么叫它荒岛呢?(相机板书:16.这儿不好)"不好"一词用字卡贴在黑板上。

② 感悟课文意境:小熊住在这儿感到怎样?如果让你住在这儿,你的心情会怎样?你愿意吗?(把"孤独"的小熊图片贴在"荒岛"上)

③ 指名朗读:小熊的心情和我们一样,你能把他孤独的心情通过朗读告诉大家吗?指导学生有感情地朗读。(适时板书:梦见朋友)

④谁还能把小熊孤零零的心情表演给大家看?(学生上台自由表演)

【设计意图:教师画出荒岛图,此环节意在创设情境,让学生根据自己的理解充分发挥想象,调动其积极性。体会"孤零零"一词,并进行表演,帮助学生进入角色,加强其自身体验。】

(2)学习第二自然段。

①感悟课文意境:怎样才能找到朋友呢?小熊去问风儿,风儿不说话。一天,小熊突然看到天空飘来一朵白云。他连忙向云请教。你从"连忙"这个词体会到小熊怎样的心情?(适时板书:寻找朋友)

②指导读:谁能读出小熊这种急切的心情?(指名读)

(3)学习第三自然段。

①云儿是怎样告诉小熊的?自由读课文。

②小熊明白了什么?

③分组讨论:种树与找朋友有什么关系?(合作探究,展开想象)

④小熊种树很辛苦吗?你是从哪个词知道的?小熊种的树多吗?你又是从哪个词知道的?教师根据学生回答,用粉笔在"岛上"画出几棵树,问学生:这是"漫山遍野,绿树成荫"吗?你们看小熊头上的汗水,多辛苦!(教师画)哎呀!小熊现在要给大家一个惊喜,他要把小岛打扮得漂漂亮亮的。请小朋友们把眼睛闭上并想象小岛被打扮后的样子。(教师打扮荒岛,适时板书:努力种树)

⑤请大家把眼睛睁开,现在的小岛变成什么样了?

【设计意图:教师利用色彩鲜艳的板书让学生理解"漫山遍野,绿树成荫",创设情境,让学生充分动口、动脑,在情境中体验,在体验中表现,使学生乐学,加深印象。】

⑥指导读。
〈1〉感悟课文意境:小熊现在的心情怎样?把自己当做小熊用心读一读。
〈2〉能让老师扮演一下小熊吗?(教师范读,指导读书方法)
〈3〉学生感悟读。

【设计意图:一年级的学生正处于阅读的起始阶段,为使学生乐读、读好,在此运用多种方式将学生带入课文情境,再相机范读并进行读法指导,使学生产生求知欲。】

⑦小熊通过努力,改变了小岛的环境,使小岛变得"漫山遍野,绿树成荫"。那么,小熊找到朋友了吗?

⑧自由读最后3个自然段,体会小动物们的心情,想象小岛现在的样子,好在哪里?小熊现在的心情怎样?
〈1〉体会小熊惊喜的心情,学生表演,自由发挥。(教师进行适当指导)
〈2〉表演后给小动物安家。
〈3〉这么多小动物在岛上安家,小熊怎样表示欢迎的?(学生进行表演,教师适时板书:欢迎朋友)

【设计意图:此环节意在让学生充分表现自己,自由地选择学习方法。展开他们想象的翅膀进行体验、感悟。让学生在自主、合作、探究中学习,体现学生的主体地位。】

3. 总结深化,想象说话。
(1)给小岛起名字。
师:这座岛还能叫荒岛吗?它也许还能吸引更多的游客呢,你能给这美丽的小岛起一个好听的名字吗?
(2)延伸说话。从小熊找朋友的经历,小朋友们懂得了什么?
师总结:一个优美的环境对人们的生活是多么重要,要想生活在一个好环境里,就得时时处处保护环境。环保小卫士们,你们打算为保护环境做些什么呢?
(适时板书:保护环境)

【设计意图:学贵有所思,学贵有所悟。这一拓展环节旨在开放教室四壁,引导学生实践,实现知识的迁移、情感的提升,使学生懂得要从身边的小事做起,来保护我们的家园。】

(3)总结:小朋友们,现在小动物都在岛上安家了,让我们来帮助小熊打扮美丽的小岛吧。用你手中的画笔画下你心中的小岛。同时,老师相信你们能说到做到,从身边的小事做起,在平时的生活中能自己动手美化我们的家园!(板书:美化家园)

4. 学写生字,布置作业。
(1)看:刚才大象也来了,可我们还不认识它呢!点击课件,出示"象"字的象形字演变过程。
(2)读:后鼻音三拼音节。

（3）记：学习：撇刀头。引导儿歌记忆：撇刀头下一扁口，一撇穿口过，弯钩里面俩小撇，一撇一捺在外头。

（4）写：范写，生写。

师：好，现在请小朋友们打开《习字册》，练习本课的生字。(播放舒缓的轻音乐)

【设计意图：演示"象"字的象形字演变过程，让学生比较实物与字形，使其更容易识记生字，同时感受造字的规律和精妙。另外，有趣的儿歌激发孩子们学写汉字的兴趣，孩子们在音乐的世界里书写汉字，能轻松地完成学习任务，也能陶冶其情操。】

板书设计

16.这儿真好
梦见朋友→寻找朋友→欢迎朋友
↓
（小熊孤零零的图片）（努力种树）（变化后的小岛图片）
保护环境　　　　　美化家园

探究反思

1.创设情境，激发兴趣。

事实证明，情境的创设对于激活低年级孩子的语言和思维不但重要，而且十分必要。简简单单的几笔荒岛、几个小动物贴图，直观形象地再现了故事的情景，使孩子们很快进入课文的情景当中，和小熊一起品尝孤零零的滋味，和小熊在一起感受"漫山遍野，绿树成荫"的欢欣；并很快地转换角色，进入扮演角色的情景当中，一会儿变成小鸟、一会儿变成小鹿、一会儿变成小象，想象着小岛的美好，想象着小动物们赞美的语言；使角色体验更趋深刻。

2.指导朗读，重点突出。

因为阅读是学生个性化的行为，因此不应该以教师的分析来代替学生的阅读实践，怎样读好，当然牵涉一些具体方法。通过不同形式的朗读，重视读的训练，让学生在读中整体感知，并有所感悟。一年级阅读教学应采取多种手段让每一个学生都喜欢读书，视读书为一种享受和乐趣。让学生在有趣的读书活动中形成正确的价值观和积极的人生态度。让学生体验课文情境，进行表演，培养其表现力，激发其表演欲望，并调动其学习积极性。

教师要关注每个学生，真正成为学生学习的帮助者与激励者。这样，整堂课便能在民主、宽松、互动的氛围中完成。教师得当、及时、有效的评价，也很好地增强了学生的表现欲望，使他们增强了自信，同时也使每个学生都想说、都敢说、都有得说。

3. 美丽的丹顶鹤

教学内容 苏教版二年级上册第20课

创新思考

　　这是一篇美文,语言很美,文中所描述的丹顶鹤很美,就连课文中的一幅幅插图也很美。所以我的教学设计也紧紧围绕着"美"这个字来展开。文章结构脉络清晰,就教材的教学价值而言,也是一篇不可多得的学习表达形式的范文——课文是如何把丹顶鹤的"美丽"描写具体的。我把读懂课文内容(感受美)、学习表达方法(理解美)、感悟爱鸟意识(升华美)作为本课的教学要求,既引导学生感知"写什么",又教会学生学习"怎么写"。同时,在教学方式的选择上,通过在"美"字上下工夫,力求使课堂基调与文本内容相契合。

教学设计

一、教学目标

　　1.正确、流利、有感情地朗读课文、背诵课文。

　　2.学习、理解本课生字新词。通过对课文的诵读品味,感受丹顶鹤的美丽,让学生初步树立保护野生动物的意识。

　　3.以学定教,通过朗读、说话、画画、表演等实践活动,培养和提高学生的语言感悟能力、观察能力和审美评价能力。

二、教学重、难点

　　教学重点:通过对重难点词语的理解,感受并学习丹顶鹤的美。

　　教学难点:通过学习,培养学生热爱自然、保护动物的意识。

三、教学时间

　　2课时。

四、教学准备

准备有关丹顶鹤的视频。

五、教学过程

第一课时

1. 揭题激趣——发现美。

(1)师:今天老师给你们带来了一个新朋友。(媒体出示丹顶鹤图片,学生欣赏)

(2)初次见面,丹顶鹤给你留下了什么印象?谁还能把自己知道的丹顶鹤的情况向大家介绍一下?

(3)出示课题,学生质疑:课文会向我们介绍有关丹顶鹤的哪些内容?

2. 初读课文——欣赏美。

(1)自由朗读课文,借助拼音,读准字音,读通句子。

(2)汇报朗读课文的情况,学生相互评价。

3. 再读课文——感受美。

(1)读了课文,你对丹顶鹤有了哪些了解?

(2)交流自己喜欢的语句和段落。

4. 学习生字——书写美。

(1)出示生字,让学生想办法记住字形。

(2)观察书写要点。

(3)教师选择性范写。

(4)学生描红、临写,教师提醒写字姿势。

第二课时

1. 导读:直奔课题,激发阅读兴趣。

(1)复习生字词。同学们,识字是学文的基础,新课前首先要考考大家对生字的掌握情况,有信心吗?

多媒体出示——遥远　却是　不论　显得

传说　所以　度过　洁白

无忧无虑　黄海之滨　引吭高歌　翅膀边儿

(2)谁说说"遥远"什么意思?

多媒体出示——中国地图

看,这是中国地图。我们的祖国多么辽阔,地图平面上1厘米相当于实际100米。从北方黑龙江扎龙到南方的黄海之滨,堪称遥远。秋天到了,一群群美丽的丹顶鹤,唱着嘹亮的歌儿,从遥远的北方飞来。

　　齐读课题——《美丽的丹顶鹤》。

　　(3)让我们走到丹顶鹤身边,小声快速地自由读课文,想想课文中的丹顶鹤给你最深的印象是什么?

【设计意图:复习文中生字词,有助于扫清阅读障碍,然后随词入文,从而唤起学生对课本内容的回忆,引领他们再次走进文本。】

　　2.品读:顺学而导,体味语言表达。

　　(1)学习第二段。

　　过渡:现在有一只小丹顶鹤很可怜,它不知道妈妈长什么样儿,也不知道到哪里去找,怎么办呢?你有什么好办法来帮帮它?那么小丹顶鹤的妈妈长得什么样呢?请小朋友自己读读第二自然段。

　　①读了这一段,你觉得丹顶鹤怎么样?你从哪里看出来的?

　　多媒体出示——丹顶鹤有一身洁白的羽毛,而脖子和翅膀边儿却是黑的。它的头顶就像嵌着一颗红宝石,鲜红鲜红的,怪不得人们都叫它"丹顶鹤"。

　　②哦,丹顶鹤身上都有哪些颜色?用"＿＿"画出表示丹顶鹤部位的名称,用"＿＿"画出表示丹顶鹤颜色的词语。

　　③指名读好部位名称的词语、颜色的词语;男女生配合朗读"＿＿"和"＿＿"部分。

　　④把这些词带进句子里还会不会读呢?给你美的感觉了吗?

　　⑤丹顶鹤美在黑白分明,还美在哪儿?同学们摸摸自己的头顶,是怎样的啊?咦,它的头顶怎么会长宝石呢?(头顶红色的皮肤裸露在外就像是一颗红宝石,肉冠)这是采用打比方的手法,把丹顶鹤头顶的皮肤比做红宝石。怪不得人们都叫它——"丹顶鹤"。(跟老师一起描红"丹")这与它的名字多么贴切啊!

　　⑥理解"嵌",演示"嵌",读好"嵌"。

　　⑦小结:作者写丹顶鹤的颜色美,先写全身的颜色,再到脖子、翅膀、头顶,这种从整体到部分的手法多么巧妙,让我们再来读读。配乐朗读第二自然段。

　　多媒体对照——丹顶鹤有一身洁白的羽毛,而脖子和翅膀边儿却是黑的。它的头顶就像嵌着一颗红宝石,鲜红鲜红的,怪不得人们都叫它"丹顶鹤"。

　　⑧现在就让我们一起来告诉小丹顶鹤吧。看屏幕——(出示丹顶鹤图,根据学生的回答给它"着色"。)

【设计意图:抓住表示部位颜色的词语引导学生品味、感悟,理解"丹顶鹤"名字的由来。再根据自己的理解给丹顶鹤"涂色"。在这个环节中,让学生一边读、一边

迅速在脑海中浮现出生动可感的画面,把文字符号转换成形象,入境悟情并感知写法。】

(2)学习第三段。

过渡:老师听说丹顶鹤还有另外一个名字,怎么来的?请同学们自己读读第三节。(先小组内说议,再集体交流)

①大家看过《宝莲灯》么?传说中哪吒的师傅太乙真人总是乘鹤而来,乘鹤而去。为什么选择仙鹤作为旅途的同伴,看看第三段丹顶鹤讨人喜爱的地方有哪些?

②(多媒体出示图片)丹顶鹤有三长,看图,这三长给你什么感觉?(修长、苗条)

师:丹顶鹤体长约有130厘米,和同学们差不多高,谁能通过朗读把它的形体美展现出来?你们说,这么长的体型和它的生活方式有关系吗?其实,丹顶鹤不止这三长,它的年龄也长,能活到50～60岁,是鸟类中的长寿鸟,古人以"松鹤延年"来祈福祝愿。(教师反复引读)

③同学们读得欢,老师也想来读。听好,像我这么读好不好呢?是呀,作者是按照从下到上的观察顺序来写的。

④我常听说:颈长善歌,腿长善舞。看图,这几只丹顶鹤在做什么?用书上的语言来回答。("展翅飞翔"、"引吭高歌")

理解:"引吭高歌"还可以用我们学过的一句诗来表示(曲项向天歌),把这个词读好。带进句子里能不能同样读好呢?边读边做动作,学得真好!

师:你觉得丹顶鹤的姿态怎么样?同学们说得都很好,丹顶鹤的姿态那么美丽、那么高贵,这就叫"高雅"。(多媒体配合演示芭蕾舞表演的高雅姿态帮助学生理解)

齐读第二句,多媒体出示——丹顶鹤不论是在地上引吭高歌,还是在天上展翅飞翔,都显得那么高雅。

【设计意图:借助一定的外界条件给学生一个比较鲜明的表象,尤其是"高雅"这个词语,很抽象,学生必须通过对丹顶鹤引吭高歌、展翅飞翔的情态的体验来感悟,所以,在这里我充分借助电教媒体等辅助手段再现丹顶鹤动态的美,并让学生做出"展翅飞翔"的动作,从而让学生悟出"高雅"一词的丰富内涵。】

⑤丹顶鹤远不止这两种姿态显得高雅,还有许多呢!

(多媒体出示千姿百态的丹顶鹤图片)这些丹顶鹤千姿百态,但无论哪种姿态,都显得那么高雅。

⑥请你也用这样的句式来夸夸它们。

【设计意图:为了让学生体会到丹顶鹤高雅的姿态,在理解句子的基础上,抓住句式"无论……都……"进行说话训练,通过一定的语言训练进一步感受丹顶鹤姿态的高雅。但是,考虑到二年级学生的词汇储备以及语言概括能力的实际学情,我创设了一个个情境:在碧绿的草地上,在洁白的雪地里,在黄昏的晚霞里……学生的思路一下子打开了。这样进行句式操练,使学生有了扶手,练得更有广度、有密度、有效度。】

3.拓展:创设情境,走向生活语文。

(1)过渡:小丹顶鹤知道了妈妈的模样,可它到哪里去找呢?出示第四节,自读。

(2)说说你读明白了什么?你还有想知道的内容吗?(学生想知道丹顶鹤的第一故乡)

①设想一:丹顶鹤的故乡在哪儿?

②设想二:丹顶鹤为什么能够在"第二故乡"生活得这么自由?(人们爱护丹顶鹤,划出了大片滩涂,作为丹顶鹤自然保护区,让它们有鱼、虾、贝壳和植物根茎可吃,能够自由自在地生活,不受到伤害)

③师:说到这里,老师还想告诉大家,这么美的丹顶鹤全世界只有1200多只了,可喜的是有800多只生活在我国,并被列为国家一级保护动物。就让我们一起来努力保护它们,让美丽的丹顶鹤无忧无虑,永远飞翔在大自然的怀抱中。一起朗读第四自然段。

(3)课文最后,在和小丹顶鹤告别之际,同学们有没有心里话想对丹顶鹤说?比如说献上赞美、送上祝福,就让我们再去看看它们的生活吧。(多媒体出示FLASH动画)

【设计意图:运用多媒体播放一群美丽的丹顶鹤宛如芭蕾舞演员一般翩翩起舞的录像片段,借助其美丽的画面、跳动的音符以及巧妙的介绍,把学生带入情境,并使学生兴致盎然地投入到主动探索中。】

(4)拓展练习——学生交流"小练笔":《丹顶鹤,我想对你说……》

的确,我们很难用笔墨来形容丹顶鹤的雍容华贵、王者风范,它似乎集中了人类全部最美好的想象与愿景。试着用语言表露你的心声。

结语:其实不仅仅是丹顶鹤,动物都是人类的朋友,只有与动物和睦相处,共享着自然的赐予,我们的地球才会充满生命力。

作业:搜集我国的一级保护动物还有哪些,了解它们的特点,互相交流。

板书设计

```
              20.美丽的丹顶鹤
              颜色美      （整体——→部分）
（贴图）      形体美      （下——→上）
              姿态美      （不论是……还是……都）
```

探究反思

本篇课文的语言简约凝练,形象而传神,其编写意图落脚于丹顶鹤作为一种珍禽,渗透了保护野生动物的意识。语言美,形象美,意境美,怎样帮助学生感受、理解、表达呢？生活中并不缺少美,少的是发现美的眼睛。语文老师就要负起这个责任,在语文课上,给学生一双发现美的眼睛,一颗感受美、欣赏美的心灵。

1.运用多媒体,表现美。

在教学中,多媒体中的动画、音乐等具有很强的直观性,能更好地激发学生的学习兴趣,引发学生的求知欲。如本课通过配乐指导朗读,让学生在音乐中产生情感的共鸣,比老师空洞的说教更有感召力。在小学生的知识结构中,对丹顶鹤高雅的姿态美缺少生活体验,因此教师设计了多媒体辅助教学,这样能更好地突破教学重点和难点,提高教学效率,从而更好地实现知识的拓展,提高学生理论联系实际的能力。

2.借助词句,品味美。

词句的学习与感悟是小学生阅读教学最基础的训练,尤其是低年级更应该引起重视。本课中,把词语放入具体的课文语境中,利用孩子平时的生活积累,对照插图,随文学习,由浅入深,层层深入,真切地感悟了词语的内涵,学会了理解词语的方法,且较为深刻地领悟到了课文深层的内涵。借助文本语言想象画面、还原画面,让学生进一步品味语言的美。语文姓"语",语文课还应该尽可能通过语文的方式来实现语言表达、写作方法的习得,应该把最宝贵的时间让位给最重要的内容,这才有助于学生读写能力的提升。因而教学本课时,我不仅引导学生学习"写什么",还引导他们领会"怎么写"。

3.超越课堂,遗憾美。

我深深了解,真正优秀的课堂教学必须是变化的,有相当大的不确定性,而在这种变化与不确定中,却表现出一个教师高度的教学技巧和创造性的劳动过程。要达到这个教学艺术的高峰需要一个复杂而漫长的过程,它需要积累、反思、提炼、智慧和胆量。我想,这将构成我永恒的求索,可谓一生辛苦路,求索无穷期。也正如一位伟人所讲:遗憾不仅仅是一种缺陷,也是一种美,它鞭策我们向前进！

4. 云房子

教学内容 苏教版二年级上册第22课

创新思考

全文采用拟人化的手法,描绘了雨后天空的美丽景色:有云时,云朵千姿百态,惹人喜爱;有风时,云朵散去,天空更显得洁净、艳丽。课文以小鸟的活动为线索,以小鸟的目光来观察空中的景色,符合儿童的心态,体现了童话特点。课文字里行间充满对美好的自然环境的喜爱,有利于对学生进行热爱自然、爱护环境的教育。

教学设计

一、教学目标

1.有感情地朗读课文,体会小鸟的心情,抓住重点词语进行讲解,重点指导读好第二自然段。

2.学会本课10个生字,两条绿线内的6个字只识不写,理解由生字组成的词语。

3.理解课文内容,了解自然现象,感受云的美和变化快等特点,激发学生热爱大自然的感情。

二、教学重、难点

教学重点:朗读课文,感受天空云朵的千姿百态。

教学难点:模仿重点段,用句式"有的像……有的像……有的像……"说话。

三、教学时间

2课时。

四、教学准备

多媒体课件、自制水彩背景画、白纸。

五、教学过程

第一课时

1. **就题质疑,问号引路。**
(1)同学们,你们都见过什么样的房子啊?
(2)板书揭题:那同学们看到过用云做成的房子吗?今天,我们就来学习《云房子》。
(3)指导读题。
(4)书空"房"。
(5)看到这个题目,你们有什么问题要问吗?
(6)过渡:既然大家有这么多问题,那咱们赶紧去看看云房子吧!

【设计意图:孔子说:"知之者不如好之者,好之者不如乐知者。"学生如果对学习对象产生兴趣,就能自觉地排除外界因素和心理因素的干扰,集中精力积极主动地学习,把学习当做愉快的享受。上课伊始,让学生根据课题提出问题,带着问题学习课文,学生便会很自然地进入故事的情境之中。】

2. **初读课文,整体感知。**
(1)出示自读要求:
①借助拼音,读准字音,读通句子。
②遇到生字多读几遍,遇到不理解的词语,联系上下文想一想。
(2)生自由读文。
(3)开火车带读词语。

房子　做客　玩耍　忽然　洗过　可以　干净
来不及　傻傻地　美美地　呼啦啦　笑眯眯　水汪汪　叽叽喳喳

(4)完成填空。
一(场)雨　一(群)小鸟　一(只)麻雀
一(阵)风　一(个)太阳　一(片)蓝天
(5)指名接续读课文。

3. **走进课文,感受美景。**
(1)小朋友们读得真好!云娃娃也来夸你们了!这些云娃娃是从哪里来的呀?
(2)(出示课件)下雨的时候乌云密布,雨停的时候雨收云散。美吗?
(3)指名读。
(4)师范读。

(5)齐读。

4.学习生字,识写结合。

(1)生字开花。

(2)记忆字形。

(3)学习笔顺。

(4)指导书写。

第二课时

1.复习导入,创设情境。

同学们,上节课我们初步阅读感受了云房子的美丽。这节课,我们将跟随小鸟一起插上翅膀,继续欣赏云房子。

2.通读全文,整体感知。

(1)播放课件:倾听课文朗读。

(2)生自由读:用自己喜欢的方式读准字音,读通句子。

3.赏云房子,品味朗读。

(1)(播放课件)雨过天晴,乌云慢慢地散去,太阳又露出了脸,天空更蓝了,白云更白了。小鸟也来凑热闹了,它们看着身边湛蓝的天空、雪白的云朵,心情怎么样?它们想说什么呢?

(2)出示小鸟的话:"哇,这么多白云!我们来造云房子。"

①指名读。

②齐读。

(3)原来这些云房子是小鸟盖的!云房子造得怎么样呢?请小朋友们带着这个问题仔细地默读第二自然段。这回要求大家只看,不出声,把云房子的样子用笔画出来。

(4)自主体验:这么多云房子,你最喜欢哪种呢?

①"像大冬瓜那样傻傻地横着"。

〈1〉出示冬瓜房。

〈2〉这间冬瓜房可爱吗?你想怎么读?

②"像花儿那样美美地开着"。

〈1〉出示花儿房。

〈2〉这间花儿房怎样呢?

〈3〉花儿开得多美呀!那咱们把这句读好了。

③"一点点小的,小得只可以住进一只小麻雀"。

〈1〉演示小不点房。
〈2〉想象:瞧,这个小不点房是怎样的?
〈3〉谁想介绍这样有趣的小不点房?
④"很宽的大礼堂"。
〈1〉演示大礼堂。知道"礼堂"有什么用吗?对,是可以让很多很多人一起开会、看演出并能举行典礼的地方。
〈2〉这座礼堂怎么样?谁能通过朗读告诉我们?
〈3〉这座礼堂真宽真大,可以让很多人在里面开会呢!咱们一起读一读。
⑤"很高的大楼房"。
〈1〉演示大楼房。
〈2〉这楼房可真气派,谁来读读这幢云房子?
(5)小结:小鸟们造了哪几种房子?师相机点击"大冬瓜"、"花儿"、"大楼房"、"大礼堂"、"一点点小的"。

它们各有什么特点?师相机点击"傻傻的"、"美美的"、"很高的"、"很宽的"、"只可以住进一只小麻雀"。

(6)指导朗读。
(7)填空背诵。

【设计意图:"学生是学习和发展的主体",课堂上要尊重学生的阅读选择,满足学生的好奇心,留给学生充足的个性体验的空间。】

4. 造云房子,放飞想象。
(1)如果你是一只可爱的小鸟,你想造云房子吗?把你造的云房子跟你的小伙伴们说说,比比谁造得多、造得美。
(2)指名说。
(3)"撕"云房子。
(4)(出示水彩背景画)哪只小鸟想飞上来展示你的作品?
(5)说话训练:能不能把自己造的云房子配上这样的句子来说一说?
①云房子真漂亮啊!有的像_____,有的像_____,还有的像_____。
②云房子真美啊!有_____,有_____,也有_____。

【设计意图:泰戈尔说:"美丽的形象都是想象孕育出来的。"只要善于抓住契机,学生的创新思维就能得到充分的锻炼。读云房子,造云房子,说云房子,学生一边观察,一边思考,一边想象,个性的光芒和创新的火花就会不断迸发。】

(6)小结积累:
小鸟们,你们真能干!造了这么多、这么美的云房子,老师忍不住想送你们两个词儿:"千姿百态"、"千变万化"。

(7)欣赏千变万化的云,拓宽视野。

5. 玩云房子,寓乐于动。

(1)云房子造得这么多、这么美,小鸟们心情怎么样?它们又做了些什么呢?谁来读读?

(2)"叽叽喳喳叽叽喳喳"是小鸟们在说话呢!请小朋友们一起来做小翻译,猜猜它们说的是什么?

(3)指导朗读:一、三组朗读,二、四组在座位表演。

【设计意图:《语文新课程标准》倡导新的教学方式,鼓励学生自主探究、合作学习,培养学生积极主动的参与与合作意识。学生在想象、朗读、表演等形式的学习过程中释放出巨大的潜能。】

6. 找云房子,又入佳境。

(1)老师听出来了,真是一群快乐的小鸟!它们玩得真开心呀!忽然,"呼啦啦"吹来了一阵风。大家造的云房子都不见了,感觉怎么样呀?

(2)指导朗读。

(3)拓展:你们知道云房子都到哪里去了吗?

(4)(出示课件)那这时的天空又是怎样的呢?你们看见了什么?小鸟看到笑眯眯的太阳和水汪汪的蓝天又会说什么?谁能把这样的天空读得美美的?

7. 回归整体,总结全文。

(1)(课件出示被烟囱熏黑的小鸟)谈感受。

(2)同学们说得真好!这千变万化的美丽景色都是神奇的大自然送给我们的。让我们从小就做个"大自然的维护者"吧!

【设计意图:语文教学是工具性和人文性的统一。工具的使用同时也在形成情感态度和价值观,语文教师应"着眼于语文课程对于学生思想感情熏陶感染的文化功能",让学生从小就树立保护环境的意识。】

(3)有感情地朗读全文。

8. 趣味作业,拓宽视野。

天上的云各种各样,等着我们去发现、去想象。用观察到的云或查找到的云办一期图片展,也可以用画笔把它们画下来。

板书设计

22. 云房子

造 —— 玩 —— 找

探究反思

　　教者在教学时体现了新课程的理念,充分发挥了学生的主体性和创造性,培养了学生交流与合作的能力。

　　在教学过程中,教者以引导学生朗读为主,读中悟情,画中悟趣,发挥想象,练习表达。因此,在这种良好的氛围下,学生置身于特定的情境中,多种感官都被调动起来,始终都保持那份"读"的热情、"说"的渴望。而教师适时的指导、多元化的评价更是让学生体验到了学习的快乐、成功的喜悦。句式的迁移训练一方面使学生积累和规范了语言材料,另一方面又帮助学生在不知不觉中重构语言模式。结尾处,教师及时渗透了保护环境的思想,在孩子们幼小的心田里播下了热爱和保护大自然的情感种子。

5. 台湾的蝴蝶谷

教学内容 苏教版二年级下册第19课

创新思考

　　本课以生动形象、极具画面感的语言,描绘了台湾蝴蝶谷每年春季绚丽而壮观的奇异景象,给人以身临其境之感。全文共4个自然段。《新课程标准》指出:学生是学习和发展的主体。低年级阅读教学的目标是:喜欢阅读,感受阅读的乐趣;学习用普通话正确、流利、有感情地朗读课文;展开想象,获得初步的情感体验,感受语言文字的优美。因此本课的教学设计,注重渗透两种学习方法,引导学生边读边思,读中想象,在主动积极的思维和情感活动中自主探究,自悟自得。在学法指导上,我打算引导学生用自主探究的方式学习,充分激发学生的主动意识和进取精神,让每个学生都能尝到成功的喜悦。根据本课的特点,让学生自主读书、表演、评论,感悟台湾蝴蝶谷奇特迷人的景象,激发学生热爱祖国、热爱大自然的思想感情。

教学设计

一、教学目标

　　1.能正确、流利、有感情地朗读和背诵课文。

　　2.学会本课8个生字,两条绿线内的5个字只识不写,认识1个偏旁,理解由生字组成的词语。

　　3.了解"蝴蝶谷"名字的由来,凭借课文想象蝴蝶谷迷人的景象,激发学生对祖国宝岛台湾的热爱之情。

二、教学重、难点

　　教学重点:在读中感悟蝴蝶谷的美丽景象。

　　教学难点:如何让学生进入课文描写的情境。

三、教学时间

2课时。

四、教学准备

制作课件、搜集简介台湾风光的图片及录像资料、蝴蝶贴画。

五、教学过程

第一课时

1. 激趣导入，自主质疑。

（1）同学们，你见过成千上万只蝴蝶聚会的场面吗？看，老师给大家带来了什么？（出示蝴蝶飞舞的课件）在台湾的一些山谷里，就有这种可以称得上奇观的景象。今天，就带你们到我国宝岛台湾的蝴蝶谷，去领略那奇特迷人的景象。

（2）出示课题：台湾的蝴蝶谷

指名读，齐读课题。

（3）看了这个课题，你希望课文告诉你什么？

【设计意图：通过情境创设和悬念设置，激发学生的学习兴趣，产生强烈的求知欲，为后面自主学习做好铺垫。】

2. 初读课文，扫清障碍。

（1）你们想知道的可真多！那台湾的蝴蝶谷是怎样的呢？请小朋友认认真真地把课文读一遍。你们不仅要用声音读书，还要学会用神态读书。

（2）课文中的生字可是我们读书的拦路虎，让我来考考大家，看看这些生字宝宝离开了课文句子，去掉了拼音帽子，你还能认识他们吗？

（3）出示生字。

①这些词语你会读吗？会读的请举手，不会读的请认真听。指名读。

②现在会读的请举手。

（4）过渡：台湾的山谷很多，所以形成了各种不同的蝴蝶谷，那又会是怎样的景象呢？我们到下一堂课再欣赏。

（5）对了，我们还认识了几个新朋友。出示生字：源 茂 季 赶

①认识"走字底"，"赶"的腿伸长，把"干"托起。

②"季"下面的一横要长。范写"茂"。

③字谜：草原旁边一条河——"源"左窄右宽。

④齐说写字口诀，摆好姿势，描红、临写。

（6）认识了这些字朋友，相信你读起课文来就轻松多了。请大家再练一练，把你最没有把握的地方读给同桌听听。

(7)你还有哪一节需要帮助,让大家来帮助你。

【设计意图:初读环节,学生肯定会遇到各种不同的障碍,通过让学生自由读、同桌互读、开火车读、指名读等方式,使学生扫清生字障碍,了解课文内容,并把课文读通顺,达到流利的程度。】

3. 介绍台湾,理清文脉。

(1)问:台湾为什么会成为蝴蝶生长的好地方?读读课文第一节,向大家介绍一下。指导读好"气候温暖"、"水源充足"、"花草茂盛"。

(2)出示台湾地形图。

4. 质疑铺垫,布置作业。

在这美丽的蝴蝶谷到底会有怎样的奇异景象等着我们去欣赏呢?下节课我们接着学习。作业:

(1)描红。

(2)自读课文,试着体会并读出蝴蝶谷的美。

第二课时

1. 谈话揭题,暗示学法。

(1)这节课,老师就和大家一起去我们耳闻已久的台湾蝴蝶谷走一走、看一看,好吗?

出示课题:台湾的蝴蝶谷

(2)学生齐读课题。

(3)如果你是第一次来到蝴蝶谷,你最想问的问题是什么?这些问题的答案都在课文当中,只要你认真读,一定能从课文中找到。

【设计意图:让学生带着问题学习课文,无疑能给他们的自主阅读指明方向,教师在此应带领学生归纳出最具价值的问题,切忌琐碎。】

2. 初读课文,激发兴趣。

(1)(课件出示生字)你们看,上堂课我们认识的这些淘气的生字朋友跑到这儿来了,你能读准他们吗?

(2)今天老师要带大家进行一次特殊的旅行,只有会读书的小朋友才能享受到旅行的快乐,欣赏到美丽的风景。刚才大家把生字朋友认得这么准了,现在请你们带着刚才提出的问题读读课文,相信你会读得更棒!(生自由读)

(3)上节课我们初步学习了这篇课文,谁能告诉大家,台湾为什么是蝴蝶生长的好地方?教师相机板书:气候　水源　花草

师:台湾真是蝴蝶生长的好地方。下面我们就一起走进蝴蝶谷去看一看。

【设计意图:在轻松愉悦的情境中带领学生复习生字词,既能点明其重要性,又能为下面的阅读教学打下基础。】

3.品读文段,感悟文旨。

(1)学习第三段。

师:台湾的地形有什么特点?读读课文,向大家简单地介绍一下!

随着学生的回答齐读第一句,板画台湾的地形"山多,山谷也多"。

相机板书:山多　谷多

品读第二段——人们为什么叫它"蝴蝶谷"?相机板书:得名

①指名朗读,其余同学思考:人们为什么叫它"蝴蝶谷"?

②用"因为……所以……"的句式说一说。

教师配乐朗读重点语句,请同学闭眼想象:你好像看到了什么?都有什么颜色?

师:你看,这些蝴蝶有的是( )色,有的是( )的,( )色,有的是( )的,这么多美丽的颜色聚在一起,用一个词来说,就是——色彩斑斓。

③体会动词使用的准确性、生动性。"飞过、穿过、越过"。(出示穿、越的意思,让学生选择)

④指导学生有感情地朗读。

你觉得这些蝴蝶怎样?从哪里体会出来的?

师:怎样才能把这种感觉读出来呢?指名读一读,演一演。读给同桌听听。

【设计意图:语文教学除了注重读外,语言训练也不能忽视,抓住一些点,放手让学生进行语言文字的训练,达到读练结合。】

(2)学习第三自然段。

师:那么多的蝴蝶飞来,这时的蝴蝶谷是什么样的景象呢?请同学们选择自己喜欢的方式朗读第三自然段,边读边想:蝴蝶谷给你留下了什么印象?(蝴蝶谷很迷人)

指名说并指导读好总结句。师相机板书:景色迷人

①再读课文,找一找:蝴蝶谷有哪些迷人的景象?交流。板书:有的……有的……

②同桌互读:把你喜欢的一种蝴蝶谷读给同桌听,并说说你喜欢的理由。交流:

＊只有一种黄颜色的蝴蝶……

〈1〉说喜欢的理由。(虽然只有一种单调的黄颜色,但在阳光的照耀下,显得光彩夺目,十分壮观)

指导读好:金光灿灿、十分壮观。

〈2〉想象读。
〈3〉说说仿佛看到了什么。(体会金光灿灿、十分壮观)
〈4〉指导朗读。

* 有几种蝴蝶……
〈1〉说说喜欢的理由。(指导理解五彩缤纷并找出意思相近的词语;并且运用拟人的手法:将蝴蝶比做花瓣)
〈2〉想象读。
〈3〉说说仿佛看到了什么?
〈4〉看图理解。
〈5〉指导朗读。
③你还能够想到哪些表示颜色的词语?

【设计意图:西谚有云:"一千个读者就有一千个哈姆雷特。"学生对于蝴蝶谷美的感受也是不一样的。如果让老师带着学习,牵的痕迹未免太重。不如让孩子自己选择喜欢、感兴趣的环节发表看法,把学生带入特定的语言环境,细细品味文章的语言美,这样更容易引起他们的共鸣。】

4. 指导背诵,积累文段。
看来蝴蝶谷的景色的确是非常的迷人。这么美的画面,小朋友们想不想把它记在脑子里?
(1)出示填空,指名填。
(2)齐填。

5. 激发情感,歌颂美景。
(1)同学们,就要告别美丽的蝴蝶谷了,你现在最想说的心里话是什么?
(2)学生抒发情感,表达对祖国宝岛台湾的热爱之情。
(3)为了表达对宝岛台湾的深深眷恋之情,老师建议大家,根据课文的介绍加上自己的想象画下你心中的蝴蝶谷。或者记住文中的词句把蝴蝶谷的美景介绍给自己的家人,要知道,这可是我们大家向往的地方。

板书设计

19. 台湾的蝴蝶谷
气候 水源 花草
山多   谷多
有的……有的…… 得名

探究反思

为体现新课程理念,根据教材特点,我在教学中尝试创设多种情境,努力拓展学生的情感、学习和思维空间,鼓励学生在学习过程中自主实践,张扬个性。

1. 找动词,初识蝴蝶谷。

新的课程标准强调:阅读是学生个性化的行为,不应以老师的分析来代替学生的阅读实践。我在教学第二自然段时引导学生去发现、尝试。先用简笔画让学生了解台湾的山谷之多。接着我把教学的重点定位在3个动词"飞过"、"穿过"、"越过"上,通过比较、演示等方法,引导学生理解。接着再把动词带入到词组中体会用词的准确性,然后再深一层次透过这些词感悟蝴蝶飞来时的急切与高兴的心情,再想象成千上万只蝴蝶赶来时的热闹场面,最后通过朗读把自己的感受表达出来。

2. 赏美景,走进蝴蝶谷。

第三自然段是课文的重点段。我在教学第三自然段时,让学生看图初步感觉蝴蝶谷迷人的景象,然后自己选择喜欢的山谷进行观赏。具体讲两种景象时我让学生上来用课前准备好的"蝴蝶"妆点"蝴蝶谷"。让学生边欣赏画面,边跟着音乐读出"有的山谷里有好多种蝴蝶,五彩缤纷的蝴蝶上下飞舞,就像在空中撒了一把五颜六色的花瓣,随风飘来,又随风飘去"。

3. 倡人文,打造蝴蝶谷。

蝴蝶谷之所以有今天的美景,与台湾及世界游客的环保意识密不可分,这不仅是一篇优美的文章,更是培养学生的环保意识的好教材。有了这样的意识,我们的身边就会多出很多"天鹅湖"、"猕猴山"、"原始森林"……

6. 军　神

教学内容 苏教版三年级上册第21课

创新思考

　　课文主要讲述了刘伯承到一家外国诊所做眼部手术,拒绝使用麻醉剂,被为他做手术的外国医生沃克称为"军神"的故事。这一故事赞扬了老一辈无产阶级革命家在严酷的革命斗争中表现出来的钢铁般的意志。

　　教学时,引领学生把握主线,聚焦形象,细读文本。创设能引导学生主动参与的教学情境,激活学生强烈的情感体验。

教学设计

一、教学目标

　　1. 学会本课生字,理解由生字组成的词语。

　　2. 正确、流利、有感情地朗读课文,分角色朗读课文。

　　3. 通过本课的学习,让学生感悟刘伯承坚韧不拔的钢铁意志,学习他做一个意志坚强的人。

二、教学重、难点

　　教学重点:理解表现刘伯承为"军神"的重点语句,体会刘伯承坚强的意志。

　　教学难点:初步了解正面描写和侧面描写相结合的写作方法。

三、教学时间

　　2课时。

四、教学准备

　　自制幻灯片。

五、教学过程

第一课时

1. 揭示课题,简介人物。
(1)今天,就让我们一起学习《军神》。
(2)指名读课题,注意读准"神"的前鼻韵母。
(3)通过课前预习,你知道课文主要是写谁的吗?
出示刘伯承照片,介绍刘伯承生平。

2. 初读指导,自学字词。
(1)自学生字词。
①读准字音,读通课文。
②标出自然段的序号。
③查字典或联系上下文,弄懂新词及不理解的词语的意思。
承受　损坏　外科　职员　崭新　结束　伤势　镇定　注视
(2)交流,检查自学效果。
(3)齐读生字词语。
(4)分自然段指名朗读课文,教师相机指点。

3. 把握全文,理清脉络。
(1)课文分为哪几个部分?
求治—手术前—手术中—手术后
(2)出示自学提示,学生默读思考:
①画出描写沃克医生神态、情绪变化的句子,想想为什么会有这样的变化。
②有不懂的地方画下来,学生互相质疑。
(3)小组讨论交流。
(4)在全班交流并质疑,告诉学生本文描写沃克医生神态、情绪变化的句子是为了烘托刘伯承的惊人毅力和顽强意志,这种写法叫"侧面描写"。

4. 指导写字,布置作业。
书写:
(1)出示本课生字,读一读。
(2)重点指导"承"、"沃"的写法。
(3)学生习字,师巡视、指导。
作业:抄写生字词语;朗读课文。

第二课时

1. 历史故事导入，引入课题析"军神"。

(1)介绍刘伯承受伤的历史故事。

(2)点题。

多年征战，纵横天下，戎马一生，这就是刘伯承！在德国医生沃克的眼中，刘伯承更是一位军神！

(3)解题。

(课件出示"神"字的解释)"神"，在字典中有很多种解释，在文中，"神"指的是什么？学生选择回答。(具有超能力的人)

(4)军神，就是具有特异军事能力、高超军事本领和杰出精神的军人，好厉害啊！让我们带着崇敬之情，齐读课题！

【设计意图：用故事情境导入，既激发学生的学习兴趣，又让人物从复杂的历史背景中凸显出来，为下面体会人物品质提供历史背景。这一课时旨在体会文中正面描写刘伯承的语句，且将侧面描写和历史的暗线留作课外拓展，让学生一课一得。】

2. 回忆文章脉络，找出句子夸"军神"。

(1)通过第一课时的学习，我们知道文章是按照什么顺序来写的？(求治—手术前—手术中—手术后)

(2)找出赞美的话。

同学们，这不是一次平常的手术，主治医生是德国著名的外科医生沃克，病人是当年气血方刚、众人知晓的爱国将领——刘伯承。可正是这次不同寻常的手术，让沃克医生对刘伯承大加称赞。请你画出文中沃克医生夸赞刘伯承的句子。谁来读读夸赞的句子？

学生读沃克医生夸赞刘伯承的句子，课件出示这段话。

(3)过渡：真正的男子汉，会说话的钢板，军神(板书)。刘伯承在这次手术中都有哪些了不起的表现呢？这节课我们就来仔细体会！

【设计意图：整体感知内容，为本节课的学习奠定认知和情感基础。立足整体，突出重点，让学生在学习时的目标更明确。】

3. 评析重点词句，在朗读中走近"军神"。

(1)学习"求治"。

①经验丰富的沃克医生一下子就看出了刘伯承的军人身份，因为只有军人才能如此镇定。谁来给我们读第一自然段？其他同学边听边思考，同时动笔画一画。在这一段里，从哪些地方能看出刘伯承的镇定？为什么？

②交流，紧扣刘伯承的话重点体会。

课件出示句子：

他对诊所的主人——著名的外科医生沃克先生说："我的眼睛被土匪打伤了，请您给治治。"沃克医生查看了他的伤势，冷冷地问："你叫什么名字？""刘大川。""干什么的？""邮局职员。"

加点部分，你是怎么理解的？

③生谈体会，师小结：伤势严重，却仍然镇定地掩饰自己的身份，这表现的是刘伯承特异的军事能力和高超的军事本领，当然还有惊人的毅力，这让你想到沃克医生说的——（课件出示夸赞的话）生接读。

④这些对话，字数不多，语气也平淡，却表现出刘伯承的英雄豪情，你们认为哪些同学能把这种体会读出来？

学生推荐，分角色朗读。学生朗读后，师生评议。

(2)体会"手术前"。

①要动手术了，什么事情让沃克医生愣住了呢？请自由读第二自然段——手术前，边读边思考。

②学生自由读后思考，指名回答。

③不用麻醉药，要知道眼睛部位是非常敏感的，你推测一下，沃克医生做过这种不打麻醉药的手术吗？启发学生抓住"会损伤脑神经"一处，推想：不损伤脑神经，拥有健康冷静的大脑，可以让刘伯承做些什么？

④师小结，并指导朗读。

为了革命，为了国家，为了民族，拥有健康清醒的大脑非常重要。所以刘伯承不愿意使用麻醉药的态度是坚决的、恳切的。在国家和民族的利益面前，自己的疼痛又算得了什么呢？所以，刘伯承又是十分的平静。这种心情和语气你能通过朗读表现出来吗？

自由练习朗读，指名朗读。

⑤师生合作朗读。

(3)品读"手术中"、"手术后"。

①过渡：手术就要开始了，手术中，要先挖去眼球，割去息肉，再进行血管缝合，而这一切都将在刘伯承不麻醉而神志清醒的状态下进行！一向镇定的沃克医生，这次却双手微微颤抖。同学们，让我们守候在手术室外，为这位年轻人祈祷和祝福吧！

②出示句子，细读内化。

年轻人一声不吭，双手紧紧抓住身下的白色床单，汗如雨下。手术结束，崭新的床单竟被抓破了。

这段话中,哪些词语给你留下了深刻的印象?为什么?你能不能带着自己的体会读一读?

【设计意图:这些描写刘伯承钢铁般意志的字眼词句,不仅要求学生理解,更要求学生想象、感受和揣摩。教学中要及时缩小训练点,让这些词句凸现出来,指导学生咀嚼文字,披文入情,让学生感受到语言文字所描绘的鲜明形象,产生真切的情感体验。】

③引导学生体会"钢板"含义。

既然如此疼痛,为什么沃克医生会把刘伯承比做钢板呢?(帮助学生理解,这是指刘伯承的意志坚定似钢板)

④师配乐范读这一段。师生交流读后感受。

⑤刘伯承以超凡的毅力深深感动着我们每个人,让我们再次回顾这段刻骨的记忆!生配乐齐读。

(4)理解"手术后"。

①手术后的刘伯承是什么样?

出示句子:年轻人脸色苍白,勉强一笑:"我一直在数你的刀数。"沃克医生吓了一跳:"一共多少刀?""72刀。"

②读到这里,你想到了什么?

〈1〉引导学生抓住"脸色苍白"却是"勉强一笑",体会刘伯承坚韧不拔的意志。

〈2〉为什么刘伯承要数刀数?(疼痛难忍,分散注意力;为自己提神,以免在手术台上晕过去)

〈3〉从"72刀"这个数字,你想到了什么?(手术时间长,疼痛剧烈,体现刘伯承钢铁般的意志)

③指导学生带着自己的体会朗读,再分角色朗读。

【设计意图:在这个环节里,语言情境和音乐情境的创设,推动学生在主动积极的思维和情感活动中,让自己的情感和作者的情感逐步产生共鸣,刘伯承的光辉形象,更加深深地刻入学生的心底,理解"军神"内涵这一教学难点也就迎刃而解。】

4. 总结升华情感,饱含敬佩诵"军神"。

(1)出示填空题,引导学生回顾全文内容。

求治的时候,刘伯承_____;

要动手术了,他_____;

手术中,他_____;

手术后,刘伯承_____。

(2)过渡:难怪沃克医生不禁失声喊道:——(生齐读夸赞的句子)。

(3)指导读夸赞的句子。

①沃克医生共说了几句话?注意到每一句的标点符号了吗?(3个感叹句)

②真正的男子汉是勇敢的,但刘伯承的意志超出了平常人,就像会说话的钢板一样,不是普通军人能做到的,他是一位军中之神!所以3个感叹句在语气上一句比一句强!(在板书上加上箭头)

③指名读,齐读。

【设计意图:以填空题的形式,回归整体,让学生把零散的情节和体验贯穿起来;反复围绕中心句,层层提炼,使学生内心充沛着浓浓敬佩情;形象的板书,突出"军神"。】

5.延伸品读专著,深入了解军神。

24岁的刘伯承,永远失去了一只眼睛,但他从此变得更加坚强,更加勇敢。在以后的战斗岁月里,这位有着钢铁般毅力的军神征战沙场,立下了赫赫战功,成为一代名将,开国元勋。想继续深入地了解刘伯承吗?那么请你在课后查找并阅读相关书籍,去了解刘伯承光辉的一生。

【设计意图:语文学习不能拘泥于课本和课堂。课后查找资料,更深入地了解刘伯承的戎马一生,相信课内外阅读的有机结合,会使学生对伟人的认识更立体和全面。】

板书设计

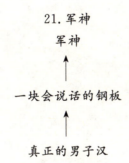

21.军神

军神
↑
一块会说话的钢板
↑
真正的男子汉

探究反思

1.语文是感性的。

文本,就是通往作者及人物心灵深处的一级级阶梯。语文教学就是要通过朗读、对话等途径,引领学生一次次地触摸文本、走进文本,感受文字背后人物的呼吸和作者真情的流淌。不打麻醉药,72刀的疼痛是何等的剧烈;忍住疼痛,数出72刀的意志又是何等的坚定,刘伯承用他的钢铁意志写就了一个神话!教学中要用"读"启发学生,用"悟"增强体验,让"敬"渗透全文,使学生心灵受到震撼,情感得到滋养。

2. 课堂是灵动的。

流光溢彩的语言文字、个性迥异的浪漫儿童,使我们的语文课堂具有灵动的潜质。在这篇课文的执教中,教师激昂的精彩导语、节奏跌宕的环节预设、关注发展的动态生成、课内课外的拓展延伸,充满智慧,饱含情感,让课堂真正灵动起来!

7. 金 子

教学内容 苏教版三年级上册第22课

创新思考

　　本课讲的是彼得·弗雷特在淘金无望而准备离去时,发现雨后土地上长出了小草,从中得到启发,便留下种花,终于获得成功的故事。这个故事十分有意义,学生不一定能完全理解寓意,要反复引导学生阅读。《语文课程标准》指出:"阅读是学生个性化行为,不应以教师的分析来代替学生的阅读实践。"让学生充分地读,在读中感悟,积累语言,培养语感。课文内容简明,情节曲折,蕴含的道理深刻,告诉我们要想获得财富或成功就必须付出辛勤的劳动,想要意外的收获是不现实的。这是一篇人文性较强的培养学生理解、感悟、想象及朗读训练的好材料。根据第二段的阅读要求,这节课的教学定位在于,通过理清文章脉络,读懂课文内容,多元化地感悟文章所表达的深刻内涵;通过多种形式的朗读训练以及创设情境、展开想象等方式,培养和提高学生的语言感悟能力、朗读能力和想象能力。

教学设计

一、教学目标

　　1.能正确、流利、有感情地朗读课文。

　　2.学会本课10个生字,两条绿线内的10个字只识不写。理解由生字组成的词语。

　　3.学习本课后,能从中悟出要想获得财富或成功就必须付出辛勤劳动的道理。

二、教学重、难点

　　教学重点:把握课文重点词句,理解课文内容,展开想象。

教学难点:理解课文所蕴含的深刻道理。

三、教学时间

2课时。

四、教学准备

让学生搜集自主创业的成功人士的相关资料。

五、教学过程

第一课时

1. 谈话导入,激发兴趣。

(1)师:同学们,你们能说说自己的梦想是什么吗?(生交流)

(2)师:那么,怎样才能实现自己的梦想呢?今天我们来学习第22课。(板书课题,齐读课题)课文中的主人公也想实现自己的梦想。通过今天的学习,相信大家会对如何实现梦想有更正确的认识。

【设计意图:从学生感兴趣的话题谈起,旨在联系他们的生活实际,唤起他们真实的情感体验,从而自然地走进文本,乐于学习文本。】

2. 初读指导,整体感知。

(1)自由读课文。要求:读准字音,读通课文,遇到难读的地方多读几遍。

(2)出示生字词,自由练读,师着重指出:"盆"是前鼻音,"坑"是后鼻音,"彼"不读 pī,读 bǐ。

(3)齐读生字词。

(4)分段指名读课文,读后评议,指出不足,进行纠错训练。

3. 理清文脉,把握梗概。

(1)默读课文,想一想,课文中的人们有什么梦想,最后他们出现了哪两种不同的情况。

(2)讨论交流刚才的问题,师板书两种不同的情况:一无所获 找到真金

(3)师:面对这两种情况你有疑问吗?(为什么只有彼得能找到真金?他和别人有什么不一样?)

(4)师:问题是通过读课文产生的,那么问题的答案还得从课文中找。我们要学会从课文中发现问题,在阅读中解决问题,从而有所收获。

【设计意图:针对三年级学生年龄小、概括能力不强的特点,教师设计了两个逐层深入的问题,便于学生初读时较准确地把握课文的主要内容。对比鲜明的两种结果能在学生的心里留下深刻的印象,教师引导学生质疑问难,深入文章,培养学生追根求源的习惯。】

4. 学写生字。

(1)认读田字格中的生字,口头扩词。

(2)交流记字方法。

(3)教师板书示范,揭示重点。

(4)学生在书上用钢笔描红。

5. 课后练习:练习朗读课文、书写写字本。

第二课时

1. 复习旧知,导入新课。

(1)同学们,今天这节课我们继续学习课文《金子》。

(2)听写词语,订正。

淘金　蜂拥而至　扫兴离去　埋头苦干　一无所获　若有所悟　全部精力　实现梦想

(3)课文主要讲了一件什么事?可以用上黑板上的词。

【设计意图:在新课开始前进行有针对性的复习,以达到温故知新的目的,并让新课在复习中自然引入,使教学建立在真正的学情之上,帮助学生巩固学过的生字新词,增加语言积累,通过连词说话锻炼学生的语言组织和表达的能力。】

2. 学习课文一至三自然段。

(1)请同学们自由读一到三自然段,想一想萨文河畔到底发生了什么事儿?彼得和其他人有什么相同和不同的地方?

(2)交流回答。

相同之处:都想找到金子;都一无所获;都"蜂拥而至",想象一下"蜂拥而至"是怎样的场面;一开始都在河床上挖了许多大坑,理解"河床";都是道听途说。

不同之处:绝大多数扫兴离去,彼得却不甘心落后。

(3)默读第二自然段,画出彼得的做法,并且想一想,彼得与其他的淘金者到底有什么不一样的地方。(有毅力,不轻易放弃,能吃苦耐劳……)

(4)师:通过比较,大家都感受到彼得的坚强毅力,可结果呢?

(师引读:辛苦几个月,彼得也没有_____,面对着坑坑洼洼的土地,他_____。六个月后,他连_____。于是,他准备_____。)

(5)指导朗读一至三自然段,读出彼得的恒心毅力,也要读出彼得由不甘心到失望的感情。

(6)师:同学们,上节课我们就知道了,要实现梦想就得努力,要有毅力,可是

彼得也做到了这些,为何他却失败了呢?(因为他也是听说的,没有实际根据,所以不切合实际的梦想是不可能实现的)

过渡:课文最后写彼得获得了真金,那又是怎么回事呢?

【设计意图:实践证明:疑问、矛盾、问题是思维的"启发剂",它能使学生的求知欲由潜伏状态转为活跃状态,有力地调动学生思维的积极性和主动性。另外,让"读"成为感知体验过程、情感投入过程,让学生在读中学会思考,使思考越来越深刻,并提升对梦想的认识。】

3. **学习四至六自然段。**

(1)默读四至六自然段,思考:彼得在实现梦想的过程中发现了什么?想了什么?做了什么?

(2)交流。

①彼得发现了什么?

②什么叫"若有所悟"?彼得悟到了什么?

③从下雨后的情景中,彼得竟能悟出这么多。此时,你对他产生了怎样的看法?

④观察插图,发挥想象:彼得是怎样辛苦种花的。(小组交流)

⑤想象彼得当时的表情、心情,以及他用全部精力培育花苗的艰辛过程,有感情地朗读四至六自然段。

【设计意图:这一部分的教学实际上也是一个情感感知、读书理解、感受体验、发现生成的阅读过程。指导朗读时,让学生一边读一边想象文字背后的内涵,进而更深入地理解人物的品质。】

4. **学习第七自然段。**

(1)过渡:就这样,一年又一年,五年后彼得终于实现了自己的梦想,他不无骄傲地对人说:……(齐读)

(2)"不无骄傲"是什么意思?

(3)此时此刻你认为彼得找到金子了吗?这真金是淘金者挖到的金子吗?那是什么?为什么说他是唯一找到真金的呢?请你骄傲地告诉大家。(再读最后一段)

(4)小结:来吧,读出来吧,让我们一起来感受彼得的那份快乐,那份成功,让我们一起自豪地告诉所有的人＿＿＿＿＿＿＿＿＿＿。(再读最后一段)

【设计意图:读是感的前提,感是读的结果,老师逐层地引导读,旨在让学生通过"读"来潜心感悟,与文本进行深层次的对话,从而更深入地理解文本揭示的中心。】

5. **审视自己,收获真金。**

(1)总结:彼得和其他淘金者一样,埋头苦干却一无所获,但是细心的他,对雨后长出的小草却有了自己的思考、自己的发现,于是毅然放弃了淘金,而去种花,凭着自己的勤奋终于实现了自己的梦想。

(2)从彼得的故事中,你对实现自己的梦想有什么想法?

(3)大屏幕出示教师的赠言:有梦想就有希望,有耕耘就会有收获,衷心祝愿同学们能早日实现自己的梦想。

【设计意图:"情动于中而形于言"。此刻学生的认知情感已达到了一定的高度,有了表达交流的愿望。再通过诵读教师赠言,自然能够产生情感的共鸣,那么本课的情感教学目标可谓"水到渠成"。】

板书设计

22.金子

若有所悟 ↘ 找到真金
全部精力 ↗ 实现梦想

探究反思

1.抓住重点词,理解文章内容。

在阅读教学中,抓住重点词,牵一发而动全身,提纲挈领,理解课文内容,会得到事半功倍的效果。如在理解第五自然段时抓住"若有所悟"这个词,先让学生理解什么是"若有所悟",彼得悟到了什么?从而明白彼得善于发现与思考。在最后一个自然段中则抓住"不无骄傲"这个词,让学生说说"不无骄傲"到底骄不骄傲?彼得骄傲什么?从而让学生积极回顾全文内容,在心中进行分析比较、归纳总结,再进行表达,这就提高了学生的阅读感悟能力。

2.抓住重点句段,进行有感情地朗读训练。

《课标》指出:"各个学段的阅读教学都要重视朗读。"因此,语文教学一定要以读为本,在读中理解、在读中感悟、在读中积累、在读中培养语感、在读中受到情感的熏陶。在这篇课文的教学中,我抓住彼得所说的两句话进行朗读训练,进行语感和在读中有所感悟的训练。彼得从土地的变化想到土地肥沃,可以用来种花,想到用不了多久自己就会成功,这时他应该越来越兴奋、越来越高兴。让学生体会并读出这种情感变化,培养了学生的语感。而最后彼得"不无骄傲"地说出的那句话更是文章的点睛之笔,除了让学生读出这种骄傲的语气,更重要的是让学生在读中悟出要想获得真金就必须付出辛勤劳动的道理。

3.抓住课文的空白之处,激发学生的思维与想象。

发展学生的思维是让学生获得基本语文素养的一条途径。这篇课文只用了一句话,写彼得留下后用全部精力种出了美丽娇艳的鲜花,没有具体描写他为实现梦想做了哪些工作。所以在学习第六自然段的时候，出示课文的插图，让学生看着图上的花朵和正在擦拭汗水的彼得进行想象，想象他是如何种花卖花的。在想象的过程中，一方面让学生体会到了彼得成功是通过长期、艰辛的劳动换来的；另一方面，也抓住课文的空白之处培养了学生的创造性思维，发展了学生的想象能力。

8. 掌 声

教学内容 苏教版三年级上册第21课

创新思考

　　本文记叙了身患残疾且忧郁自卑的小英在同学们掌声的激励下,鼓起生活的勇气,变得乐观开朗的故事。作者以"掌声"为题,是对同学们的宽容和善解人意的赞美,更深一层的用意在于提倡一种精神,即人与人之间需要尊重、鼓励,更要主动地关心别人,特别是对身处困境的人,我们同时也要珍惜别人的关心和鼓励。

　　教学时,着眼于"情",扎根于"读"。通过移情体验和想象感悟等环节的设置,注重对教材空白点的挖掘,培养学生的阅读能力。

教学设计

一、教学目标

　　1.正确、流利、有感情地朗读课文。背诵课文最后一个自然段。

　　2.学会本课生字,两条绿线里的字只识不写,理解由生字组成的词语。

　　3.通过本课的学习,懂得人与人之间需要尊重、鼓励,要主动去关爱别人,特别是对身处困境的人;同时也要珍惜别人的关心和鼓励,正确看待自己。

二、教学重、难点

　　教学重点:指导学生朗读课文,了解小英的情感变化,深刻领会"掌声"的内涵。

　　教学难点:体会小英在掌声前后的内心变化,体会掌声给予了小英力量,让她鼓起了生活的勇气。

三、教学时间

　　2课时。

四、教学准备

生字卡片、自制幻灯片。

五、教学过程

第一课时

1. 导入揭题。

(1)同学们,有人给你鼓过掌吗?你为别人鼓过掌吗?能给大家说一说吗?

(2)今天我们来学习第21课,题目是《掌声》。(板书课题)

2. 初读课文。

(1)自读课文。

①要求读准字音,读顺语句。

②给每个自然段标上序号。

(2)反馈检查。

①师出示词语,检查认读情况。

班里　愿意　投向　调来　情况　持久　讲述　交谈

慢吞吞　困境　残疾　犹豫　骤然　鞠躬　经久不息　舞蹈

②说说下面词语,你是怎么理解的。

持久:保持的时间长。

困境:困难的处境。

犹豫:拿不定主意。

骤然:突然。

(3)指名分节朗读课文,理清脉络。

①第一段(第一自然段),写小英因患有残疾而忧郁、自卑。

②第二段(第二至四自然段),写小英在同学们的掌声中上台演讲,获得成功。

③第三段(第五至六自然段),写同学们的掌声使小英鼓起了生活的勇气,她变得活泼开朗了。

④第四段(第七自然段),点明中心,人人都需要掌声,我们要珍惜掌声,还要把掌声送给别人。

3. 指导写字。

(1)出示生字卡片,认读生字,识记字形。

(2)师重点指导写"班"、"境"、"愿"。

(3)生习字,师巡视指导。

4. 布置作业。
(1)抄写课后词语。
(2)朗读课文。

第二课时

1. 交流烦恼,积蓄情感。
(1)同学们,你认为自己最有成就感的是哪一件事情或哪一个方面?
(2)刚才我们敞开心扉,说出了自己最有成就感的事,但每个人的成长过程,都不可能永远一帆风顺,总会有苦恼和烦忧困扰着我们。谁愿意给大家说说?
(3)那么,我们该怎么面对失败和挫折呢?今天,就让我们一起仔细品读第21课《掌声》。认真品味主人公小英的经历,会给你带来很多感动和启发。
(4)板书课题,齐读课题。

2. 将心比心,体会不幸。
(1)请快速阅读第一段,这里的小英给你留下了什么印象?
(2)师根据学生回答,板书:默默。
(3)"默默"怎么理解?为什么会"默默"呢?启发学生联系自己最害怕做的事情来谈。
(4)(出示填空题)你看到那个表面上默默、心里却在流泪的小英了吗?谁来填?

小英总是默默地坐在教室的一角。当同学们在一起愉快地聊天时,她_____；当大伙儿跑到操场去做游戏时,她_____；当同学们_____时,她_____……

(5)是啊,其实英子也想去操场上玩、去舞蹈房跳舞、去林荫道散步……可是,身体的残疾,使她的心灵蒙上了阴影,她不愿意和同学们说话,不愿让别人看见她走路的姿势。将心比心,我们真为小英感到难过。谁愿意再读第一自然段?
(6)读后评议。

【设计意图:作者在创作时常常会留下一些"无字处皆有意"的空白,让读者根据自己的独特感悟,展开想象填补,以达到"此时无声胜有声"的艺术效果。这里巧用填空的形式,大胆地对课文内容进行"补白",既激起学生思维的火花,培养学生的想象能力和创新能力,又激发学生深入理解文本,体会小英的不幸与痛苦,产生更强烈的情感共鸣。】

3. 细读文本,感受巨变。
(1)就在我们同情和担心小英的时候,一节平常的演讲课却改变了小英的沉默,甚至改变了小英的一生。在这节课上到底发生了什么事呢?

(2)生自学二至四段,圈画出描写英子神态与动作的词语。

(3)交流,引导学生抓住重点词语体会小英的心理变化,并且带着自己的感受去读。

①立刻把头低下去

人物的动作其实是心情的流露,小英是怎么想的?你能读出这种感觉吗?

②犹豫 慢吞吞 眼圈红了

是啊,小英真是左右为难,上讲台吧,怕别人笑话她;不上去呢,又轮到她了,老师的话不能不听。此时此刻,小英的内心一定非常的矛盾、痛苦和无奈,如果你就是当时的小英,你会想些什么?

③一摇一晃下

在大家的注视下,小英艰难地往前走,在大家关注的目光里包含了什么?

④感动得流下了眼泪 深深地鞠了一躬 微笑

是什么感动得英子流下了眼泪?(同学们的掌声)是什么又使英子深深地鞠了一躬?(同学们的掌声)(板书:掌声)几次?(两次)两次掌声有什么不同?掌声中,看到小英的微笑,你想到了什么?

(师生合作朗读)

【设计意图:一节普通的演讲课,一次很偶然的上台演讲,对于正常人来说,是生命中极为平常的一个片段,但是对于小英来说,她在同学们的掌声中勇于战胜自我,意义非同寻常。通过以上读、找、品、悟、读的环节,学生换位传情,能真实体会小英的艰难和勇气,深切感悟掌声的内涵,同时也为小英送上自己的关注和掌声,叩响情感之弦。】

4.前后对照,品味掌声。

(1)同学们,掌声的力量是强大的,从那以后,小英就像变了一个人似的,请默读第五和第六段。

(2)出示前面填空题,小英开始的样子你还记得吗?现在呢?出示填空题,学生回答。

自从那次演讲之后,小英像变了一个人似的,她鼓起生活的勇气,不再忧郁,和我们一起_____,一起_____,甚至_____……

(3)让我们一起分享小英的喜悦吧!齐读第五、六自然段。

【设计意图:用一道填空题完成读书之后的反馈,避免走老师提问学生回答的老套路,简单却有效。】

5.升华主题,回归自我。

(1)总结,完成板书。

一次演讲,两次掌声,却改变了一个人的一生。如果生活像爬陡峭的阶梯,那么是什么帮助小英这个身有残疾的姑娘勇敢自信地向上走呢?

生回答,师点拨,板书。(鼓励、支持、帮助、表扬,而且还可以通过多种表达方式,握手、微笑、写信等)

(2)生活中不但有鲜花和太阳,还有狂风和暴雨,无论面对什么样的环境,遇到什么样的问题,鼓励、帮助、关心、支持,都是帮助我们战胜困难、战胜自己的最大动力!让我们齐读最后一个自然段!

(3)也许只是需要你一阵热烈的掌声、一个甜美的微笑、一次有力的握手、一个热情的拥抱、一封感人的信——快乐和自信便可以围绕在你的身边!

【设计意图:阶梯式的板书既提炼出课文内容的梗概,又暗示学生:是爱、是鼓励、是关心……扶持着我们登上人生的一个又一个阶梯,我们应该正确审视自己并关爱他人。】

6.完成作业,传播快乐。

(1)背诵并抄写课文最后一个自然段。

(2)给身边需要帮助的人送上你的鼓励和支持!

板书设计

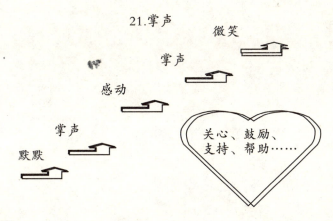

探究反思

1.巧用填空,老调奏新曲。

"出示小黑板,完成填空题"。在以往的传统教学中,填空题就是对课文内容的简单重复。这节课出现了两道填空题,一道填空题是用以激发学生的想象,对文本进行补白;一道填空题是对课文内容进行归纳。我们不难发现,老套的形式与新理念相结合,奏出了更有活力的旋律。

2.换位传情,柔情满课堂。

熟悉的学生生活场景、年龄相仿的人物,让学生很容易在读、悟过程中与人物进行换位体验:如果你是小英,你会怎么想?当学生能设身处地地理解人物的情感,移他人之情于自己心中时,每一个解读文本的场景都成了学生生命流程中的驿站,每一点感悟收获都将是学生情感成长的积淀。

9. 庐山的云雾

教学内容 苏教版三年级下册第3课

创新思考

在教学目标的设置上,即通过正确、流利、有感情地朗读课文,体味文中好词佳句的妙用,积累丰富的语言。课堂上紧紧围绕中心句"庐山的云雾千姿百态"、"庐山的云雾瞬息万变",通过各种形式的朗读及具体的想象来感悟庐山云雾的奇幻美丽。

本文结构清晰,层次分明,二、三自然段总分段式是学生进行仿写非常好的一个范例。在教学设计上,我没有刻意地向学生灌输段章结构,而是通过带读、引读等朗读方式,不断地将中心句的概念传输给学生,让他们在头脑中自然而然地了解总分这种段落格式。

教学设计

一、教学目标

1. 正确、流利、有感情地朗读课文,指导学生背诵重点段。
2. 结合具体的语境理解词语。
3. 感悟庐山云雾的千姿百态和瞬息万变。

二、教学重、难点

教学重点:围绕课文的第二、三自然段,通过朗读、想象,感悟庐山云雾的"千姿百态"和"瞬息万变"的美。

教学难点:本文想象丰富,比喻精当,但由于学生大多没有对庐山云雾的体验,所以理解起来可能比较困难。

三、教学时间

2课时。

四、教学准备

课前引导学生通过多种途径搜集有关庐山风景的资料及相关古诗;反复研读教材,确定重难点;广泛搜集图片信息,制作课件,弱化难点。

五、教学过程

第一课时

1.简介庐山,导入课文。
(1)学生简单介绍课前查找的有关庐山的资料。
(2)教师概括并导入新课。

2.初读课文,整体感知。
(1)自读,提出要求:读准字音,读通句子。
(2)检查反馈。
(3)再读,想想:课文主要写什么?尝试着用文中的句子说说。

3.学习字词,布置预习。

第二课时

1.板书课题,古诗导入。
(1)板书课题。(最爱写的字是先生教的方块字,横平竖直堂堂正正做人要像它)

上节课我们初学了《庐山的云雾》。景色秀丽的庐山自古以来就吸引了众多文人墨客为它题诗作词,在你学过的诗文中哪些是描写庐山的?

(2)学生简单交流。(师在黑板上作简笔画)

(3)的确,挺秀的高峰、深远的幽谷、磅礴的瀑布、缓缓的溪流,这些美景——出示课件句子,生齐读"真令人流连忘返",可最让游人们流连忘返的却是庐山的云雾,所以作者在课文的最后要说——出示课件句子,生齐读"云遮雾罩的庐山,真令人流连忘返"。那就让我们再次走进《庐山的云雾》。

2.梳理全文,理清脉络。
(1)师配乐朗读,带领学生进入美文意境。
(2)庐山的云雾到底有什么特点能让游人流连忘返呢?请同学们自己把课文读一遍,然后用课文中的两个词语概括。

【设计意图:开门见山,主线清晰,帮助学生从整体上把握全文。】

3. 精读课文,品悟文意。

(1)第二自然段。

①出示课件重点句:庐山的云雾千姿百态。生齐读。

师边板书边问:这"千姿百态"就是一千种姿势一百种样子吗?让我们一起来看看课文是怎么写的。

师引读:那些笼罩在山头的云雾,＿＿＿＿＿＿＿＿＿＿＿＿＿＿＿＿；

那些缠绕在半山的云雾,＿＿＿＿＿＿＿＿＿＿＿＿＿＿。

云雾弥漫山谷,＿＿＿＿＿＿＿＿＿＿＿；

云雾遮挡山峰,＿＿＿＿＿＿＿＿＿＿＿＿。

所以说,＿＿＿＿＿＿＿＿＿＿＿＿＿＿。(生再读:庐山的云雾千姿百态)

②在作者向我们描绘的这些云雾的姿态中,给你印象最深的是什么?把你最喜欢的句子找出来,多读几遍。"不动笔墨不读书",如果你能用一个词或一句话写下你的感受就更好了。

生自学,交流感悟,师适时指导朗读。

③看大家读得这么好,老师也忍不住要试试了。(师读第二自然段,激发学生朗读的热情)

④哪位同学也想试试?

【设计意图:阅读指导循序渐进,由本段中心句入手,围绕中心句,反复练读,读悟相长,再通过想象,深刻体会云雾的"千姿百态",以强化学生对本段中心句的认识,"仿说"训练自然水到渠成。】

⑤大家用你们的朗读展现了庐山云雾的千姿百态。既是"千姿百态",这位神奇的魔法师当然不会只向我们展现这几种样子了。(生想象云雾形成的其他形态)

⑥仿说。那同学们能不能用"庐山的云雾千姿百态"起头,说一段话呢?可以用上你们刚才想象到的云雾的各种样子。庐山的云雾千姿百态,＿＿＿＿＿＿＿＿。

(2)第三自然段。

①师:庐山的云雾不但样子多,变化还快!

引读:眼前的云雾,刚刚还是＿＿＿＿＿,转眼间＿＿＿＿＿,明明是＿＿＿＿＿＿,还没等你完全看清楚,它又变成了＿＿＿＿＿。所以说,庐山的云雾＿＿＿＿＿＿＿。

(师生共同板书"瞬息万变",边板书边体会词意:"瞬"是"目"字旁,表示眨眼;"息"指呼吸时的气息。在眨眼和喘息之间,庐山的云雾已经有了这么多变化!)

②谁想来读读这一段?评价中,体会"刚刚还是……转眼间……明明是……还没等你完全看清楚……它又变成了……"等重点词,反映了云雾的变幻之快。

③齐读第三自然段。

④师:咦?刚刚还是漂浮在北冰洋上的一座冰山,怎么又不见了……(生接龙想象,用上书中的词语,侧面体会省略号的用法。)

庐山的云雾真是_____。(齐读,再次出现重点词:瞬息万变)

【设计意图:借助字的偏旁和意思来帮助学生理解整个词语的含义,这也是词语教学的一种方法。再结合文中的描写,学生对"瞬息万变"的理解也就水到渠成了。】

(3)首尾两段。

的确,游人来到庐山,最难忘的便是这神奇的云雾。明明是青山蓝天,转眼间便从峡谷中、山峰中腾起一团团云雾,变幻无常。刚刚还是瑰丽无比的浩瀚云海,刹那间又变为丝丝缕缕的轻纱玉带。快看,头戴白帽的圣诞老人,手持鲜花的妙龄少女,一泻千里的九天银河……(课件展示云雾的各种形态)自己看,自己说!

这些云雾翻滚着,变幻着,让人置身其中,有如人间仙境。所以说_____。(再次出示最后一段,齐读)

高峰、幽谷、瀑布、溪流,正因为庐山独特的地貌才孕育出变幻无常的云雾,而变幻无常的云雾反过来又给庐山增添了几分神秘的色彩。你看,(引读)在山上游览,_____,漫步山道,_____。是啊,庐山的云雾千姿百态、瞬息万变。眼前漂浮的是云雾,迎面拂过的是云雾,身边流动的是云雾,脚下踩着的是云雾,此时此刻你仿佛升上了云端,驾起云雾,在天空行走,进入了仙境。再读读。

4. 总结全文,延伸课堂。

读了这么美的课文,老师不禁想起这四句话:"风起如涛静如纱,来去浓稀各不同。青峰秀岭云中裹,恍若身在仙境中。"回家以后,同学们把庐山的云雾介绍给你的朋友和家人,可以用上我们今天所学到的好词佳句。

板书设计

3. 庐山的云雾

千姿百态　　瞬息万变

探究反思

本课最初的设计稿将重点放在了情境的设置上,结果听课者都感觉没有重点,缺乏层次。于是抛开一切杂念,捧起课本细细咀嚼,竟然有了以往没有的体会。庐山的云雾千姿百态,是因为看的角度和云雾所处的位置不同;瞬息万变中又蕴含着丰富的变化,"千姿百态"和"瞬息万变"是"你中有我、我中有你"的关系。而庐山云雾的变幻无常又与庐山的地貌有着千丝万缕的关系,恰恰因其独特的地貌孕育了奇幻的云雾,奇幻的云雾又反过来为庐山增添了几分神秘的色彩。在经过层层抽丝剥茧之后,赫然间,"千姿百态"、"瞬息万变"两个词映入眼帘,这正是文章的"眼"。我的教学过程只要紧紧围绕这两个词设计不就行了吗?现在我的任务就是怎样通过细节的设置,让学生体会到庐山云雾的"千姿百态"、"瞬息万变"。在把握了这点之后,具体环节的设计就是水到渠成的事了。这样一改,效果确实好多了,层次与脉络清晰,课堂上学生读得到位、学得扎实。可见,钻研教材绝非一句空话。只有真正吃透教材,才能把握重点;只有把握了重点,才能做到设计上的游刃有余。

10. 花瓣飘香

教学内容 苏教版三年级下册第6课

创新思考

　　《花瓣飘香》讲述了一个小女孩摘花瓣送给生病的妈妈的故事。情节简单，却洋溢着浓浓的亲情。诗意的题目，加上小女孩充满爱心的金子般的心，使文章内容更贴近学生生活，吸引学生阅读。

　　语文课程是富有人文内涵的课程，阅读更是其中一项重要的内容。《新课程标准》提出，阅读是教师、学生、文本之间的对话，尤其强调学生在阅读中的主体地位和他们独特的个体感受。本课的教学对象是三年级的学生，他们充满爱心，感情细腻，让他们通过阅读去感知、触摸小女孩那纯洁、美好的心灵。当学生将阅读后的情感、体验内化为行动时，他们收获的将是一份沉甸甸的思考。

教学设计

一、教学目标

　　1.能正确、流利、有感情地朗读课文，练习分角色朗读课文。

　　2.学会本课生字词，理解由生字组成的词语。

　　3.体会小女孩对妈妈深深的爱。

　　4.培养学生从小孝敬父母的高尚道德情操。

二、教学重、难点

　　教学重点：能有感情地朗读课文，体会小女孩对妈妈深深的爱。

　　教学难点：培养学生从小孝敬父母的高尚道德情操。

三、教学时间

　　2课时。

四、教学准备

学生提前预习。

五、教学过程

第一课时

1. 图片导入激趣。

同学们,这节课老师给大家带来了一个礼物,想知道它是什么吗?多媒体出示月季花(让学生感知月季花的幽幽清香以及在形状、色彩方面的美丽),这节课我们就来学习《花瓣飘香》(板书课题)。看了课题你有什么要问的?

2. 扫清障碍,初读感知。

(1)在大家自读课文时,老师给你们提出的要求是:看清字形、读准字音。

(2)检查字词读音:俯 拿 捧 摘 惶恐 集市 舍不得 懂事 眼眶 花丛 阳台 清晨 不知所措 惹妈妈生气

指名读、开火车读,重点读准:花丛 舍不得

(3)生分段朗读课文。

(4)生字都读准确了,相信你们的课文会读得更流畅,下面老师请几位同学分别朗读课文,其余同学拿起笔画出自己不懂的词语。

(5)查字典并联系上下文理解不懂的词语。

(6)生字词这两个拦路虎我们都解决了,读课文应该是很轻松了,现在就请同学们捧起你的语文课本再次朗读课文,老师这次对你们提出的读书要求是:把课文读准确、读通顺,做到不添字、不改字。

(7)生各自读课文。

(8)检查读书效果。

【设计意图:通过各种形式的朗读来熟悉课文、理解生字词,为第二课时有感情地朗读扫清障碍,做好铺垫。】

3. 学写生字。

(1)观察字形特点:左右结构、上下结构。

(2)提示:左右结构的字书写时要左紧右松才好看。上下结构的字要抓各部分的大小,按比例书写。

(3)描红,师指导。

第二课时

  1.谈话激趣。
  谈话:同学们,上节课你们见到了美丽的月季花。那娇艳的花瓣、滚动着的露珠,多美啊!然而,花期一过,美丽娇艳的花瓣便会随风轻轻飘落,我们多么希望这些美丽的花朵能永开不败啊!有这样一片花瓣,它却永不凋零,红艳艳的、软绵绵的,还散发着淡淡的清香,因为在这片花瓣的背后藏着一个美丽、动人的故事,这就是我们今天要继续学习的课文。
【设计意图:利用已有经验,激发阅读兴趣和期待。】
  2.精读课文,体会情感。
  (1)轻声地读课文,思考:课文讲了一件什么事情?
【设计意图:《语文课程标准》指出:"使学生初步学会默读。能初步把握文章的主要内容,体会文章表达的思想感情。"由于三年级的学生梳理课文脉络的能力还不强,从简单的概括大致内容开始锻炼,能够提高学生的归纳概括能力。】
  (2)了解课文内容,你有什么想问的问题吗?(为什么小女孩要摘花?为什么只摘一片花瓣?……)
  (3)是啊,第一次看见小女孩摘花,"我"的心里也充满了好奇,请大家轻声读一读课文的一、二自然段,画出小女孩摘花的词语。(指导朗读)
  (4)这样细心地摘取一片花瓣,我还从来没有见过,所以当再一次看见小女孩摘花瓣时,我忍不住叫住了她。自读课文三至十段,说说你读懂了什么?
  根据学生的理解、体会,指导朗读:
  ①从"不好意思"、"舍不得"等词语体会小女孩虽为了让妈妈高兴而摘花瓣,却不忍心摘下整朵花,怕影响别人观赏。
  ②从"我""轻轻地"问话里体会"我"对小女孩的关心以及"我"的和蔼可亲。
  ③从"惶恐地望着我"、"不知所措"……体会小女孩因为不好意思而产生的恐惧。
  ④从"小女孩眼眶里闪动着泪花"体会小女孩说这番话时激动的心情,对"真是个懂事的好孩子"产生真切的感受。
  ⑤从"……花瓣摸上去像绒布一样,闻起来有淡淡的清香,妈妈会高兴的"体会小女孩对生病中的妈妈那深深的爱。
  (5)过渡:当病中的妈妈接到女儿双手捧回的花瓣时,妈妈心中该是多么的幸福,她会说些什么呢?也许她什么也不会说,她只是静静地望着小女孩,望着那片小小的花瓣,轻轻地微笑着。小女孩也开心地笑了,能看见妈妈的笑容,她

是多么高兴啊,看见妈妈的笑容就是她最幸福的事了。你能读出小女孩的幸福吗?

【设计意图:在前面的指导朗读过程中,学生已经有了感情积淀,教师适时地总结引导,更能激发学生体会人物内心的兴趣,升华情感,并运用到朗读之中。】

(6)"我"正是被小女孩的真情打动了,所以自始至终,"我"没有一丝责备她的意思。请大家分角色练习对话。

【设计意图:点拨文中人物对话时的心情,学生通过练习分角色朗读加以体会。】

3. **升华情感。**

(1)多么美丽的小花瓣,多么神奇的小花瓣!它不仅传递着女孩对妈妈无尽的爱,也深深地打动了文中的"我"。读读课文中最后一段,思考讨论:为什么我要买两盆月季花,一盆送给小女孩,另一盆放在我母亲的阳台上?

(2)说得真好,咱们能把这答案用你们深情的朗读告诉大家吗?齐读最后一段。

(3)多么美妙的声音啊!老师相信,这片神奇的小花瓣不仅飞进了作者的心里,一定也已经飞进我们每一个人的心里,这可是片会说话的小花瓣,能告诉我,小花瓣悄悄地对你说了什么吗?

【设计意图:将所体会到的情感内化为自己的行动,培养学生从小孝敬父母的高尚品德。】

(4)此时此刻也许你有很多话要说,那就让我们拿起手中的笔,写下心中的话,让小花瓣捎去我们的心愿与祝福。

【设计意图:学生在做好的花瓣上写出心里话,贴在事先布置好的黑板上,升华情感。】

(5)一片小小的花瓣,带着淡淡的清香,带着神奇的魔力,把爱撒向每个人的心里,老师为小女孩对妈妈的爱而感动,更为你们的爱而感动,咱们把这首小诗送给小女孩吧:(出示)

清晨,月季花上闪动着露珠,
小女孩摘下一片花瓣,
轻轻地放在妈妈的枕边,
表一份心愿,
送一声祝福,
妈妈的脸上漾起了微笑,
小小的花瓣,
像绒布一样柔软,
淡淡的清香随风飘散,

小小的女孩，
像露珠一样透亮，
你不就是那片清香的花瓣吗？　　（齐读）

板书设计

<pre>
            6. 花瓣飘香
         俯下　摘　双手捧着
      懂事 ┌ 不知所措　惶恐
           └ 不要惹妈妈生气
</pre>

探究反思

1. 重视人物对话的朗读指导。

这篇文章是以人物对话为主线展开叙述的，我在教学时注意引导学生抓住"我"和小女孩之间的对话走进人物内心世界。读"我"的问话，抓住了"轻轻地"一词，引导学生体会"我"的和蔼可亲，而小女孩的答话则是朗读的重点，学生通过反复读她的答话，做到"入境始与亲"，对文中"真是个懂事的好孩子"产生强烈的共鸣。

2. 关注学生的情感体验。

根据《新课程标准》的内容，课堂应该属于学生，而不应该以教师的告知代替学生自己的思想。此时我鼓励学生积极的思考，进行情感体验活动，以加深理解，有所感悟，有所思考，受到情感熏陶。果然，有的学生觉得小女孩摘花瓣送给生病的妈妈，是非常体贴妈妈的；也有的学生认为她没有摘整朵的花，而只是摘了一片花瓣，懂得珍惜花草……可见学生透过课文所呈现的语言文字，真切地感受到了作者对小女孩的感叹——"真是个懂事的好孩子"。学生也从文中逐渐感悟到：爱自己的妈妈不是挂在口头上的空话，而应该像课文中的小女孩那样，为妈妈做点什么。

3. 疑惑和不足。

课已上完，我感觉离预期的效果还有一段距离，我们的孩子在宠爱中长大，又有多少人能从日常平凡的小事中去感悟、珍惜这份亲情呢？这节课虽然将感情渗透较深，但文中的这份真情还未能震撼孩子们幼小的心灵！这也正是我需要进一步思索、修改的地方。

11. 狼和鹿

教学内容 苏教版三年级下册第19课

创新思考

《狼和鹿》写的是一个关于生态平衡的故事。课文讲的是：100多年前，凯巴伯森林的居民为了保护鹿群，捕杀狼群，反而造成了森林饥荒，疾病流行。它告诉人们：事物之间存在着密切的联系，破坏生态平衡将会给环境带来无法想象的灾难。课文寓自然科学知识于生动的故事中，通过形象的描述、具体的数据，告诉人们一个深刻的道理。

教学设计

一、教学目标

1. 能正确、流利地朗读课文，复述课文。
2. 学会本课生字，理解由生字组成的词语。
3. 凭借对课文的朗读感悟，知道事物之间存在着密切的联系，破坏生态平衡将带来无法想象的灾难。

二、教学重、难点

教学重点：围绕"狼群和鹿群乃至整个凯巴伯森林的关系"，通过读读、议议、想想，抽丝剥茧般地将故事的道理说明白。

教学难点：由狼和鹿之间的关系，知道事物之间都存在密切的关系，并让学生了解环保的重要性。

三、教学时间

2课时。

四、教学准备

自制课件。

五、教学过程

第一课时

1. 揭示课题,板书课题。
(1)课件出示狼和鹿的图片。
(2)设疑:狼和鹿之间有什么关系呢?
(3)板书课题。
2. 初读课文,整体感知。
(1)自读,要求读准字音,读通课文,标出课文自然段。
(2)再读,想想课文写了一件什么事?
3. 写字指导。

第二课时

1. 揭题解题。
用一个词说说你对狼的印象,鹿呢?
(板书课题)狼和鹿之间会有什么关系呢?(狼和鹿之间是吃和被吃的关系)
美国落基山脉凯巴伯森林中发生的事让我们对狼和鹿的关系有了更深刻的理解。
2. 学文明理。
(1)直入第四自然段。
浏览课文后填空:_____居然是_____的"功臣",_____倒成了_____的"祸首"。
自读,思考为什么。
引读,小结:当我们给狼冠以"凶残"、"贪婪"等词语时,没想到_____;而当我们用"美丽"、"温驯"等词语形容鹿时,又怎能想到_____。
【设计意图:从问题入手,直接拎出课文的主线,帮助学生从纷繁复杂的数字、语句中找到解决问题的关键,为下一步教学做有益的铺垫。】
(2)让我们走进凯巴伯森林,深入思考"狼如何成为'功臣'"、"鹿又如何变成'祸首'"的。
①自读第一、三自然段,思考:凯巴伯森林及鹿群在狼群被捕杀前后有哪些变化?画出相关句子。
交流:针对凯巴伯森林和鹿群在狼群被捕杀前后巨大的变化,你怎么理解第

三自然段开头"鹿的王国"。

小结板书:鹿群、狼群、森林,是大自然的组成部分,狼和鹿相互制约,使生态平衡得以保持;但这种平衡一旦被打破,凯巴伯森林的这幕悲剧也就不可避免地上演了。

齐读第三自然段。

②这场悲剧的制造者是谁呢?指读第二自然段。

(补充背景知识)美国的这场除狼运动持续了25年。到1930年,凯巴伯森林的野狼被捕杀了6000多只,生态平衡被自以为是的人类打破,灾难性的后果在10多年后渐渐显现。

引读:随着鹿群的大量繁殖,_____(生接读文中相关句子)。指导朗读。

③返回第四自然段,朗读中深化理解。

【设计意图:抓住"鹿的王国"这一关键词,在反复朗读中逐渐明白:狼和鹿关系的改变是会影响凯巴伯森林的生态平衡的,不能简单地将人类的好恶强加于自然界。】

(3)回到课题,引发思考。

大自然有自己的生存规律,正所谓"适者生存"、"物竞天择"。可是,当人类一厢情愿地介入这种自然关系中后,凯巴伯森林中狼和鹿的悲剧就不可避免地上演了。再次阅读全文,用简短的话写下自己的感受。

3.作业:在班级博客中留下你的感悟。

板书设计

探究反思

《狼和鹿》的故事,理解起来并不难,但容易上成科普课和思想品德课,关键是要帮助学生找到理解文意的关键词句,从而把握课文的整个脉络。我在研读文本时,反复咀嚼文字,逐渐从故事中找到了一条清晰的主线——即狼和鹿关系的改变给凯巴伯森林带来的影响。"100多年前,凯巴伯森林一片葱绿,生机勃勃"源于狼群的存在,遏制了鹿群的大量繁衍,保证了鹿旺盛的生命力;随着狼的被杀,"整个森林像着了火一样,绿色在消退,枯黄在蔓延","疾病像妖魔的影子一样在鹿群中游荡"。凯巴伯森林前后的反差如此之大,根本原因在于狼群数量的减少。阅读中,引导学生反复读这几句话,想象"鹿的王国"导致的悲惨后果,从而明白"功臣"与"祸首"的辩证关系,引导学生进行反思。

12. 海底世界

教学内容 苏教版三年级下册第22课

创新思考

《海底世界》是一篇关于海洋的常识性课文,作者用生动形象的语言介绍了海底世界鲜为人知的景象。

教学时应充分考虑文本的体裁特点,但文章不是无情物,说明文也不例外,它和抒情性、观景性、叙事性文章一样,也具有吸引我们眼球的"动情点"。这篇课文的语言生动、优美、形象,而且字里行间包含着作者对大自然的热爱,对海底奥秘的赞美和向往之情。在教学中,我选准"生动的语言、美妙的情境、丰富的情感",通过这些"动情点"开展说、读、品、写等语文活动,让常识性课文溢出浓浓的语文味。此外,科普类课文具有条理清楚、结构严谨的特点,这类教材要致力于从整体和局部上梳理并把握课文的内在逻辑结构,我着重通过抓中心句来统领全文,凸显文本的主线,并在教学中引导学生从关注"写什么"到"怎么写",亲身体会和品味说明方法的表达效果,在"解语言—赏语言—储语言—用语言"的过程中,实现文章内容和形式的有机融合。

教学设计

一、教学目标

1. 在教师指导下,能正确、流利、有感情地朗读课文。

2. 识字品词析句,理解"窃窃私语"、"景色奇异"等词语的意思。

3. 抓住要点,初步学习一般常识性课文的叙述、说明方法,能运用抓中心句的方法进行写话训练。

4. 理解课文内容,了解海底世界是个景色奇异、物产丰富的地方,激发学生探索大自然奥妙的兴趣。

二、教学重、难点

教学重点：了解"海底真是个景色奇异、物产丰富的世界"。

教学难点：

1. 通过学习本课向课外延伸，激发学生探知的欲望。
2. 学习常识性课文的表达方法。

三、教学时间

1课时。

四、教学准备

制作课件。

五、教学过程

1. 谈话导入，激趣。

（1）师：(播放轻音乐)同学们，我们来到哪儿了？什么声音在你的耳边回荡？在你的印象中大海什么样？(学生纷纷发表看法)

（2）老师也想谈一谈：2008年我国神舟七号发射成功，中国宇航员首次登上太空。他们最想做的就是深情地凝望我们的家园——地球。宇航员在与地面通话时说，从太空看，地球像一个蓝色的水晶球。地球为什么成了蓝色的？(请一名学生回答：因为地球上的海洋远比陆地大得多，而水色偏蓝，所以地球便成了蓝色)

（学生闭上眼睛，教师轻声描述）你们可以想象一下海的大，比我们中国大，比全世界的陆地加起来还要大；再想象一下海的深，把8000多米的珠穆朗玛峰放下去，山顶都被海水淹没了。海洋这么大、这么深，那你们想不想知道海底是一个怎样的世界？

这节课我们一起去海底游览、探秘。

【设计意图：考虑到海底世界与学生的实际生活存在较远的距离，声响、视频等资料对于海的感知流于表面化。为了有深度地直接切入课题，便创设如上情境，这就不是"只见树木，不见森林"的狭隘眼界了。】

（3）揭题，板题，和老师一起写题目，学生齐读。

教学"底"，有什么好办法记住它？(请一位学生说)利用熟字记忆新字，要选择最相近的。注意哦，咱们可是要潜入海底，一定不要忘了"底"字下面的这一点儿。

师：俗话说，一沙一世界，一花一天堂。我们今天就从这神奇的海底去感受广阔的世界、美丽的天堂。课文向我们介绍了哪些关于海底的科学知识？答案将由你们自己去发现。

2. 初读课文,找趣。

(1)教师范读课文。

(2)检查字词学习。

过渡:要想潜入海底,做一个训练有素的潜水员,可不是那么容易的事情,还有一项必备工作必须完成,就是读准生字词。

①出示第一组:攻击　肌肉伸缩　窃窃私语　长途旅行

师:读读上面这组词,想想它们的意思。(一边读一边自由演示动作)

同学们喜欢旅行吗?和家人长途旅行都去过哪儿?课文中提到的有种生物可聪明了,它可以免费旅行、周游海底呢?谁能找到那句话?先试着读给同桌听听。

有些贝类自己不动,但能巴在轮船底下做免费的长途旅行。

上课了,老师还没来,同学们偷偷地、悄悄地说话,我们来模仿一下。(学生模拟场景)这种感觉就是"窃窃私语"。该怎么读?(指名读)这才有窃窃私语的感觉。

②出示第二组:甲藻　单细胞硅藻　巨藻

师:课文中提到海藻大家族的三种代表,会读它们的名字吗?先在心里酝酿一下,来,谁愿意和它们打招呼。

(课件出示图片),前两种只有借助显微镜才能看清楚,这是它们放大1000倍的效果图。认识它们的样子,再来读。将读词与看图结合起来,也是读书的一种好方法。

师:在海底,光藻类就有8000多种,通过这组数据,你对海底有什么新的认识?(提示:光海藻就有8000多种,这说明什么?)这就是景色——奇异,物产——丰富。随着学习的深入,我们对这句话会有更进一步的认识。

③出示第三组:嗡嗡　啾啾　汪汪

师:谁来读读这组词,观察这三个词,你有什么发现?美美地读一读。一串词背后就是一幅画面,也是一段故事,齐读。

你还会说出类似表示声音的词吗?老师这儿为大家还准备了一些。(媒体出示象声词,学生开火车读)

小结:生活中常用的词串也应注意积累。

【设计意图:《语文新课标》指出,小学中段的学生要能借助字典、词典和生活积累,理解生词的意义。我在读准字音的基础上,强调生字教学"音、形、义"三位一体的结合。利用动作演示、联系现实意义、近义词解释、对照看图等方法帮助学生理解词义,并注重读出词语特有的味道,特别是象声词的补充也将为后文语言学习、积累、运用奠定基础。】

3. 理清脉络,找趣。

过渡:看来,咱们这项准备工作完成得不错,那就出发吧!现在,我们的"希望"号航船正乘风破浪。我是船长,你们是潜水员。请各位潜水员注意了,快快潜入课文的海底世界中去吧,看看你们能发现什么,发现了情况立即向船长报告。(学生读书,师巡回指导)

【设计意图:好奇心能驱使儿童去观察世界,了解新异事物,但好奇心需要正确引导和诱发。教师应把学生探求科学知识的好奇心和具体的课堂情景结合起来,如在教学时,采用扮演"潜水员"去海底探险的形式,寓科学知识学习和语言训练于一体。】

(1)自由读文。

(2)学生汇报,教师评点同时相机板书:声音　动物　植物　矿物

(3)师:听同学们这么一说一读,我感到这海底动物可真多,植物也不少,矿物含量也挺丰富。海底是一个怎样的世界呢?(提示:作者已经用一句话告诉了我们,学生齐读第六段)

①理解"奇异":老师在字典上查到了三种解释:"不一样;奇怪;奇特。"你选哪一种,利用工具书,联系上下文,我们便能很容易理解词语的意思。

②师:课文最后一句概括了整篇文章的内容,我们就叫它——中心句。阅读课文时,我们采用抓中心句的办法,能很快把握文章的主要内容。

【设计意图:提领而顿,百毛皆顺。抓住并紧紧围绕"海底真是个景色奇异、物产丰富的世界"这个中心句展开教学。环环相扣,凸显出文本的主线。利用读和讲的形式感悟海底世界的景色奇异,也为进一步领悟学法、学习写法打下基础,体现课堂教学的完整性和有效性。】

4. 精读探究,品趣。

过渡:潜水员们,你们的发现可真不少啊!接下来你们想干什么?(听一听海底的声音,看看海底到底有哪些动物、植物和矿物)那还等什么?打开书,寻找你最感兴趣的段落进行探索研究吧!把你感受最深的句子画下来,在旁边简单地写写你的感想,不懂的地方做上记号。(学生自主学习,教师巡视)

(1)学习第二自然段。

师:我这个船长刚才在巡视的时候,发现每个潜水员的技术都挺过硬的,都有了自己的新发现。谁愿意和大家一块儿来分享你的研究成果?

①找出第二段的中心句。

师:看来中心句在段落、文章的位置是变换的,可以在开头,可以在结尾,也可以在中间。这种写法我们将在今后的语文学习中细细体会。

【设计意图:常言说,学习贵在学以致用,用抓中心句的方法来学习二、三自然段,

在具体的情境中,学生能自然而然地感受海底的奇异,激发喜爱之情。】

②既然有声音,为什么课文中却说"海底依然是宁静的"? 这不是自相矛盾吗?(指名回答:因为动物们窃窃私语的声音太小了)所以,虽然海面上——波涛汹涌,但是海底依然是——宁静的。

(多媒体出示句子:当海面波涛汹涌的时候,海底依然是宁静的)我们可以用手势边读边演示"波涛汹涌"和"宁静"这两种截然不同的感觉,一起来对比着读。

(多媒体出示图片)这两幅图分别是波涛汹涌和宁静的画面,再回到句子中把画面读出来。这就是动中有静。

③但是海底呀,静中也有动。我们配合朗读二、三句,我问你答;同学们问老师答;作者自问(全班齐读),自答(全班齐读),这就叫设问句。科普类课文中常常用到这样的写法。

④学到这儿,想听听海底动物窃窃私语的声音吗?那怎样才能听到呢?(学生回答,用上特制的水中听音器)好,现在我们每人都用上特制的水中听音器,用心听一听,你听到了什么?(教师范读,学生想象着穿上潜水衣、戴上特制的水中听音器,模拟"嗡嗡"、"啾啾"、"汪汪"、"打呼噜"……各种声音)

⑤口语训练。

瞧!"海底之声"音乐会开始啦! 有的像……有的像……(学生练习说话)

【设计意图:崔峦老师指出,义务教育阶段阅读教学的重点是培养学生具有感受、理解、欣赏和评价的能力。在学习海底景色奇异的部分,把抽象的鲜为人知的海底动物的声音变为具体的人们熟悉的各类声音,层层再现"动物叫声—自然界的声响—人类活动的各种音效",不仅知道"说什么",而且知道"怎么说",使学生的语言素养得到提升。】

小结:同学们,是奇妙美好的大自然赋予了我们无穷的灵感。我们再一起来配合朗读这部分内容。(同桌互读,指名学生朗读)

这些声音分别在什么时候发出的?(齐读:它们吃东西的时候……行进的时候……遇到危险的时候还会……)

⑥角色表演。请一名学生扮演一种海底动物模拟三种状态下发出不同的声响。

小结:我们再来读一读,读出你们对这些小动物的喜爱,读出这些声音的趣味。

(2)学习第三自然段。

过渡:海底世界真是太有趣了。不过,还有让人感到更神奇的地方呢!还有哪个潜水员想来汇报你的研究成果?

①找出第三段的中心句。思考:这段写了几种海底动物?给你印象最深的

海底动物是哪一种？为什么？

②示范引路："海参。"提问：海参的活动特点是什么？和梭子鱼做比较有什么感受？（是海参活动速度的 2 万倍）你准备用什么方法来向大家介绍它的"慢"？（学生讨论—介绍—评价）

小结：这位同学运用了×××的方法，把海参介绍得有声有色。

③合作学习其他海底动物的活动特点。（准备—交流—评价）引导学生评价：他是否抓住了这种动物活动的特点，他是否用了我们学习的说明方法。

④看来海底动物们的运动方式真是各有特色，下面老师读第一句，请你们选择自己喜欢的动物，我们一起来把海底动物的特点给大家介绍介绍。

⑤角色表演，运用补充资料。（请多名学生扮演海底动物，一边自我介绍一边表演动作）

【设计意图：常识性课文教学不仅要使学生了解文章内容，还要明了课文的作者是如何运用语言文字来介绍这些内容的。教者在深入研读文本的基础上，从不同文本的表达特点出发，选取恰当的角度切入，巧妙设计精当有效的学习活动。如本段让学生体会不同的说明方法的妙处，并运用学习迁移，让学生在说中演，在演中悟，在悟中获，在轻轻松松的学习氛围中掌握语文知识，提高语文素养。】

（3）学习第四、五自然段。

过渡：海底的动物就让我们如此着迷，有了这么多丰硕的成果，其他潜水员还有什么发现？请同学们自己读第四、五自然段。

①自主学习海底植物，学习对比说明的方法，了解海底植物的"差异"。练习用不同的词汇概括海底植物颜色、形态的多样。

②了解海底矿藏的丰富。

③有感情地朗读四、五自然段。

【设计意图：以读为本，用话语点拨，用评价激励，让孩子们在读中感知、理解、想象、表达，在读中受到情感的熏陶。】

（4）多媒体播放海底视频，让学生静心欣赏海底世界的全景。

（5）海底世界不但暗中有光，而且静中有声，还有这么多植物、动物和矿物，在你眼中海底到底是一个怎么样的世界呢？（学生先自由表达，后齐声朗读最后一段）

5. 读写结合，表达"趣"。

写话训练：今天我们潜入海底，面对这样一个景色奇异、物产丰富的海底世界，大家觉得还可以介绍海底的哪些知识呢？（学生回忆课文第二、三自然段围绕中心句展开描写的写法，将内容写具体。知识涉及：海底的鱼类、珊瑚等）

【设计意图：引导学生进行写话训练，重在把握时机，这样在课堂上直接模仿课文内容进行片段仿写，是提高学生习作水平的好方法。】

6. 指导生字书写。

重点写写"底"、"缩"、"旅"、"窃"4个字。

7. 总结。

老师还要把我特别喜爱的一段话送给大家:"在弱者的眼里,那波涛汹涌的大海是可怕的。可是快速增长的人口,是多么需要一大批具有才智的勇士,运用科学知识的金钥匙去开启这个令人憧憬而神秘的仓库啊!小朋友立下大志,加紧学习,准备做一个征服大海的勇士吧!"

板书设计

22. 海底世界

景色奇异　物产丰富

声音　动物　植物　矿物

探究反思

　　常识性课文的内容广泛,上下几千年、纵横数万里,宇宙之大、昆虫之微,都是作者涉笔的问题。这些丰富多彩的题材,无疑给了孩子一个迷人的万花筒。与此同时,这类课文又常常让语文老师左右为难,偏重科普知识的理解、记忆,语文课就会名不副实;撇开"科普"内容,这类课文又会徒有虚名,如何既扬"科普"之名,又显"语文"之实,我在教学中尝试做到以下两点。

　　1. 感受美妙的情境,学习科学知识。

　　海底世界中鲜为人知的奇异景色和丰富物产在儿童眼里"趣"味横生。我抓住一个问题:课文向我们介绍了哪些关于海底的科学知识,又是怎样描写的?让学生将自己想象成潜水员去探究发现:海底静中有声、暗中有光,动物千奇百怪、植物形态各异、矿物蕴藏丰富。然后引导学生凭借具体的语言文字感受氛围,通过有感情的朗读表达自己独特的感受。于是,他们读出了海底的神秘,读出了海底的趣味,还读出了对海底世界由衷的赞叹——"海底真是个景色奇异、物产丰富的世界"。

　　2. 学习说明的方法,品味语言特色。

　　《海底世界》向我们展现了一幅神秘有趣、色彩鲜艳、生动活泼、千姿百态的海底世界图。通过阅读课文,不但要使学生了解内容,还要明了作者是如何运用语言文字来介绍这些内容的,所谓既知其然,又知其所以然也!但对说明文语言的品味,教师不能停留在枯燥的分析、讲解上,而要让学生在多种形式的情景对话中,亲身体会说明方法的表达效果和丰富多样,如体会数字说明的准确性、比较说明的形象性等,在知识梳理的过程中自然地渗透,使知识获得与方法渗透合二为一。

13. 日月潭的传说

教学内容 苏教版三年级下册第23课

创新思考

《日月潭的传说》是一篇故事性很强的课文，对于喜欢神话的孩子来说很容易读懂，重点是要在理解文章内容的基础上，尽量内容完整、条理清晰、生动形象地进行复述。

在课堂教学中，我重点对学生的朗读能力进行训练，在对故事内容的理解过程中，重点抓文章的第三、四自然段，引导学生体会大尖哥和水社姐舍生忘死、惩奸除恶、为民造福的高贵品质，激发学生敬重为民除害的英雄的思想感情。

在本文几个轻描淡写的环节中，我通过播放动画片让学生领悟其中的思想感情，给学生充分联想、想象、思索的余地。让学生的心灵随着曲折的情节而起伏，为语文课堂引入一湾活水。通过40分钟的感悟，学生从恶龙吞吃了日月、天地漆黑一团、人们生活很困难与大尖哥和水社姐救出太阳和月亮、人们重见到了光明中感受到大尖哥和水社姐是为民造福的英雄；从人们一筹莫展、大尖哥和水社姐挺身而出、降伏恶龙可以看出，他俩是奋不顾身、除邪惩恶的英雄。至此，大尖哥与水社姐的英雄形象在学生的心中高大起来。当读到大尖哥和水社姐化作了青山时，利用学生心里产生的一丝遗憾，引导他们说说，当人们看到已化作青山的大尖哥和水社姐时会说什么。学生在说的过程中体验了人们纪念英雄的心情。日月潭自然的美与大尖、水社心灵的美在学生脑海中留下了深深的印记。

教学设计

一、教学目标

1. 认识本课4个生字，写会本课8个生字，理解由生字组成的词语。
2. 理解课文内容，学习大尖和水社奋不顾身、舍己为人的崇高精神。

3. 学会默读课文,会讲述这个故事。

二、教学重、难点

教学重点:正确、流利、有感情地朗读课文,能用自己的话复述课文内容。

教学难点:通过学习,理解并感悟大尖和水社舍生忘死、除邪惩恶、为民造福的高贵品质。

三、教学时间

2课时。

四、教学准备

学生充分预习课文、教师准备课件。

五、教学过程

第一课时

1. 一见钟情,激趣导入。

师:祖国的宝岛台湾,气候宜人,景色秀丽,对于它,你有多少了解?(播放课件)日月潭是我国台湾最大的一个湖泊。那里青山环抱、树木葱茏,是个著名的风景区,被称为"岛内仙境"。说起日月潭,还有一个动人的传说呢。今天咱们就来了解日月潭的传说。

你们知道什么是传说吗?

举个例子说说,你都知道哪些传说?

你们喜欢听传说故事吗?

【设计意图:教学以一段优美的风景片导入,激发学生对日月潭的"一见钟情",注重与传说故事的衔接,力求达到自然流畅的目的。】

2. 学习生字,初读感悟。

(1)既然那么喜欢,那就赶紧打开课本,好好读读它吧!注意读准字音,读通句子,遇到难读的词语和长句,停下来多读几遍。标出自然段的序号。反馈。

(2)这一课的生字(带拼音)很多,也很难读,老师相信你们一定有信心读好它!咱们试一试。

(3)这些生字很难写,有没有什么好的识字小窍门介绍给大家呢?请同学们自由发言。

(4)加大难度,看谁记得又牢又准。(去掉拼音)

(5)老师现在把这些生字放到课文生词中,认识它们的站起来读一读,其他同学跟读。

(6)课文里还出现了许多难读的新词,也是咱们必须要读准的。谁能读好?

看来你们迎接挑战的信心很足,现在如果把这些词放回课文中,你们还能读得这么正确,那我可就真佩服你们了。请同学们挑选自己喜欢的段落读,其他同学边听边思考:课文主要讲了一件什么事?指名读。

(7)指名说说故事的主要内容。相机板书。

【设计意图:新课改以来,很多老师上课尤其是上公开课都不约而同地在第二课时上花大工夫,从而忽略了第一课时。由于生字词教学本身的枯燥无味导致其难登"大雅之堂"。怎样才能让第一课时多姿多彩,显然非常重要。我在设计这一教学环节时,力求激起学生的兴趣,并设计了阶梯式的识字方法,让学生的识字变得轻松、有效。】

3. **初读赏析,寻找动人点。**

(1)师:我想请咱们班的一位同学读一读第一段,其他同学思考:听了这一自然段你有什么感受?

(2)你从哪儿感受到的?请你来读这一自然段。

(3)听着你的朗读,让老师仿佛看到了你刚才所描绘的美景了,谁能跟他读得一样棒?

(4)把它放回第一自然段中,你也一定能读好。(生齐读第一节)自己先试试看,谁来?

(5)风景这么优美的日月潭,究竟有个怎样动人的传说呢?文中有这样一句话:说起日月潭,还有一个动人的传说呢?自由地读一读书上的传说故事,用笔画出最能打动你的地方,可以在旁边写上你的感受,也可以和同位交流一下。

【设计意图:让学生在交流中感悟、在感悟中提升,是我在设计这一环节时一直萦绕在脑海里的想法。由于时间有限,肢解全文、逐段体会的方法显然不合适。怎样才能做到最有效?放手让学生自主选择,应该是上策。】

4. **拓展延伸。**

同学们,今天这节课我们交流了传说故事中最能打动我们的地方。下节课我们将通过品读语言文字,走进两位主人公的故事中,去感受他们为民造福的优秀品质。

5. **布置作业。**

(1)描红。

(2)抄写本课的生字。

(3)有感情地朗读课文,试着体会作者描写人物特点的方式。

第二课时

1. 播放课件，整体感知课文。

(1)听了这个传说，其中的哪些人物让你深受感动呢？

(2)那你觉得大尖和水社是怎样不平凡的人？

(3)师：课文按事情的发展顺序写了这个传说(相机板书)，之前我们读了课文，有没有不理解的地方？

(4)师归纳问题：大尖哥和水社姐为什么要找回日月？他们是怎样做的？结果怎样？

【设计意图：三年级的学生已经有了一定的阅读能力，但目的性不强。让学生质疑并带着问题进行阅读，有助于培养他们的学习能力。】

2. 带问深入，精读感悟。

(1)默读第二自然段，思考问题。

①找出原因，勾出相关句子。

全班交流，生说原因。

师：太阳和月亮突然消失了，天地间一片漆黑，大尖和水社的心情怎样？人们的心情又怎样？

那我们应该怎么朗读这一段呢？

生有感情地朗读第二自然段。

师：可以说，没有太阳就没有这个美丽的世界，太阳、月亮与人们的生活息息相关，大尖和水社为了救人们于苦难中，踏上了艰辛的拯救道路。那他们是怎样找到太阳和月亮的呢？

②自读三至五自然段，思考：他们一路上遇到了哪些困难？勾画相关句子。

全班交流：

师：他们找到太阳和月亮了吗？从哪些句子知道的？找到太阳和月亮容易吗？哪些词告诉我们的？"千辛万苦"是什么意思？用这个词语说一句话。

引导想象：当他们翻山越岭时，当他们趟大江大河时，可能会出现什么情况？他们一路上还会经历哪些艰辛？生展开充分想象。

师：尽管困难重重，但他们没有退缩、屈服，可见他们是什么样的人？

(2)重点学习四、五自然段。

①大尖和水社是怎样找到金斧头和金剪刀的呢？

师：现在关键的时候到了，你们的心情紧张吗？我们来看看大尖和水社是怎样救出太阳和月亮，怎样制服恶龙的？

②自读第四自然段,交流。

师:有这么厉害的金斧头和金剪刀,恶龙被制服没有?从哪些句子知道的?(生再读)同学们,太阳和月亮得救了吗?你又从哪句话知道的?现在我们可以放下悬着的那颗心了。

引导生想象:你们猜此时此刻,大尖和水社心情怎样?会说些什么?生自由发言。

师:从这又可看出大尖和水社是怎样的人?

指导朗读,读出大尖和水社不畏强敌的精神。

(3)学习第五自然段。

还有哪儿也使你感动呢?指名交流。

(播放背景音乐)

师动情朗读——然而,大尖哥和水社姐由于又累又饿,便用龙肉来充饥。当他们吃下龙肉后,身子就一个劲地往上长。转眼间,大尖哥和水社姐就化作了两座青山,永远地守卫在潭的两边。

引读:人们为了纪念这两位为民造福的年轻英雄,就把这两座山命名为"大尖山"(在图中的山上点出"大尖山"三个字)和"水社山"(在图中的山上点出"水社山"三个字),把这个潭叫做"日月潭"(在图中的潭上点出"日月潭"三个字)。

师:同学们,现在你们知道"日月潭"名字的来历了吗?读了这个动人的传说,我被深深地打动了,让我们一起来讲述这个动人的传说吧!今天回家,我就打算讲给我的女儿听,你想讲给谁听呢?

师:好,那就让我们用自己的话复述这个故事吧!复述时要注意些什么呢?请你想一想,该怎样复述一篇课文?

【设计意图:我在两个地方让学生充分地运用语言,实践语言,一是"说"。让学生根据文中所描述的情节,说出自己的心里话,创设学生交际表达的情境,使学生说得主动,听得有趣,在这样生动活泼的形式下,学生的语言能得到有效内化,特别是诸如"一筹莫展、挺身而出、翻山越岭、披荆斩棘、千辛万苦"等词语,学生在讲故事时,都可运用。二是"悟"。在学生说的基础上,结合具体的情境悟出自己的心理感受,相互交流、补充,并利用音乐的感染力,引起学生的共鸣。】

3. 复述课文。

先读课文,自由复述,再指名上台复述。

4. 拓展延伸。

师:传说毕竟是传说,日月潭到底是怎样形成的呢?请同学们课下收集有关日月潭的资料,我们再一起交流交流。

【设计意图:将学生从传说中拉回,激发他们的探知欲望,并培养他们搜集、整理

资料的能力。】

板书设计

23. 日月潭的传说

起因　吞吃日月

发展　挺身而出

高潮　降伏恶龙

结果　永远守卫

探究反思

1. 找到重点、引导感悟。

教师的主导地位就在于准确把握和挖掘值得进行朗读训练的段落，引导学生深度感悟、朗读，培养其语感。但不是每篇课文的每个段落都值得花大力气进行朗读训练。譬如本课真正值得去品读的段落是课文的三、四小节，这样，就避免了平均用力，训练也得到了有效保证和落实。

2. 结合联想、运用语言、进行内化。

这体现了语文课的语文味。

例如，第四自然段"大尖和水社走呀走，历尽了千辛万苦"。这里，他们究竟怎样克服重重困难，历尽哪些千辛万苦，课文中并没有具体写出来。学生根据看过的神话故事情节来联想。"遇到了藤妖、掉进了沼泽里、在江河里翻船……"，都一一想出了对策。

又如，第五自然段"恶龙终于被制服了"。恶龙是怎样被金斧头和金剪刀制服的，课文也没有具体写出来。这种战斗场面也是让学生结合多部动画片的情节来联想。

从学生的联想中，我们更体会出大尖和水社的除恶扬善、舍己为人的精神，随之产生敬佩之情，更升华了主题。

14. 剪枝的学问

教学内容 苏教版三年级下册第26课

创新思考

　　这是一篇记叙文,记叙"我"在桃园看剪枝并了解剪枝的原因,启示我们:"减少"是为了"增加";生活中处处有学问,我们要做有心人。课文以轻松、活泼的笔调娓娓道来,"我"的感悟写得含蓄蕴藉,虽未一语道破,但读者心中自明。

　　因为课文是以"我"的情感变化为线索的,所以我带领学生紧扣情感主线,并从问题入手,通过"设疑问→理脉络→知剪枝→赏桃园→明道理",围绕"剪枝到底有怎样的学问呢"这一问题,逐层深入探究。阅读是学生的个性化活动,本课教学体现学生主体在阅读实践中有自读、精思、感悟、鉴赏、吸纳,引导学生在自主阅读中发现问题、提出问题;在自主探究中感知、感悟。

　　生活是知识的海洋,生活之中时时处处皆学问,因此,教师应当具备一双慧眼,寻找生活与语文教学的结合点,让生活成为学生学习的教材。本课通过引导学生发现"词语记忆有规律"、"植物生长有规律"、"果树丰产有规律",启迪学生善于发现规律、运用规律,才能更好地指导生活。

教学设计

一、教学目标

　　1.在教师指导下,用普通话正确、流利、有感情地朗读课文,提高学生的朗读能力。

　　2.学习运用规律识字词,理解由生字组成的词语。

　　3.抓住人物动作、对话、心理,把握课文内容,了解剪枝是在不违背果树自然生长规律的前提下,通过"减少"实现增产的学问。

二、教学重、难点

教学重点:把握"我"的心理变化,明白剪枝给人的启示。

教学难点:生活中处处是学问,引导学生不仅要从书本上学知识,还要从生活中找规律。

三、教学时间

1课时。

四、教学准备

制作课件。

五、教学过程

1.自主质疑激趣。

(1)板书"学问"。(学生书空)"学"字这么多点,一定意味着学习需要付出许多汗水,这是学习该有的态度;俗话又说,一学二问,这是学习应有的方法;指导读词。

(2)板书"剪枝"。(多媒体出示课文插图和相关语句:"只见王大伯和几位叔叔正忙着剪枝。'咔嚓、咔嚓',随着剪刀挥舞,一根根枝条被剪了下来。")

学生自由读读并说说图意。

(3)完成板书并质疑。生活中处处是学问,连剪枝也不例外。围绕这句话和课题想想,如果你是作者,正站在王大伯身边,你最想问些什么?

【设计意图:开篇点题,引入正题。先由"生活处处皆学问"一句中的"学问",引出"剪枝究竟有什么学问",让学生在开放的氛围中积极思考,大胆提问,激发学生的学习兴趣和主动学习、主动探究的积极性。然后让学生带着自己的问题自主阅读,初步感知课文内容,在生生、师生的交流互动中探究。】

过渡:这也是作者想要知道的。下面我们就走进课文,跟随作者去一探究竟。齐读课题《剪枝的学问》。

2.词语归类认读。

(1)学生带着问题自由读课文。要求:读准字音,读通句子,标出小节。

(2)检查初读。

①谁想读一读这些生字词?同桌互相帮助学习生字词。

②出示本课新词。同学们开火车一个一个轮读,看谁读得又准确又响亮。

③读准确是第一位的。现在我们能不能加大些难度,屏幕上出现13个词语,不仅要读准还得记住,做到不看也能回忆起来。给大家一分钟时间,比赛谁记得最多。

④指名回忆词语,找到规律。为什么记住这么多,你有什么窍门吗?

师:看来简单的词语记忆也是有规律可循的,这些词就可以分成三组,分别跟谁有关——王大伯、桃子、"我"的心理活动。不学不知道，原来发现规律、利用规律也是一门学问。

【设计意图：心理学实验研究表明，提高短时记忆的容量，可改善人们的智慧水平。兴趣是最好的老师。通过比赛记忆生词，既调动学生参与的积极性，又有助于学生短时记忆水平的提高，还巧妙的渗透了规律意识，为独立的词语创建一个有效的记忆平台，于无规律中找规律，变复杂为简单，枯燥变有趣，为下文学习做铺垫。】

〈1〉出示第一组词（文中王大伯剪枝插图）：挥舞　远近闻名　抚摸　充满信心

读好和王大伯有关的这几个词，指名读。

生活中你见过什么东西"挥舞"的样子么？（剪刀、毛笔、绸带）从"挥舞"这个词就可以看出，动作一定很潇洒、娴熟。指导朗读。

教师演示动作："抚摸着×××的脑袋"，看出来抚摸是怎样摸了吗？（轻轻、柔柔、心中充满感情）读好这个词。

（多媒体出示插图）看王大伯"充满信心"的样子，脸上洋溢着怎样的神情？对，这就是"充满信心"。指导朗读。

〈2〉出示第二组词（配合文中桃子插图）：成熟　光鲜红润　胖娃娃　脸蛋

师：咱们先来看这幅图，这桃长得怎么样，谁来夸夸它？把这些词送给它们。谁想读？一起读。

〈3〉出示第三组词：满怀好奇　一脸疑惑　将信将疑　盼望　又惊又喜

指名读："满怀好奇"，哪个字音需要特别注意？（好）它还有另一个读音，在这里它读——好(hào)。

"一脸疑惑"，是什么表情？（请一名学生表演）带着表情再读。

小结：都说人的脸部表情是喜怒哀乐的晴雨表。咱们带着表情，对比读出这组词语的味道，齐读。

【设计意图：寻求发现每一组词语分别是写什么的？这不仅能丰富词语教学的内容，也能活跃课堂、激活思维，同时最后一组描写作者心理变化的词语，也为后面的填空埋下伏笔。】

〈4〉重点描红生字"舞"、"熟"，这两个字都是上下结构，注意上紧下松，要写挺拔精神了才好看。

3. 理清作者心绪。

词语都读好了，带到句中能不能同样读好呢？下面请大家用自己喜欢的方式读课文。思考：作者几次走进桃园，找出相对应的季节和心理活动画下来，读完之后再试着填一填。

多媒体出示填空:"我"先后(　　)次走进种桃能手王大伯家的桃园,第一次是在(　　)季,描写"我"心情的词语有(　　);第二次是在(　　)季,描写"我"心情的词语有(　　);第三次是在(　　)季,描写"我"心情的词语有(　　)。

4. 研读分析感悟。

(1)示范引路:"满怀好奇"听传闻。

过渡:在没去王大伯家桃园以前,"我"可是"满怀好奇"的。

①找到"满怀好奇"出现在哪句话中,说说词语的意思。(一肚子好奇,非常好奇)

②讨论:我为什么会"满怀好奇"?

交流一:种桃能手的桃园什么样?一定与众不同,令人好奇。

课文介绍王大伯是个远近闻名的种桃能手。"远近闻名"你还会换个说法吗?(大名鼎鼎、家喻户晓、赫赫有名、人尽皆知、名声远扬)

交流二:想想,王大伯种的桃子总是那么大、那么甜,他是怎么种的?有没有什么秘密?让人好奇。

现在正是桃子上市的季节,咱们班有没有同学爱吃桃子,请你读课文第一句。听出来了,这桃子真大、真甜!你也能把这种感觉带给我们吗?指名读。"我"很好奇这桃子是不是一直这么大、这么甜?齐读第一段。

③归纳学法:刚刚我们是怎样研读作者"满怀好奇"的心理的?找找读读句子—说说词语意思—带到文中问个为什么。

【设计意图:在教学过程中,注重引导学生通过对关键词、句的朗读、品析,加深对人物形象、心理的理解和体验,激励学生积极的思考。】

(2)同桌合作:"一脸疑惑"看剪枝。

①指名读句子,说词义。

②"我"究竟看到些什么,为什么会"一脸疑惑"?(只见……)

③如果是你,会有怎样的疑惑?(枝条好好的……)

④指导读出疑惑不解的语气。

⑤看到"我"是如此疑惑和着急,王大伯是怎么做的、怎么说的?

多媒体出示句子:看我一脸疑惑的样子,王大伯拿起一根剪下的枝条,笑了笑,对我说:"你别看这根枝长得粗壮,其实它只吸收营养,不结果实。这种枝条不剪掉,到了春天就会疯长起来,把许多养分夺走。"

你读懂了什么?谁愿意来扮演王大伯?用"因为……所以……"句式来回答。根据学生回答,教师点拨:你读懂了剪下的枝条是无用的;你还读懂了剪下的枝条不仅无用而且还有害。

(3)自主研读:"将信将疑"听解释。

①指名读句子,说词义。联系《狐假虎威》理解"半信半疑"。

②"我"相信什么?又怀疑什么?但王大伯却充满信心地说:"来年就靠它们结桃子啰!"

③出示对话,分角色进行朗读训练。

教师引读:"咔嚓、咔嚓",王大伯正忙着剪枝,我疑惑着急地问( ),在我眼里好好的枝条,王大伯却( ),他又充满信心地补充( );我相信王大伯是远近闻名的种桃能手,他家的树上结的桃子总是那么大,那么甜。但又怀疑( )。

④小剪枝里蕴藏着的大学问就藏在两人对话中。你觉得王大伯的话有道理吗?为什么?小组议议说说。

⑤王大伯剪去的是什么枝条?留下的又是什么枝条?他对这两种枝条的态度怎样?

⑥师:看来,剪枝真是有学问啊!你读懂了吗?(根据回答归纳小结:枝条减少了,但桃子的产量不仅不会减少,反而还会增加。同学们,这就是剪枝的学问,这也是为了增加果实产量必须遵循的内在规律)

过渡:当然,耳听为虚,眼见为实,王大伯的话究竟能否应验,"我"带着"将信将疑"的心情继续等待结果。

【设计意图:抓住分散在课文中的能够表情达意的词句进行研读,让学生在自主阅读后获得独立感悟,在此基础上组织引导学生进行汇报交流,促进师生在彼此的聆听和诉说中进行心灵的对话、思维的碰撞,从而获得深层次的理解,突破教学重点。】

(4)读文探究:"又惊又喜"悟道理。

过渡:我经常挂念着王大伯的桃园,不知道剪枝后到底怎么样了。读一读最后两小节。边读边想想,作者体会到什么?

①欣赏图片,感受桃花盛开的美好景象。教师配乐朗读,学生想象画面景象,交流。

②看着这满树的桃花,此时作者的心里想的是什么呢?(引导学生品读。体会正是由于"剪枝",使得桃花开得茂盛,桃子结得大而多)

过渡:夏天到了,该是桃子成熟的季节了。暑假一到,我迫不及待地第三次走进了王大伯的桃园。

③这时的"我"看到了什么景象呢?看到这些桃子,"我"的心情怎样?

④"我"为什么又惊又喜?惊的是什么,喜的又是什么?

⑤再次回味王大伯说的话,你明白剪枝的学问是什么吗?说说自己的体会。

【设计意图:阅读是学生的个性化行为。在这一环节中充分尊重学生,"珍视学生

的独特感受、体验和理解",让学生通过边读边思进一步贴近文字,与文本对话,加深对文本蕴含哲理的感悟。】

5.延伸拓展内化。

(1)其实果树要想结出又大又多的果实,除了要剪去无用的枝条,还要摘去多余的花和果,让我们走进果园,看看工人们是如何管理果园的?(多媒体出示视频)

(2)师:原来生产劳动中也蕴含着丰富的知识。请你做回小小讲解员,代替王大伯来介绍介绍摘花、摘果的学问。

(3)学生写话、交流,突出"减少"是为了"增加"的道理。

【设计意图:巧引拓展点,找准练笔点,拓展延伸到文本的背景,链接剪枝促使果树丰产的其他相关知识,为学生打开一扇通向生活的大门,选择更多,思维更开阔,通过仿写有助于学生表达水平和认知能力的螺旋式上升,从而用课堂随文练笔扮靓阅读课堂。】

(4)师:看来,果树丰产的确是有学问的,类似王大伯说的"减少"是为了"增加"的道理,咱们生活中可多了。例如我们常说的"改正缺点,就能不断进步",你能明白其中隐含的道理吗?

(5)在我们的生活中你发现有哪些现象、哪些事情中隐含着这样的道理?(学生纷纷举例,如:薄利多销;计划生育,减少人口,提高生活质量;学校实施素质教育后,学生减负了,发展更加全面了……)

(6)拓展作业:请将自己的发现记录下来,多多益善。

【设计意图:让学生联系生活实际去思考、发现和探索,更好地促进学生对知识的内化。】

总结:生活就是一本教科书,到处有学问,处处有规律。只要我们平时注意观察、善于思考,就能在生活中找到规律,从而运用规律更好地生活。

板书设计

26.剪枝的学问

满怀好奇　　减少

一脸疑惑　　(遵循规律)

将信将疑　　↓

又惊又喜　　增加

探究反思

1. 扣准字眼,引导学生感悟。

俗话说,一石激起千层浪,这个"石"就是课文中的关键词语。词语教学是语文教学中最根本、最基础的内容,常常有"牵一发而动全身"的作用。在本课教学中,在初读环节,我重点安排了词语的朗读、理解和记忆,引导学生注意词语本身的含义。随后于精读感悟中,又带领学生沉入文本的大背景中潜心体会,即带入文中问个"为什么",词不离句,句不离篇,尽量把词语教透,让学生理解、咀嚼和回味。

2. 抓住主线,逐层揭示"学问"。

这节课,我抓住了作者的内心活动,以"我""满怀好奇→一脸疑惑→将信将疑→又惊又喜"的心理变化为线索,按照了解其人(王大伯)、明白其事(什么是剪枝)、弄清学问(为什么要剪枝)的过程,引导学生进入情境、转换角色,进行对话练习、分角色朗读练习,走进小作者的内心世界,层层深入,为突破课文的重难点奠定良好的基础。

3. 植根生活,渗透"规律"意识。

课堂上,如果说作者的心情变化是教学的一条明线的话,我还注意挖掘文本的一条暗线,那就是渗透"规律"意识。我们都知道,天地万物皆有规律可循。我设计了找规律记忆生词,引导学生于学文明理中懂得果树丰产也必须遵循植物生长的内在规律,最后悟出生活中处处有学问,我们要做有心人。这也是层层递进、文本与生活相互交流的呼应。

15. 揠苗助长

教学内容 苏教版三年级下册第24课

创新思考

《揠苗助长》说的是古时候有个人盼望禾苗长得快些,思来想去,便决定把禾苗一棵一棵拔高一节,结果禾苗都枯死了。这则寓言告诉我们,做事应当遵循事物的发展规律,不能急于求成,否则会把事情弄糟。

三年级孩子的语文学习已经具有一定的基础,但对语言文字的感悟理解能力还比较差。他们在阅读过程中更需要直观、形象的事物来唤起灵感,与自己的生活实际相联系去感受体验。因此在本课的阅读教学中充分联系生活,或者进行角色互换,扮演农夫、小禾苗进行夸张式表演和思考,或者通过寓言故事续编等,身临其境地去感悟、体会、想象角色的心理活动,力求让阅读主体——学生,有更多的情感投入。在自主的阅读中获得更多的感受,激起浓厚的兴趣,以引发学生深层次的感悟、体验,促使学生自己悟出其中的道理。

教学设计

一、教学目标

1.学会本课"焦"、"疲"、"勃"3个生字,了解由生字组成的新词。

2.能正确、流利、有感情地朗读课文。

3.通过朗读、互动、合作、表演、想象等,发展学生的语言感悟力、表现力和创造力。结合语言环境理解词句,知道农夫错在哪里,使学生明白做事不能急于求成。

二、教学重、难点

教学重点:通过朗读、互动、合作、表演、想象等,发展学生的语言感悟力、表现力和创造力。

教学难点:结合语言环境理解生字词语,知道农夫错在哪里,使学生明白做事不能急于求成。

三、教学时间

1课时。

四、教学准备

制作课件。

五、教学过程

1. 谈话入课。

师:小朋友们,如果想让自己的禾苗长得快些,有什么好办法呢?(师生交流)

师:古时候,宋国有一个农夫,他想帮助自己的禾苗长得快些,可是同学们说的方法他可没有用,而是——(板书课题:揠苗助长)。

【设计意图:上课伊始,教师创设了这样一个轻松、愉悦的情境,既激发兴趣,又让学生主动诉说自己对禾苗长得快些的理解,巧妙吸引学生走进文本,走近寓言的主人公。】

2. 初读课文。

理解课题"揠苗助长"的意思。(学生讨论)

师:揠苗能不能助长呢?请同学们轻声读一读课文,注意把课文读正确、通顺,难读的地方多读几遍。(教师巡视指导)

3. 理解课文。

(1)原因。这真是个有意思的故事。农夫为什么去拔禾苗呢?请同学们齐读第一自然段,感受农夫种了禾苗后的心情。

焦急(板书)

请同学们自己读读第一自然段,边读边圈画,从哪儿看出农夫急着想让禾苗长大的?(学生认真的读书、圈画)

讨论:从哪儿看出农夫很着急的呢?(学生汇报)

读到"巴望"这个词,你好像看到了农夫什么样儿?

请同学们再读读这一段。通过朗读,你好像看到了_____,听到了_____。

师生交流"天天"、"总觉得"、"一点儿"等词语。

农夫的样子都被我们看到了,他对禾苗说的话也被我们听到了!下面看老师写"十分焦急"的"焦",看下面的四点像什么?(师生交流)

咱们祖国的汉字多么形象,还能让我们产生许多联想呢。

请同学们再来读读这一段,看谁能把农夫焦急的样儿读出来。谁来读?(一生

朗读）

【设计意图：寓言教学从某种意义上说是一种有儿童特点的哲学教育。儿童也有探求哲理的潜在欲望和能力，只是这种欲望和能力，离不开具体可感的形象支撑。帮助儿童学好寓言的最好策略是充分利用寓体的形象性，引导儿童在深切的感受中领会寓意。所以本环节中，创设的一个个活动情境，就是要让学生充分感受农夫的可笑而又发人深省的形象，如品味"巴望"、"天天"、"总觉得"等具有讽刺意味的词语，想象"焦"字的四点像什么？让学生身临其境地去感悟、体会，并想象角色的心理活动。】

说一个人"急"还有好多成语呢，同学们还知道哪些？老师向大家介绍几个。课件揭示：迫不及待、急于求成、急不可待、操之过急等。

（2）做法。

师：这几个词都可以用在谁的身上？农夫是这么的操之过急，觉得禾苗是一点儿也没长大。于是他开始想办法了。他想啊想啊，好不容易想出了一个办法，是什么办法呢？

拔苗（板书）

请一位同学来读一下农夫是怎么拔的。

对于这个办法你们有什么看法呢？（学生回答）

解读课文，学习"疲"字：可农夫不明白呀，他以为这是个好办法呢。所以一想出办法就急忙跑到田里——（提示：怎么拔的），从中午一直忙到天黑，累得——（筋疲力尽），那是什么样儿？

学习"疲"字。老师范写"疲"字，用彩笔标出"病字头"。

请同学们扮演小禾苗，农夫拔禾苗累得筋疲力尽。再来看看被他拔起的小禾苗，现在你们就是这一棵棵小禾苗了，你们会说什么呢？（学生说想法，老师评价）

师：他可没听到禾苗的话，还以为禾苗都长高了呢！回到家，他兴致勃勃地说——（紧挨着"疲"字范写"勃"字，并用彩笔标出"勃"字右半部分的"力"），刚才农夫还是筋疲力尽的，现在哪来那么大的力气呢？

让我们把农夫兴致勃勃说的话读出来，他说话时一定还在用手比划着。大家可以做做手势，再兴致勃勃地说。

【设计意图：没有孤立的识字任务，只有无处不在的识字活动。它以汉字为引发点，整合与汉字相关联的课程资源，在活动中认、辨、记、思、用。在本环节里，教者在潜移默化中使学生有效识记字形，了解字义；同时充分发掘每个汉字在具体语言环境中的人文性，让识字与阅读同行，与生活同步，让教学呈现出识字与解文的双赢。】

(3)结果。请同学们自读课文后想想禾苗真的半天就长高了一大截吗?他的儿子很纳闷,心中会想什么呢?

师:第二天跑到田里一看,所有的禾苗都枯死了。

请同学扮成农夫的儿子,看到禾苗全枯死了,心里一定有许多想法,回去会怎么开导爸爸呢?同桌想象一下,演一演,看谁最能让爸爸明白自己错在哪里。

(反馈表演)

师:听着儿子的话,看着眼前枯死的禾苗,想着自己拔禾苗拔得那么辛苦,农夫好伤心,好难过……

【设计意图:情境的创设,使学生产生了帮助他解决难题的心理驱动,这种驱动催发了学生劝说的话语:"爸爸啊,怎么连这点知识都不知道呢?""爸爸,你错在不按庄稼生长的规律办事。""老爸,庄稼生长靠它自己,怎么能把它往高里拔呢?"这样的发言,不是对寓意的最好理解吗?情境的引入,角色的扮演,可以有效地使学生获得心灵的顿悟。】

4.明理续编。

学生交流自己学习寓言的感悟。(板书道理)

总结:是呀,禾苗的生长需要阳光、水分和养料,在土壤中慢慢长高,这是禾苗生长的规律。他急于求成、操之过急,所以坏了事儿。

续编:这个寓言告诉我们办其他事情也一样,都急不得。现在这个农夫是懊悔不已呀,他发誓以后再也不拔苗了。到了第二年,农夫又种禾苗了,这回,他吸取了上一次的教训,禾苗会怎么样呢?请小朋友们编一个新的寓言故事。看谁的故事编得棒。2~3名同学交流。

【设计意图:创设这样一个"编"的环节,目的有二:其一,以课文为情感的载体,让学生在心灵被唤醒的状态下表达,促进学生对寓意的深层领悟;其二,通过这一平台将学生在文本的反复对话过程中积蓄的情感加以延续,自定结果,自主体验,创造出属于自己的寓言故事。】

板书设计

24.揠苗助长

焦 急 ——→ 拔 高 ——→ 枯 死
　　＼　　　疲｜勃　　　／

道理: 按事物规律办事,不能急于求成

探究反思

寓言是语言与精神同构共生的佳作。教者的重要任务,就在于引领学生从言语的表层走向言语的深层。在此过程中,发展学生的言语感悟能力,提升学生的精神品质。

1. 在情境对话中领悟寓意。

对三年级学生来说,理解《揠苗助长》的寓意颇有难度。上述案例中,教师没有机械地讲寓意,没有抽象地说道理,而学生的理解却是极为深刻的,这得益于教师创设的一个个活动情境,让学生在充分的感受中萌动直观的推论。

2. 灵动理解生字词语。

"下面看老师写'十分焦急'的'焦',看下面的四点像什么?"以及学习"疲"与"勃"字的过程也可谓匠心独运,使学生既对生字的偏旁部首有精准的记忆,又深刻理解了生字词语的意思,有力地促使学生理解课文,还让学生充分领略到祖国汉字的生动、形象。

3. 幽默风趣的评价语言。

学生扮演小禾苗进行思考、表演后,教师的评价语言也是精彩迭出:"嗯,你是一棵温柔的小禾苗","你是棵愤怒的禾苗","多么博学的禾苗啊!"……课堂上,这类评价比比皆是。这节课,教师创设了和谐气氛,激励学生展示个性,而学生在充满挑战、愉悦的情境中不断获得成功,收获喜悦。这是一个开放、互动的课堂,是一个充满激情与生命活力的课堂。

16. 开天辟地

教学内容 苏教版四年级上册第12课

创新思考

语文课姓"语",语文课应当有"语文味"。本节课的"语文味"就体现在字词句段篇的训练上——引导学生"联系上下文理解词语和句子的意思";教给学生用不同的方法"把握文章的主要内容";学会默读,养成良好的默读习惯;积累课文中的优美词语、精彩句段等。在语文课堂上,扎扎实实地落实语言文字训练,同时又能使学生受到人文情感的熏陶。本节课设计力图改变语文课堂上思想情感教育的架空、语言文字训练的落空现象,力争使二者相得益彰。

教学设计

一、教学目标

1. 学会本课9个生字,两条绿线内的9个字只识不写,理解由生字组成的词语。
2. 联系上下文理解词语和句子的意思;根据文章结构的特点,教给学生把握文章主要内容的方法。通过默读训练,进一步养成良好的默读习惯。
3. 能正确、流利、有感情地朗读课文,背诵课文第六、七、八自然段。
4. 了解神话故事想象丰富的特点,感受盘古伟大的献身精神。

二、教学重、难点

教学重点:联系上下文理解词语和句子的意思;根据文章结构的特点,教给学生把握文章主要内容的方法。通过默读训练,进一步养成良好的默读习惯。

教学难点:有感情地朗读课文,感受神话故事想象丰富的特点,体会盘古伟大的献身精神。

三、教学时间
2课时。

四、教学准备
幻灯片准备、学生课前预习并初步了解神话故事。

五、教学过程

第一课时

1. 课前谈话,铺垫新课。

(1)聊神话故事。同学们喜欢读神话故事吗?你最近都读过哪些神话故事?读后最大的感受是什么?

【设计意图:学生不了解神话故事想象丰富、情节离奇的特点,通过交流让学生初步了解神话故事的特点,为课堂学习做铺垫。】

(2)词语积累游戏。

①板书:( )天( )地。

②学生补充,教师板书。

【设计意图:学生可能积累下了许多有关天地的成语或词语,交流词语的目的有二。一是激发词语积累的兴趣;二是"昏天暗地、开天辟地、顶天立地、改天换地"这些词语与课文内容相呼应,可充分利用这些词语帮助学生把握课文主要内容。同时,这四个成语又是本单元《练习4》中读读背背的内容。】

2. 整体感知,理清文脉。

(1)借助词语,理清文脉。

①今天这节课老师想和大家分享一个充满神奇色彩的神话故事。板书:《开天辟地》。

②请同学们把书翻到69页,自由朗读课文,注意读清字音,读通句子。

〈1〉同位相互读生词,读不准的相互提个醒。

〈2〉检查生字词认读。(可以结合文章内容、语境检查认读)

昏睡　身躯　筋脉　血液　皮肤　精疲力竭

混沌　崩裂　清浊　五岳　合拢　冉冉上升　巍峨　加厚

③"文章不厌百回读",请同学们把书打开,再次自由朗读课文,做到字字入目地读。边读边想课文每个自然段都讲了什么?哪几个自然段合起来讲了一个意思?(提醒学生注意边读边做记号,这样可以帮助你理解课文的内容,加深印象)

④指导学生再读课前板书的词语,联系读文的感受,想想这些词语与课文有什么联系?(引导学生根据体会给课文加小标题,以抓住课文的主要内容)

【设计意图:本册教材培养学生良好习惯的一个重要方法是:"读书做记号。"我们不能在开学讲了后就放到一边,应该和平时授课结合起来,让学生在阅读实践中不断强化这个习惯。"把握文章的主要内容"是本册教材的重点学习项目,本设计意在通过理解概括每自然段内容,然后用加标题的方法把握文章主要内容;另外,下面一个教学环节是通过"抓文章中心句"来把握文章主要内容,也是重要方法之一。】

(2)抓中心句,把握全文。

①俗话说:眼睛是心灵的窗口。你们知道文章也有眼睛吗?文章的左眼是"题目",右眼呢?(提示:是能概括出全文的关键句子)

〈1〉快速默读课文,找一找文章的这只"眼睛"。

〈2〉出示句子。"就这样,盘古以他的神力和身躯,开辟了天地,化生出世间万物"。

(学情预设)

读:为什么找这一句?

变:"就这样,盘古以他的神力开辟了天地,以他的身躯化生出世间万物。"这样是否更明白些?

再读。

〈3〉板书。

化生万物

〈4〉总结方法:抓住文章的关键句子来把握文章的主要内容。

②围绕中心句,质疑。

〈1〉出示中心句,再读。质疑。

〈2〉归纳问题。盘古是如何以他的神力分开天地的?

③出示自学提纲,再次默读课文。

〈1〉(为什么)盘古开天辟地前宇宙是什么样的?文中哪个词能概括出来?

〈2〉(怎么样)盘古是如何用神力分开天地的?画出表现其神力的句子。

〈3〉(结果如何)天和地分开以后,盘古又是如何做的?

【设计意图:这里,引导学生先质疑。再引导学生思索如何解决问题,从不同角度考虑问题,既教给学生质疑的方法,又教给他们解决问题的策略。】

3. 全班交流,理解课文。

(1)昏天暗地。

①谁来解决第一个问题?你来读第一自然段。

②体会"混沌一团"是什么样子的?

〈1〉请联系生活经历,开动脑筋,大胆想一想。

【设计意图:联系生活实际能帮学生生动、真切地理解词义。】

〈2〉天和地还没有分开——合拢。

"周围黑乎乎一片,什么也看不见。"第二自然段里至少有一处能帮助我们理解"混沌",你能找出来么?

【设计意图:联系上下文,能帮助学生理解具体词义。】

③如果你觉得还不准确,你还可以借助字典来理解。这就是盘古的感觉,字典里也是这样解释的。后来混沌的意思延伸了,还可以形容……出示例句。

【设计意图:查字典能帮学生准确地理解词义。】

小结:如果这三种方法结合在一起,便能深刻地了解词义了。

【设计意图:本册教材的四个重点学习项目之一:联系上下文理解词语和句子的意思。在理解"混沌"一词时,多种方法结合运用,教给学生理解词语的方法,培养其理解词语的好习惯。】

(2)开天辟地。

①正是在这混沌中,一天,大神盘古醒来了,他的神力发威了。盘古如何分开天地的呢?

②谁来读第二节,出示最能体现他神力无穷的句子。

③教师巡视后,出示:

"大神见身边有一把板斧、一把凿子,他随手拿来,左手持凿,右手握斧,对着眼前的黑暗混沌,一阵猛劈猛凿,只见巨石崩裂,'大鸡蛋'破碎了。"

④指导朗读,试着把盘古的神力无穷通过朗读表达出来。

〈1〉评价引导,点拨重点词语:

"猛劈猛凿,巨石崩裂"加点,再读读这句话,特别注意这两个词,读着读着,你仿佛看到了什么、听到了什么?

先自己想,再到小组里说,然后全班交流,引导学生结合生活经历来谈。

〈2〉组织交流,教师适时评价。

〈3〉出示插图,教师小结。

同学们想象力还真丰富。通过你们的描述,老师仿佛真的看到了盘古:随着他的猛劈猛凿,只见一道斧光凿影,火花飞溅;耳边响着那呼呼的风声……你听,巨石崩裂时,大地的每个角落都响着那震耳欲聋的声音,整个宇宙在剧烈地震动着。盘古真是神力无穷哪!

〈4〉再次朗读:谁能看着图,结合我们的想象,把盘古神力无穷的样子读出来?

⑤出示:"左手持凿,右手握斧。"看看这个句子有什么特点?

对仗:左手对右手、持对握、凿对斧。

〈1〉就在"左手持凿,右手握斧,一阵猛劈猛凿"中,你觉得盘古心里会怎

第三章 阅读教学

么想？

〈2〉就在"左手持凿,右手握斧,一阵猛劈猛凿"中,如果是你在黑暗中,你会怎么想？

〈3〉就在"左手持凿,右手握斧,一阵猛劈猛凿"中,如果是你孤零零的,你会怎么想？

⑥引读其他对仗句子:轻而清的东西冉冉上升,变成了天;重而浊的东西慢慢下沉,变成了地。

观察"清"和"轻",学习区别同音字的方法。

你发现什么秘密了吗？(反义词)

让我们再来读读课文,把盘古开天辟地的画面永远定格在心中。

【设计意图:每篇课文的课后思考练习,可以说是语言文字训练的精华。但是我们平常教学往往忽视这一点,会把它安排在课后教学。我认为应该融入课堂教学中,学生既能结合语境理解,又能在情境中落实语言文字训练,这样更扎实有效。课后练习第四题"对仗"句训练,就是基于这样的考虑设计的。】

(3)顶天立地。

①天和地分开后的盘古又是怎样的呢？(出示插图)这就是天地分开后的盘古。

教师引读:天和地分开后,盘古就头顶天,脚踏地,站在天地当中,随着天和地的变化而变化,那到底是怎样变的呢？同学们,让我们一起来读书。

②引读课文第四自然段。

〈1〉天是怎么变的？

〈2〉点拨:同学们,盘古在天地间支撑了多少年？(一万八千年)时间是多么漫长,盘古是多么不容易啊！所以注意这个"一万八千年"和三个"极",也许你会读得更好,要不要试一试？

〈3〉出示:头顶天,脚踏地——用个成语来概括,这就叫——顶天立地。

〈4〉撑、巍峨、柱子、丈、厚。

③引读第五自然段。

④教师过渡:为了不让天和地重新合拢,盘古就这样在天地间苦苦支撑了几千万年。我们换个角度想,如果盘古轻易放弃,那会怎么样？盘古累么？(精疲力竭)盘古乐意这样做么？(含着微笑倒下)

这时你对这个"巍峨"又有什么新的理解？还仅仅指盘古身躯的高大吗？

【设计意图:意在引导学生通过自己的阅读,抓住盘古的动作,品读人物的内心世界,感受盘古高大的形象。】

(4)改天换地。

①是啊,盘古精疲力竭了,他微笑着倒下去。他完成使命了么?
②能不能找出概括第七自然段内容的句子?("临死的时候,他的身躯变成了万物。"用一个词语概括——改天换地、翻天覆地)
③让我们一起走进这改天换地的变化之中,感受盘古创造的美丽宇宙。
④师生分角色读。
⑤接着引说:耳朵、汗毛、牙齿、鼻孔、指甲变成了……
⑥盘古把自己的一切都奉献给了整个宇宙和人类。当你读到这儿时,你会有什么样的感受?你能用简洁的词赞美一下盘古么?

正是如此,盘古把他的一切都奉献出来了,带着这种感受再读课文最后一段。

【设计意图:本册上一单元"口语交际"训练——学会真诚地赞美别人,在这里可落实、巩固。这一段是要求学生背的,应引导学生抓住重点词句反复品读。如果时间不充裕,也可以放到下一课时处理。】

4. **总结课文,升华情感。**

(1)课文学到这里,你有什么感受?(神奇、夸张或盘古无私的献身精神)

(2)盘古用整个身体创造了宇宙,也正是这样,智慧的人们用自己美好的想象创造了美丽的神话故事。

(3)是的,这就是神话故事的特点。神话故事是我国古代人民智慧的结晶。盘古身上寄托了人们许多美好的精神品质,可以说是人性的美好体现。人们希望出现这样的人,也想做这样的人。人们希望盘古有力量、有勇气、有决心、能坚持、乐奉献。真善美是人类亘古不变的真理,这是一朵智慧之花、真善美之花、创造之花,它也会给我们现代人许多启示,请同学们认真思考。

【设计意图:引导学生加深对盘古的认识,加深对神话故事特点的认识。】

5. **布置作业,课外拓展。**

(1)认真书写本课生字。

(2)推荐阅读中国神话故事:《精卫填海》、《女娲补天》、《女娲造人》、《嫦娥奔月》等。

(3)搜集神话故事,准备展示给小伙伴们。

【设计意图:引导学生阅读更多的神话故事,由课内延伸至课外,正所谓"得法于课内,得益与课外"。】

板书设计

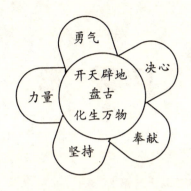

第二课时（略）

探究反思

1. "既见树木,又见森林"。

备课,应该是着眼全局,扎实局部。既见到课文——"树木",又要见到整册教材——"森林"。这样才是整体备课,做到点面结合,才能统筹全局。

2. "授之以鱼,授之以渔"。

"教是为了不教"。上完一节课,我们要使学生"有所得"。学生得到的不仅是一词一句、一段一篇的定量知识(姑且称之为"鱼"),更要给学生举一反三的变量知识技能(不妨看做"渔")。本课教学在"授之以渔"上有所凸显：教给学生理解词语的方法,多种方法结合运用,培养理解词语的好习惯；教给学生把握主要内容的方法。先是引导学生利用加小标题、串联起来说话的方法,说出文章的主要内容；暗示学生解决问题的策略。教会学生抓住重点句子、词语质疑——提出问题,培养学生的问题意识。

3. "模糊一片,清晰一线"。

人常说："语文教学模糊一片,数学教学清晰一条线。"这或许是因为数学教学目标较为显性、较为直接,语文教学目标较为隐性；或者语文教学需要悟的感性内容较多,数学教学需要辨的理性内容多。但是语文教学绝不是"模糊一片"、"混沌一团",它也应该有一条清晰的线。这条线便是——各学段目标、本册教材训练重点、本课语言文字训练点,我们语文教师应该始终把握这条线,任何时候都不能游离出这条线。

17. 雾　凇

教学内容 苏教版四年级上册第22课

创新思考

《雾凇》是一篇写景的文章。全文层次清晰,景物特点鲜明。作者以清新明快、优美生动的语言描绘了吉林雾凇千姿百态、奇特壮美的景象,给读者身临其境的感觉。字里行间表达了作者对雾凇美景的欣赏和赞叹,流露出作者对大自然、对祖国河山的热爱之情。

生活在南方的学生没有见过雾凇,对雾凇很陌生,学习这篇课文有一定的难度。教师可以采用多媒体辅助教学,让学生欣赏雾凇奇观,激发其情感,使学生带着好奇和兴趣学习课文。这篇课文重点介绍了雾凇形成的原因和过程。在教学中,教师应该强调"读"。给学生充裕的时间读课文,学生在朗读、感知语言文字的过程中有所发现,了解雾凇形成的原因和过程。

教学设计

一、教学目标

1. 学会本课的生字新词,结合具体语境理解词语的意思。
2. 正确、流利、有感情地朗读课文,背诵课文。
3. 了解吉林雾凇奇观形成的原因和过程,感悟吉林雾凇的奇特美丽,激发学生热爱大自然、热爱祖国山河的思想感情。

二、教学重、难点

教学重点:感受吉林雾凇的美丽和奇特。

教学难点:了解吉林雾凇奇观形成的原因和过程。

三、教学时间

2课时。

四、教学准备

制作课件。

五、教学过程

第一课时

1. 激趣导入,揭示课题。

(1)出示 4 张中国四大自然奇观的图片。

(2)师:同学们,我们中国有四大自然奇观,你们知道吗?

(3)生交流:长江三峡、桂林山水、云南石林、吉林雾凇。

(4)师:前面三大奇观都在我国南方,同学们比较了解;而在我国东北的吉林雾凇,大家却感到陌生。今天我们学习一篇课文,让大家来认识雾凇、了解雾凇。师板书课题,提示"凇"的写法,左边是两点水,右边是"松",这是形声字。

【设计意图:欣赏图片,激趣导入,使学生的注意力很快集中到新课的学习中,同时调动学生学习的积极性。教师根据已有经验可知,学生容易把"凇"的左边错写成三点水,所以在书写课题时,就提醒学生注意,强调偏旁部首是两点水是很有必要的。】

2. 自主阅读,整体感知。

(1)出示自读要求:

①正确朗读课文,读准字音,读通句子,难读的长句要多读几遍。

②联系上下文理解词语,不懂的地方标上记号。

③了解课文大意,概括出每个自然段的主要内容。

(2)生自主阅读,师巡视指导。

(3)检查反馈。

①出示词语,指名读,齐读,师强调读音和书写要求。

②出示长句,指名读,齐读,师强调停顿和语速。

③指名读课文并说说每个自然段的主要内容,师生评议。

〈1〉描述吉林雾凇奇观。

〈2〉说明雾凇形成过程。

〈3〉欣赏赞叹雾凇美景。

④齐读课文。

3. 学习第一段。

(1)自由读第一段。你发现吉林雾凇有什么特点?从哪些词语中感受到的,请你圈画出来。出示课文第一段。

(2)生交流。师指导朗读词语,生边读边想象,读出美感,读出喜爱之情。

多(十里长堤 缀满)、美(洁白晶莹 银光闪烁 美丽动人)。

(3)师:同学们发现了雾凇又多又美的特点,能通过朗读表现出来吗?

指名读句子,师生评价,齐读。

(4)理解"奇观"。板书:奇观

"观"在字典上有三种解释,这里应选哪一种?大屏幕出示:

观:①看;②景象或样子;③对事物的观点、看法。

"奇观"是什么意思呢?(少见的、稀罕的、壮美的、奇特的景象)

【设计意图:在课堂上,学生没有条件通过查字典、词典等工具书理解字词。教师把"观"的几种解释呈现出来供学生判断选择,有意识地引导学生在平时要多请教不会说话的"老师",即在遇到生字词时多使用工具书。】

(5)齐读课文。

4.师小结。

第二课时

1.导入新课。

(1)师:同学们,吉林雾凇闻名全国,你们想不想欣赏?现在让我们一起来感受一下这奇特美丽的雾凇吧!播放视频。

(2)师:看了雾凇,你想到了哪些词语?

(3)生交流:美不胜收、洁白无瑕、美丽动人、晶莹夺目……

(4)师:同学们积累的词语真不少,我们来读读课文中的描写。

齐读第一段,带着自己的感受朗读。

过渡:看来,同学们都很喜欢雾凇,闻名全国的吉林雾凇奇观吸引着四面八方的游客。人们欣赏之时不禁产生疑问,雾凇是怎样形成的呢?这节课,我们就要深入学习课文了。

【设计意图:想学好语文就要多背诵、多积累。要求学生观看视频后,能够用学过的词语恰当、准确地形容雾凇。教师提示学生,在平时的学习过程中,要注意积累词汇,丰富自己的语言,提高表达能力。】

2.学习第二段。

(1)默读第二段。首先独立思考并画出文中相关的语句,然后和同位讨论。出示思考题:雾凇是怎样形成的?吉林雾凇形成的过程是怎样的?

(2)集体交流:雾凇是怎样形成的?

①出示:"雾凇,俗称树挂,是在严寒季节里,空气中过于饱和的水汽遇冷凝

结而成。"指名读,齐读。

②师:从这句话中,我们知道雾凇形成需要哪些条件?

生讨论,师板书:过于饱和的水汽遇冷凝结

③师:吉林有"过于饱和的水汽"吗?你是从哪里看出来的?

生讨论,出示:"从当年12月至第二年……总是弥漫着阵阵雾气。"

④师:过于饱和的水汽能够遇冷凝结吗?你们又是从哪里看出来的?

生讨论,出示:"每当夜幕降临……树木被雾气淹没了。"

⑤小结:同学们很会读书,发现了雾凇形成的两个必要条件。

【设计意图:教师的责任不是把答案直接告诉学生,而是要引导学生通过自己的努力找到答案,解决问题。从文中的一句话就能得知雾凇形成所需要的两个条件,教师引导学生自己去发现、去理解、去分析,提高学生的阅读能力。】

(3)集体交流:吉林雾凇形成的过程是怎样的?

①出示:"渐渐地……全都是银松雪柳了。"指名读。

②师:从这段话中,大家发现了什么?从哪里看出来的?

③生讨论。

〈1〉雾凇形成的速度慢,出示:"渐渐地……柳枝镀上了白银。"

指导朗读:"慢慢地"、"轻轻地"、"一层又一层地"。

语速要慢,语气要轻。指名读,师生评价,教师范读,齐读。

〈2〉雾凇的形成是渐变的过程:"最初"、"逐渐"、"最后"。

出示:"最初像银线……全都是银松雪柳了。"

出示3幅图片:"银线"、"银条"、"银松雪柳"。生欣赏图片,谈感受。

指导朗读,读出雾凇渐变的过程,读出雾凇的美,读出对雾凇的喜爱。

指名读,师生评价,教师引读,齐读。

④小结:同学们用心读书,知道了雾凇的形成是一个渐变的过程,而且速度比较慢,大家的收获真不少!

(4)根据提示填空,练习背诵第二段。

自由读背,指名填空,集体练习。

【设计意图:学习语文最简单、最有效的方法就是"读"。读书百遍,其义自见。课堂上,教师指导学生反复读,读中体会,读中感悟,学会品词析句,提高理解能力。学习语文,离不开背诵。教师要指导学生背诵的方法,掌握记忆的要领。】

3.学习第三段。

(1)出示一组雾凇图片,配乐播放。

师:观赏着这千姿百态的琼枝玉树,你们想赞美雾凇吗?指名说。

(2)师:漫步在松花江畔的人们又是怎么赞叹雾凇的呢?

(3)出示:"忽如一夜春风来,千树万树梨花开。"

①师:这两句诗出自唐朝著名边塞诗人岑参的《白雪歌送武判官归京》。这句诗是什么意思呢?能结合课文谈谈你的理解吗?

②生讨论交流。

③师小结:诗人以奇特的比喻,把大雪纷飞挂满枝头的景象比做如一夜春风吹开了千万棵梨树花一样,使人既感到寒意又感到春意盎然。真是"冬天里的春天"。作者用这句诗来描绘雾凇的壮美景象是再贴切不过了。

(4)齐读第三段。

【设计意图:教师在备课时,解读教材应当深入细致。文中引用了一句诗,要让学生知道诗句的出处,了解诗句的意思,并且领会作者的意图,明白引用诗句的恰当巧妙。】

4.总结全文。

(1)师:江泽民主席在1990年到吉林视察,观赏了美丽动人的雾凇奇观后,兴致勃勃地为此景题词,大家想不想知道他写了什么?

(2)出示:"寒江雪柳,玉树琼花,吉林树挂,名不虚传。"

指名读,齐读题词。

(3)师:雾凇的美,美在壮观,美在奇绝。观赏雾凇,讲究的是"夜看雾,晨看挂,待到近午赏落花"。每年,吉林都举办雾凇节,同学们有机会可以到那里观赏雾凇的千姿百态和奇特壮美。

【设计意图:教材中的内容,学生都会读。在教学过程中,教师适当增加一些课本以外的内容作为拓展延伸,引导学生课外阅读,可以激发学生课外学习的兴趣。】

5.布置作业。

(1)背诵课文。

(2)为吉林雾凇设计广告语。

板书设计

```
                过于饱和的水汽
    22.雾 凇                    奇观
                遇 冷 凝 结
```

探究反思

1.有效指导,提高朗读能力。

小学阶段要让学生养成用普通话朗读的好习惯。通过教师的有效指导,提高学生的朗读水平。学生能够做到正确、流利、有感情地朗读是教师朗读训练的目标。在本课的教学中,我重视对学生的朗读教学,指导学生读好词语和句子。"洁白晶莹、银光闪烁、美丽动人",写出了雾凇的美丽。朗读时,引导学生想象雾凇的景象,读出美感,读出自己对雾凇的喜爱之情。"慢慢地,轻轻地,一层又一层地……"朗读时,要轻柔舒缓,语速慢,语气轻,把无声无息的变化过程表现出来,在读中感受雾凇的奇特。

2.品词析句,提高理解能力。

阅读教学要努力提高学生的理解能力。学生在阅读课文后,不仅明白写了什么,而且知道怎样写的。教师要指导学生在读中品词析句,在读中感悟体会,欣赏祖国语言文字的优美——"最初像银线,逐渐变成银条,最后十里长堤上全都是银松雪柳了"。在教学时,我引导学生分析作者怎样写出雾凇的形成过程。学生能够抓住"最初"、"逐渐"、"最后"与"银线"、"银条"、"银松雪柳"这几个关键词语,反复诵读,展开想象。通过观看图画,品味作者遣词造句的准确生动,能把过程描述得具体清晰。

18."番茄太阳"

教学内容 苏教版四年级语文下册第12课

创新思考

这是一篇洋溢着浓浓人情味的文章,以"我"的见闻为主线,按时间的顺序叙述了盲童明明的言行举止,描绘了她的音容笑貌,同时抒发了自己的内心感受,字里行间饱含着对盲童的喜爱之情。

如何让学生感悟这篇文章中丰富的人文内涵,是这篇课文的教学重点和难点。在教学时紧紧抓住描写盲童明明笑的重点词句,及三次"番茄太阳"所包含的不同含义,感受明明笑声中的乐观、话语中的爱心,品味"番茄太阳"的意象之美,最终让学生积累语言,获得"爱是需要传递的"这一深刻哲理的启迪。

由于学生对课文中的故事情节和人物形象很感兴趣,故而容易忽略对句子词语的深刻解读;加之学生对盲人的生活缺少了解,对盲人的心境很难体会。教学时只有充分让学生品读课文中的含义深刻的句子和精美的词语,以读为主线,激励学生与文本对话,让学生在个性化的阅读中、在直觉性的理解中感受明明的乐观、爱心,从而与作者的情感产生共鸣。

教学设计

一、教学目标

1.学习课文中的9个生字,理解"捐献、清脆、忙碌、亲戚"等词语的意思。

2.有感情地朗读课文,品读课文重点语句,品味三个"番茄太阳"的意象之美,感受明明笑中的坚强与乐观。

3.体会"给予是一种快乐"和"爱是需要传递的"这些深刻的哲理,学会回报他人,拥有一颗感恩的心。

二、教学重、难点

教学重点:通过朗读,理解三处"番茄太阳"的含义,感悟人物的美好品质和他们所传递的爱,体会盲童明明虽然身残但依然对生活充满爱的坚强意念。

教学难点:感悟这篇文章中丰富的人文内涵。懂得用乐观与爱心温暖自己、温暖他人,拥有一颗感恩的心。

三、教学时间

2课时。

四、教学准备

1. 学生体验盲人的生活:吃饭、喝水、上厕所……
2. 教师制作课件,准备录音机及磁带。

五、教学过程

第一课时

1. 创设情境,导入新课。

(1)回忆"用微笑承受着一切,赢得了海内外人士的敬佩"的桑兰的人生经历。

(2)揭示课题,板书并读课题。

2. 初读课文,整体感悟。

(1)学生自读课文,扫清阅读障碍,并标上自然段序号。

(2)说说"番茄"和"太阳"组合的意思。

(3)检查自读效果,辨析同音词:

　　máng　　máng　　cuì　　cuì
　( )童　( )碌　清( )　青( )

(4)理解词语:重点探究"清脆"、"蔬菜"、"亲戚"、"忙碌"、"捐献"的意思。

3. 首尾贯穿,凸显人物。

(1)学习课文第一自然段。

①学生读第一自然段。

②介绍作者背景:17岁遭遇车祸,双腿瘫痪,24岁独自离家出走。

③请生再读一遍。

④作者用了哪个词形容他此时的心情?(板书:灰暗无比)

⑤生活中什么东西是灰暗的?灰暗的心情是什么样的?(难过的、沮丧的、失落的、痛苦的……)

⑥再读第一自然段,体会作者"灰暗无比"的心情。

(2)学习课文最后4个自然段。

①自由读该部分。

②再请生读最后一个自然段。

③你觉得此时作者的心情是怎样的?和前面的"灰暗"对比,用一个什么词形容作者此时的心情?(明亮、感动、温暖、灿烂……)

④是谁影响了"我"?让"我"的心情发生了这么大的变化?

⑤一个5岁的盲童怎么能影响文中的"我"呢?在作者眼里,明明是一个怎样的孩子?读课文,勾画句子。

【设计意图:引领学生从文章的首尾入手,以"我"的心情发生的变化为切入点,从而向明明靠近,激起学生探究明明的欲望。】

(3)走近明明。(读句子,说特点)

①是一个善良的孩子,自己残疾还想着帮助别人。("我想把我的腿给你")

②特别爱笑。(第十三自然段,"银铃样清脆的笑声追着人走")

③长得很漂亮。(第六自然段)

④天真、可爱、懂事的小孩。("父母忙碌,女孩安静地坐着")

⑤聪明,听出"我"拐杖的声音。

⑥不幸的孩子。("等待有人捐献角膜")

(4)走进明明。(细读二至十八自然段)

①明明是个盲童,她的眼睛看不见太阳,看不见月亮,看不见……

②她的心情如何?她会想些什么?

③明明是否对生活失去了信心呢?她的乐观表现在哪里?找出文中描写明明的笑的语段。(第三、十三、十四、十八自然段)

④学生充分地读。

【设计意图:学生通过找句子、谈收获、设身处地地想、反复深情地朗读,一步步地靠近了明明。明明虽然是个盲童,但她丝毫不为自己的残疾而悲伤。她天真、善良、坚强、乐观,她的快乐分阶段地鼓舞并且感染了作者。】

4.**课后延伸,深层感悟。**

(1)进一步练习朗读课文中描写明明的笑的语段。

(2)找出文中三处"番茄太阳",思考其中的内涵。

第二课时

1.**检查作业,揭示主旨。**

(1)回顾问题:文中"番茄太阳"出现几次?分别是哪几句?

(2)学生汇报,课件出示出现"番茄太阳"的句子。

【设计意图:这篇课文篇幅较长,叙事、写人、抒情融合在一起。教师应带领学生抓住主线,直奔主题,寻找感情的结合点,进入感悟的入口处,为学生更好地融入课文内容带好路。】

2.层层深入,理解内涵。

＊品读第一处"番茄太阳"。(明明一面用手摸一面笑:"真的吗? 太阳像番茄吗?那我就叫它番茄太阳。")

(1)明明所说的"番茄太阳"指什么呢?读一读课文的第十至十三自然段,谈一谈你的理解。

(2)交流:这"番茄太阳"是明明心中的太阳,它和番茄一样又大又红又圆,和太阳一样温暖。板书:盲童的太阳

(3)朗读这一部分。

【设计意图:第一处出现的番茄太阳上没加引号,为了引导学生认识此处的番茄太阳真正所指的是什么,教师放手让学生自读课文的第十至十三自然段,让学生在自读中弄清了"番茄太阳"是明明心中的太阳,才能为后文其申引义的理解奠定基础。】

＊品读第二处"番茄太阳"。(看着她的笑脸,觉得那就是最美的"番茄太阳"。)

(1)为什么说明明的笑脸就是最美的"番茄太阳"? 学生带着问题默读明明笑的句子。

(2)课件出示描写明明笑的句子。请同学们大声地、动情地朗读这些句子,自己最喜欢的句子重点读一读。

(3)读读你最喜欢的句子,并说说你的感觉。

①"每次从菜场经过都能看到那家人:夫妻俩忙碌;女孩安静地坐着,说话声音细细柔柔,特别爱笑。"

教师乘机引导学生:

〈1〉想象说话:明明的爸爸、妈妈每天在不停地忙碌着,明明只是安静地坐着。一个小时过去了,几个小时过去了,明明在做什么、想什么?

〈2〉此时,你看到了一个怎样的女孩? 把你的感受读出来。(文静的、甜甜的、开朗的女孩)

【设计意图:走近明明的生活,让学生更好地理解课文内容,认识明明的懂事、乖巧,从而读懂她笑脸背后的可爱,找到这笑脸与"番茄太阳"的相似点,为学生理解文章的难点开辟了一条捷径。】

②"小女孩一面用手摸,一面咯咯地笑,妈妈也在旁边笑。"

教师乘机引导学生：

〈1〉明明是靠什么来感受生活中的一切的呢？（摸、听）闭上眼睛，感受一下明明的世界。在这样的黑暗中生活，会有哪些困难？

倒杯水喝时，可能……找伙伴玩时，可能……上厕所时，可能……

〈2〉是呀，明明的生活是如此艰难，可是，她未曾哭过，至少我们在课文中找不到她哭的痕迹。面对重重困难，明明依然笑着。你觉得明明的笑又是一种怎样的笑呢？

〈3〉明明一面摸到黄瓜，一面咯咯地笑；一面摸到（扁豆），一面笑；一面摸到（辣椒），一面笑，笑得很开心。这种笑能否感染你呢？你能把这开心的笑读出来吗？

【设计意图：让学生闭上眼睛感受，走进明明的黑暗世界，拉近孩子们与明明的距离。他们会认识这个一生下来就在黑暗中生活的女孩，认识她的坚强与乐观。】

③"如果不是盲童，明明挺漂亮的：乌黑的头发，象牙色的皮肤，精致的眉毛，笑起来像个天使。看着她，让人隐隐心疼。"

〈1〉读出这种天使般的美。

〈2〉这么美，为什么会"让人隐隐心疼"？

〈3〉但是明明依然开心地笑着，这样的笑脸让你看到了一个什么样的女孩？读出这份感动。

【设计意图：朗读着这如诗一般的语言，这天使般的女孩形象在孩子们的头脑中越来越鲜明，越来越让人感动，这天使般灿烂的笑脸也能深深地打动孩子们。】

④"明明咯咯的笑声银铃样清脆，一串一串地追着人走。"

〈1〉这样清脆的笑声，爸爸、妈妈听了会怎样？买菜的人听了会怎样？卫阿姨听了会怎样？

〈2〉多么具有感染力的笑呀！听着这样的笑声，你仿佛看到了一个什么样的女孩？

〈3〉联系桑兰（这个坚强的小姑娘，她用微笑承受着一切，赢得了海内外人士的敬佩），理解明明因为坚强、乐观，所以她的脸美得就像"番茄太阳"。

〈4〉读出她的坚强、乐观。

（4）明明的笑深深地感染着课文中的"我"，使"我"的心情产生了巨大的变化。明明的笑还是一种怎样的笑呢？（震撼、坚强、乐观、给人希望和温暖……）

（5）说说你的理解：看着她的笑脸，觉得那就是最美的"番茄太阳"。

（6）有感情地朗读这个句子：看着她的笑脸，觉得那就是最美的"番茄太阳"。

【设计意图：这一环扣一环的引读，这一次又一次的反复，给孩子们的心灵以强烈的震撼，他们的情感很快与作者融为一体，这个可爱的女孩形象在他们的脑海中

也越来越清晰、越来越动人。】

*品读第三处"番茄太阳"。(可那轮红红的"番茄太阳"一直挂在我的心中,温暖着我的心。)

(1)听录音:让我们聆听临别时的情景,用心体会、感受。

(2)听完后,你的心情如何?(感动)是什么打动了作者,让她泪流满面?

(3)是啊,老师读到这儿的时候,也为之震撼!来,深有同感的同学一起来读一读这句话!(出示明明的话——"阿姨,妈妈说我的眼睛是好心人给我的,等我好了,等我长大了,我把我的腿给你,好不好?")

(4)明明怎么想的?(增加提示语读书)带着你的感受读一读小女孩的话,相信你会读得更好。

(5)感动的作者,此时此刻会想些什么?(引导作者将来生活的态度)"我"会说什么?

(6)那么此时此刻,温暖作者的"番茄太阳"到底指的什么?(是这天使般的女孩,是这个拥有一颗善良的爱心的女孩。)

(7)让我们再次回味临别的情景,留住那份感动。(配乐朗读)

(8)师(引):从此,那轮红红的"番茄太阳"一直挂在我的心中,温暖着我的心。

【设计意图:文中最难理解的"番茄太阳"第三次出现,让学生融入创设的情境中去,亲历临别之场景,想明明之所想,说"我"之所感,在层层感悟的基础上,理解"番茄太阳"的内涵已是水到渠成。】

3.拓展延伸,升华情感。

(1)其实,拥有"番茄太阳"的人不光指明明,你觉得谁也有"番茄太阳",为什么?(捐献眼角膜的人、爸爸、妈妈、作者)

(2)你想对明明说什么?你想对大家说什么?

(3)作者原文中有这样一句话:"只要心中有快乐,光明就不远了。"是的,只要我们每个人的心中都有一颗"番茄太阳",那么这个世界将到处充满爱与温暖!

(4)师总结全文:同一个词——番茄太阳,在不同的情境中所包含的内容各不相同。"番茄太阳"不仅饱含父母之爱,给人温暖,还透着乐观与坚强,使人快乐,更洋溢着浓浓关爱,令人感动。正因为它包含了特殊的含义,所以课题加上了引号。让我们把这轮红红的"番茄太阳"永远挂在心中,温暖自己、照亮他人!

4.引导课外,坚定信念。

(1)课内积累。

(2)课外阅读卫宣利的《心中的月饼》和《两双球鞋》。

【设计意图:引导学生走进人物的内心世界,与作者的情感产生共鸣,更重要的是还要走出文本、走进生活。学完此文,留给学生的除了"爱"以外,更重要的是生活的态度,使他们在读过卫宣利的作品后,对生活有更深刻的感悟,让"番茄太阳"永远挂在我们的心中。】

板书设计

12."番茄太阳"

盲童的太阳

坚强 乐观

爱的传递

探究反思

1.走进文本,注重情感体验。

"阅读教学是学生、教师、文本之间的对话过程"。真正的语文课就是要帮助学生与文本"言语"接触,通过言语活动指向学生的心灵,注重学生与文本的对话,方能上出语文的味儿,提高学生的"语文意识"。教学中,"此时,你看到了一个怎样的女孩";"闭上眼睛,感受一下明明的世界。在这样的黑暗中生活,会有哪些困难";"你想对明明说什么",等等语言,都在进行角色的换位:把自己融入文本,假设你就是文中的人物,或一个亲历者。自然而然中使读者走进了文本,让学生与文本进行心灵的交流、情感的交汇。在理解的基础上关注个性解读,读中体会,体会后再回读,使学生的朗读水平与强烈的情感相结合,无声地滋润着每个孩子的心田。

2.突出重点,关注长文短教。

这篇课文篇幅较长,内容丰富。教学时找到文本的一个支点来牵动整个文本的学习,使课堂线条简单,条理清楚,力求"长文短教",提高效率。根据学生的认知水平和课文特点,大胆取舍,追寻适合学生发展、具有核心价值的内容,设计时以研究三个"番茄太阳"为框架,以描写"笑"的重点句段为主导,引导学生逐层走进人物的内心,品味"笑"的句段,让学生充分地读,感悟明明"笑"的背后是怎样的痛,读出明明灿烂的笑容后的善良的爱心。最终让学生留下语言,留下形象,留下人生的启迪,留下乐观生活的信念。

19. 特殊的葬礼

教学内容 苏教版四年级下册第18课

创新思考

　　这篇有关环保的记叙文描写了巴西著名景观塞特凯达斯瀑布由雄伟壮观到日渐枯竭的过程和人们失望、震惊、痛心、反思的表现，告诉我们要珍惜环境，保护自然，爱护我们共同的赖以生存的家园——地球。本文语言丰富，句子也相对复杂，加上音译的外国人名、地名，对于中等阶段的孩子来说是有一定难度的，所以在第一课时要指导他们扎扎实实地把课文读通顺，尤其是音译的外国人名、地名以及部分长句子要多下工夫。在此基础上整体感知课文，理清文章脉络。第二课时，老师引领学生抓住文中的重点词语和关键句子，通过有层次的读中感悟，让学生展开想象的翅膀，比较塞特凯达斯今昔的巨大差距，从而明白"特殊的葬礼"的真正用意，激发其"保护环境、爱护地球"的情感。

教学设计

一、教学目标

　　1.能正确、流利、有感情地朗读课文。

　　2.学会本课10个生字，两条绿线内的6个字只识不写。联系上下文理解由生字组成的词语。

　　3.读中感悟课文内容，认识到保护环境的重要性，激发学生热爱大自然、保护大自然、爱护人类的共同家园——地球的思想感情。

二、教学重、难点

　　教学重点：抓住重点词语和句子，展开想象，读中感悟瀑布昔日与现在的反差，了解瀑布消亡的原因，体会"保护环境、爱护地球"的重要性。

　　教学难点：大瀑布悲剧的原因及葬礼的重大意义。

三、教学时间

2课时。

四、教学准备

制作课件。

五、教学过程

第一课时

1. **交流、导入新课。**

(1)(板书)葬礼("葬"是个生字,举起手一起写),说说你对这个词语的理解。

(2)今天,我们要穿越时空隧道,回到1986年9月,去观看一场"特殊的"葬礼。(板书:特殊的)给这个词语找几个近义词,理解一下。

2. **初读课文。**

(1)读读课题,有问题的请举手!

(2)想揭开谜底吗?那就请你们好好地读读课文,看看自己的问题能不能解决。

(3)反馈。

(4)再次快速读书后交流。

【设计意图:先让学生质疑问难,然后依据学生的疑难进行教学,这无疑是"以学定教"的极好方式。在当前的阅读教学中,一些教师在学生尚未认真阅读的情况下就随意地、一味地让学生"质疑问难",这实际上是怂恿了学生疏于思考、随意质疑的不良行为。在上述的教学片段中,当学生读课题进行质疑问难后,教师提示大家认真地读课文并从课文中自行释疑。这样的教学十分有利于培养学生认真读书、勤于思考的学习品质。】

3. **学习生字、新词。**

(1)读准生字字音。

(2)画出新词,并结合上下文理解词义。

(3)指导书写。

第二课时

1. **复习导入。**

(1)师充满期待地说:"同学们,这节课我们继续学习《特殊的葬礼》一课,细细体会一下这个课题应该怎么读。"(师用红笔再描一次"特殊")

引导学生个性化品读课题后齐读。

【设计意图：题目是文章的眼睛，引导学生抓住"题眼"来回顾本篇课文，意在落实"过程与方法"这一教学目标，着力培养学生阅读文章的能力。】

(2)师：如果说课题像一篇课文的"眼睛"的话，那么，我们可把这里的"特殊"称作这篇课文的"题眼"。在读这类课文时，如果我们能紧紧抓住这个题眼，边读边思考，就能比较快地读懂这篇课文。

①通过预习，你对题目有了什么认识？这葬礼"特殊"在哪儿？

引导学生从举行葬礼的对象、地点、主持人、参加人等方面交流。

②检查词语掌握情况，同时为下文学习奠基。（课件出示）

咆哮而下　　　逐渐枯竭

滔滔不绝　　　生命垂危

一泻千里　　　奄奄一息

指导孩子竖着读，并读出不同感受。

【设计意图：把课文中关键词语提炼出来，分类整合，对比呈现，让学生通过反复诵读，体会蕴含在两组词语中的反差巨大的情感色彩，从而为下文做铺垫。】

(3)导入：接下来我们就走进课文，去见识这条不同凡响的瀑布。

2. 品读昔日壮观。

(1)整体感知。

师：请同学们自由读课文第三自然段，边读边想：这是一条怎样的瀑布？尝试用一个词语概括。指名说。（雄伟壮观）

(2)想象感悟。

师：请同学们潜心默读这一段，用笔画出最能表现塞特凯达斯瀑布雄伟壮观的气势的词句。

指名说。透过这些词句，你眼前仿佛出现了怎样的画面？根据回答，师做补充：

咆哮而下——水声响，据闻远在 30 千米外仍可听见。

滔滔不绝、一泻千里——水量大、水速快，瀑布每秒流量约 13300 立方米，这么多的水一下倾泻下来，速度惊人。

巨大水帘——瀑布又宽又高，瀑布最大落差约 114 米，相当于 38 层教室那么高，站在其脚下需仰望；瀑布幅宽约 3200 米，步行约 40 分钟才能走完，站在其一侧向另一侧看需遥望。

（老师在补充时适当选择周边的实物做比较，激活学生已有的经验积累）

(3)体验情感。

①读读练练。

师:你能把瀑布雄伟壮观的气势读出来吗？

学生练读。指名读。（指导学生绘声绘色地读）

②看看说说。

师:同学们,大家想亲眼目睹瀑布的风采？请欣赏。（课件出示图片）

假如你现在就站在这从天而降的巨大水帘面前,你会发出怎样的赞叹呢？

③读读悟悟。

师:是呀,如此雄伟壮观、气势磅礴的瀑布,怎不令人惊叹,怎不令人为之折服呢？带着这样的感受,一起读！（生读）

师:孩子们,读书不光要用心读,还要用眼睛读,用眉毛读,要声情并茂地读,要口中读出感觉,眼前读出画面,心中读出情感。请再读！

同学们,让我们再一次走近瀑布,最真切地去感受瀑布的美吧！多媒体展示瀑布壮观的视频。（提前打开音箱,声声小一些,在播放过程中可以暂停）

④师:面对如此壮美的瀑布,你想说些什么？引导学生赞美大瀑布。（5个学生左右）

站在这么壮观的瀑布前面我们都舍不得离开了,课文中有个词语是——（流连忘返）。

⑤是呀！此景只应天上有,人间哪得几回见啊！让我们拿起书,放开声来读课文第三段,把你的感情尽情地抒发出来吧！（生齐读第三段）谢谢你们美妙的朗读。

3.再看如今瀑布。

(1)过渡:昔日的塞特凯达斯瀑布气势雄伟壮观,曾经让无数游客流连忘返,但是现在（板书:如今）他又是什么样子的呢？

(2)请打开书看课文的第五自然段,谁愿意来读？用一个词语来形容现在的塞特凯达斯瀑布,你觉得哪个词最恰当？（生读后交流。板书:奄奄一息）

(3)奄奄一息的塞特凯达斯瀑布会是什么样子呢？（出示多媒体课件:展示枯竭的瀑布景象）

(4)看吧,这就是现在的塞特凯达斯瀑布！（相机出示文字第五段的一、二句）

谁愿意读这段话？（指一生读）

教师引读最后一句——许多慕名而来的游客,见到这样的情景,都……

(5)同学们,如果你是其中的一名游客,也欣赏过昔日瀑布的雄伟壮观,面对这逐渐枯竭的瀑布,你的心里是什么滋味？想说些什么？

（老师相信这是你的真情告白,从你的眼睛中,老师看到了你的渴望）

(6)从同学们的话语中,老师感受到大家都很想留住这瀑布,能用你的朗读把你的感受传递给大家吗?

(先自由练读,指名2~3个同学读,想读的一起读)

(7)塞特凯达斯瀑布犹如一位慈祥的老人,刚刚还在亲切地给你讲着故事,与你在夜幕下数着星星,可突然,他闭上了眼睛,渐渐离我们而去了……

请男同学读第三段昔日的瀑布,回忆一下他的音容笑貌吧!女同学读第五段如今的瀑布,老师为你们起个头。

【设计意图:上述二、三环节中,学生对文本内容的理解和情感的体悟将比较深刻,在此基础上又让同学们看着屏幕上即将枯竭的塞特凯达斯瀑布再次有感情地朗读,如此的触景生情,自然是情更深、意更切。在之前"悟语"和此时"触景"基础上的读,才是真正的"以读悟情"、"以情品读"。】

4. 探究原因。

(1)读到这里,你的内心除了伤感还有其他感受吗?瀑布前后真是天壤之别。看着这些,我们内心除了伤感、惋惜,更多的是愤怒——瀑布的悲剧到底是谁造成的,是谁毁了它?(出示"凶手"的文字)凶手是谁?

(2)用"因为……所以……"、"之所以……是因为……"分析一下原因。

(3)出示环境污染视频。

(4)那么,现在你们知道举行这样一次葬礼有什么特殊的意义了吧。

5. 练习演说。

(1)在葬礼上,菲格雷特总统的讲演饱含深情,动人心弦。你能根据课文内容试着讲讲演说词吗?

①讨论演说词的内容。

(讨论结果:先美好回忆;然后说说残酷现实;追究原因;号召人们)

②同桌合作说说演说词,也可参考老师的提示。

(出示:尊敬的女士们、先生们、朋友们:今天,我们怀着沉痛的心情为塞特凯达斯瀑布举行葬礼。我们都知道,昔日的塞特凯达斯瀑布_____,而如今的瀑布_____,这都是因为_____,希望通过这次葬礼_____。)

(2)指名说。

【设计意图:这一教学片段把本课的教学推向了高潮。抓住课文的这个"空白点",通过模拟菲格雷特总统在特殊葬礼上的演说,把思维训练、语言训练、领悟中心、人文教育等有机地统一在一起。】

6. 总结全文,拓展延伸。

(1)参加完这一特殊的葬礼,你们有什么话要说吗?

(2)总结:出示狄特富尔特的一段话,这是狄特富尔特在《人与自然》序言中的一段话,他的话以及在地球上不断上演的环境悲剧向我们敲响了警钟,它再一次提醒我们——(齐说:保护环境,爱护地球)。

板书设计

18.特殊的葬礼

昔:雄伟壮观

保护环境,爱护地球

今:奄奄一息

探究反思

1. 提供资料,做对比。

学生对塞特凯达斯瀑布是比较陌生的,缺乏感性认识。文章的第三自然段通过"流量最大"、"咆哮而下"、"从天而降"、"巨大水帘"等词语表现了塞特凯达斯瀑布的雄伟壮观。但是,这条瀑布的水流量到底有多大呢?声音又是如何的响亮呢?学生有的只是模糊的概念,因而对瀑布的感受也是表面的。课堂上,我在与学生交流以上词语时,相应地出示了我在课前搜集的资料,并与眼前的实物做比较,激活了学生已有的经验积累,降低了理解文本的难度。

此时,许多学生都情不自禁地发出了"啊"的感叹。我又趁机让学生用自己的声音把瀑布的雄伟气势表现出来。学生读得声情并茂。再如,在与学生交流的过程中,我又相应地介绍了瀑布的长度与落差。用具体的数字让学生明白塞特凯达斯瀑布的确值得巴西人民骄傲。

2. 小举措,大效益。

课堂上有很多小手段,换一种学习形式,就能使学生的兴趣自然生发,深化了理解,训练了表达能力,给语文课堂融入了浓浓的"语文味"。如开课学习"葬"字,用"因为……所以……"分析一下瀑布衰竭的原因,同桌合作说说演说词,第二课时的分类整合词语,等等。

20. "生命桥"

教学内容 苏教版第八册第五单元第17课

创新思考

　　本文讲的是一群羚羊被猎人赶到悬崖边,在生死攸关的时刻竟想出牺牲一半换取另一半生命的办法来赢得种群的生存机会。故事虽简单,但蕴含了深厚情感及深远哲理。对此,成年人易懂,但对于四年级的孩子来说,有难度。怎样让孩子透过文本进入羚羊的情感世界,又如何引导孩子通过文本联系人类的情感世界?新课程提出"阅读是教师、学生和文本对话的过程"的理念,那么通过做批注达到与文本的交流,通过小组交流、全班交流体现师生、生生交流,通过最后写话达到我与"我"的交流,是一种可以尝试的策略。

教学设计

一、教学目标

　　1.能正确、流利、有感情地朗读课文。
　　2.学习本课生字新词,理解文中几处重点句子。
　　3.通过阅读故事,体会羚羊的牺牲、团结、冷静等精神品质,进而引起对人类自身行为的反思。

二、教学重、难点

　　教学重点:通过文本阅读了解老、小羚羊跳跃的方式,进而理解"那弧线是一座以老羚羊的死亡作桥墩的生命桥"、"那情景是何等的神圣"的意思。
　　教学难点:由动物小说所反映出的动物品质联想并反思我们自身的行为。

三、教学时间

　　1课时。

四、教学准备

准备有关羚羊的视频。

五、教学过程

1. 课前阅读:《藏羚羊的哭泣》、《蚁球漂流》。

2. 导入课文。

(1)第一部分:倾听与自读。

①师配乐讲述故事,学生初谈听后感。(板书:感受)

②学生出声读课文,要求读准字音,读通长句。

③指导记忆并书写生字"悬崖",师指导书写。指导长句"下坠的身体又突然升高并轻巧地落在对面的悬崖边"。

学生默读,画出让自己感触深刻的句子,并多读几遍,有兴趣的同学可尝试做批注。

【设计意图:老师声情并茂的朗读将本课的基调准确定位,同时给予学生强烈的听觉冲击,这是学生的第一次学习,而后有要求的自读和带着问题的默读是第二次学习,老师对重点生字新词以及长句的点拨是建立在学情基础上的。】

(2)第二部分:品读与交流。

①四人小组交流:先说说自己画的句子,然后谈谈感受,再读读所画的句子。

②全班交流——课文哪儿打动了你?师点拨。

＊体会老羚羊的献身、悲壮

〈1〉从试跳过程一段:

课文中说这是"奇迹",为什么称之为"奇迹"?

从"刚好"一词你体会到什么?

从"猛蹬"你体会到什么?

指导朗读。

〈2〉从"生命桥"一句:

指名到黑板上画羚羊跳跃自救的路线示意图。

为什么把弧线比做生命桥?为什么把老羚羊的死比做桥墩?

指导朗读。

＊体会第一只年轻羚羊的勇敢

想象当老羚羊叫了一声,年轻羚羊说了什么?他们将走向什么?成功的结果怎样?失败的结果怎样?那为何还要走出去?

＊体会羚羊群的沉着冷静、团结协作

〈1〉从成功飞渡一句中:

怎样才叫秩序井然?(联系实际谈)

指导朗读。
〈2〉从"几分钟后"、"分成两群"中你还体会到什么？
＊"试跳成功！"句
这是怎样的成功？（多元解读）
指导朗读。

【设计意图：本文叙述故事的语言非常平实，并没有特别难懂的词语，但是羚羊惊心动魄的举措和带给读者无比震撼的感受却要在文字的反复咀嚼和朗读中才可体会。然而咀嚼与品味要建立在学生自己的阅读体验上，并通过交流和教师的适机点拨逐步加深感悟。这一环节的教学设计看似松散，利用"哪句感动了你"一问牵引全段，其实是在学生的交流中牢牢抓住关键词句去品读，去体会老羚羊、年轻羚羊的精神品质。其间教师零散性的点拨和适时追问尤为重要，它对学生深刻理解文本起到非常重要的作用。让学生画示意图则很好地突破了教学难点。】

(3)第三部分：思考与表达。
①思考：面对这神圣的情形，猎人们个个惊得目瞪口呆，不由自主地放下了猎枪，他们在想些什么？
②补充阅读，看看原作者沈石溪在作品中是怎样记下猎人们的心情的。（师生齐读补充的资料）
③练笔：然而，我们，深深被故事打动的我们，应该要想到什么？应该能想到什么？从这个动物故事中我们可以得到什么启发？把此时心中最想说的话写下来，尝试用上老师提供的词语。（在音乐声中学生书写片段）
④交流部分学生写的话。

【设计意图：作家沈石溪这样谈他的创作："动物小说折射的是人类社会。"如何让学生由故事的阅读延展到对自身的思考，这需要适当地补充课外资源，同时在学生情感已达到不吐不快的程度时，让他们当堂练笔，以达到与文本、与作者、与自己对话的目的，写作表达的训练也不露痕迹，可谓一箭双雕。】

(4)第四部分：总结与升华。
①总结：同学们，我们听了、读了、想了、说了、写了，走进了故事，又跳出了故事，这座以老羚羊的死亡做桥墩的生命桥不仅架起羚羊生的希望，更引发我们对弱小动物、对生命、对我们人类自身的思考，所以与其说是这群羚羊感动了我们，让我们钦佩，让我们羞愧，不如说是他们给我们上了一课，上了关于重新思考生命的一课！
②推荐《沈石溪动物小说选》，传递感动，交换思考。

【设计意图：结合板书对全文的故事和故事所折射的内涵进行总结，可以帮学生明晰40分钟的学习内容，推荐作家的其他作品更能达到以一篇带多篇的阅读目的。】

板书设计

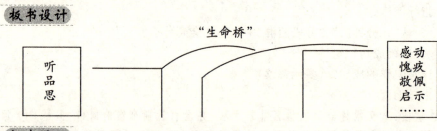

探究反思

1. 正确深刻地领悟教材,"教"才能明确方向。

这篇课文的特点是以情为纽带,以情感人。但到底是将情感目标确定在对动物的保护上,还是仅仅停留在苍白的感动上?经过反反复复的朗读,悉心揣度课文内容与作者情感,同时了解四年级的两个中等成绩的孩子对此文的阅读体验,最后我将本课情感目标定位在学生随着对文本的深入理解,能具体深化对老羚羊为了后代勇于献身的精神的感动,对第一只年轻羚羊敢于试跳的勇气的感动,对整个羚羊群在灾难面前表现出的沉着冷静、团结协作、机智勇敢的感动,并由对羚羊的感动引发我们人类对动物的爱护,引发对我们自身不当行为的反省,引发对人类在遇到同样灾难时的思考,引发对生命的尊重。

2. 在尊重学生自主阅读和其独特体验上,不放弃教师的"引"。

事实告诉我,一切得从学生的真实需要出发,四年级学生因为人生阅历对故事所表达的情感与哲理理解是有限的,同时对抓住关键词展开联想、体会情感等能力也有待进一步训练。像这样在情感理解上有一定难度的文章,不能忽视老师的引导。就拿这篇课文为例,如果老师不带着品读"奇迹、刚好、猛蹬、轻巧地落在、笔直地坠入、秩序井然"等词语,如果不带着品读"试跳成功、那是一座以老羚羊的死亡作桥墩的生命桥"等句,如果不联系前文、联系生活实际,如果不带着学生进入当时情境,进行角色替换,学生只能给羚羊贴上"勇敢、舍己为人"等标签,只能用诸如"感动"等词表达自己的情感。

3. 朗读指导要虚实结合。

我认为朗读指导应分成三个层次:无意识、有痕、无痕。无意识,指老师在课堂上对学生的朗读听而不闻,根本谈不上指导;有痕,指老师有强烈的朗读指导意识,但常常采用硬性的指导方法,如采用这词重读、那词轻读,这里用高兴的语气读、那里用悲伤的语气读等,有生拉硬拽之嫌;无痕,指老师有指导朗读的意识,但采取巧妙的方法,使得朗读与理解、朗读与语言文字训练有机结合,不露痕迹,使学生朗读技巧和水平在不知不觉地提高。在执教这篇课文时,我力求达到第三种境界,通过对词句的理解,通过学生谈自己阅读的感受,通过我富有煽情的话语来激发学生的认知与情感,使得学生的朗读顺情进行。

21. 古诗两首之一——《池上》

教学内容 苏教版四年级下册第20课

创新思考

《池上》是唐代诗人白居易所作。诗人用质朴的语言、白描的手法,把小娃娃天真无邪的形象刻画得栩栩如生、呼之欲出,不失为情景交融、形神兼备的描写儿童之佳作。诗句语言通俗易懂,非常适合小学生阅读。对于四年级的学生来说,根据他们的认知能力、已有的生活和学习经验,教学时,可放手让学生自主探究学习,理解诗句大意,反复诵读,想象诗中意境。教师对难点做适当点拨,带领学生感受诗中人物形象,体会古诗语言的精练。在学习古诗的过程中,总结学习方法,使学生初步掌握学习的一般方法,并运用于阅读其他古诗。

教学设计

一、教学目标

1. 能正确、流利、有感情地朗读古诗,背诵古诗。
2. 学会诗中出现的3个生字,理解"艇"、"浮萍"、"踪"、"不解"的含义。
3. 理解诗句的内容,想象诗中描写的情境,感受乡村孩子质朴、纯真的童心之美。
4. 学习并初步运用学习古诗的一般方法。

二、教学重、难点

教学重点:在理解的基础上,结合诗句展开想象,体会童年的纯真与快乐,与古诗意境产生共鸣。

教学难点:品味古诗语言,抓住"偷采"、"不解"、"藏踪迹"等词语,感受诗人炼字之妙。

三、教学时间
1课时。
四、教学准备
让学生搜集有关荷花的诗句。
五、教学过程
1.积累引入,以旧带新。

(1)师:初夏时节,池塘里的荷花已露出粉嘟嘟的笑脸,让人想起诗人杨万里的名作《小池》:"小荷才露尖尖角,早有蜻蜓立上头。"说到池塘、荷花,你们还想到哪些诗句呢?

(2)学生交流自己积累的关于池塘或荷花的诗句。

(3)揭示课题。今天我们要学的一首古诗也是讲夏日池塘里发生的事,它的题目就叫《池上》。(板书诗题:池上)理解题目含义。

(4)简介作者白居易。

①学生汇报自己知道的关于白居易的生平、诗作、诗风。

②教师小结:白居易,字乐天,号香山居士,从小生活清贫,生逢战乱,对社会黑暗和人民疾苦有较深的了解。他写了很多诗,揭露统治者的奢侈腐化,即有名的"讽喻诗"。他热爱大自然,写了不少描写山水景物的小诗。他的诗质朴自然,通俗易懂,老少能读。白居易一生写诗3600多首,是唐朝写诗最多的诗人。

【设计意图:由诗人杨万里的《小池》巧妙地为本课进行铺垫,以旧带新,降低学习难度,提高学习兴趣。让学生搜集关于诗人的生平和关于荷花的诗句,培养学生搜集和处理信息的能力。】

(5)揭示学法之一。刚才我们了解了诗人及其诗风,还知道了诗题的意思。这"知诗人,解诗题"是学古诗必不可少的一步。它可以帮助我们理解诗的内容。(板书:知诗人,解诗题)

2.初读诗歌,整体感知。

(1)诗人白居易到底写了池塘里怎样的景象呢?请同学们轻声把诗读一遍。

(2)指名读,正音。读准后鼻音:撑、艇、萍;指导"艇"字的写法及结构。

(3)学生再次自由读古诗。要求:边读边想诗句的意思,画出不理解的词句。

(4)小组合作学习,弄懂诗意。

①学生结合前后句和插图,借助注释和工具书,自己理解诗句含义。

②小组内逐句交流自己的理解,互相启发、补充。

(5)集体交流,了解《池上》大意。(指名说自己对诗句的理解)

【设计意图:《课标》要求,第二学段的学生要"能联系上下文,理解词句的意思,体会课文中关键词句在表情达意方面的作用。能借助字典、词典和生活积累,理解生词的意义"。本环节的设计通过学生借助工具书理解"艇"、"浮萍"、"踪"、"不解"的含义,联系上下文理解古诗的意思,能培养学生自主探究的能力。】

(6)揭示学法之二。我们刚才通过自主学习,抓住了诗中难理解的字眼,弄懂了诗的大意,也就是——抓字眼,明诗意。(板书:抓字眼,明诗意)

3.吟诗炼字,体会意境。

(1)前两行——小娃偷采莲。

①学生自由轻声诵读古诗,边读边想象画面。

②学生交流"看"到的画面。怎样的荷塘,怎样的白莲?(学生用自己的话描述想象到的"莲叶何田田"的美好画面,唤起学生对荷花池和娇嫩莲蓬的向往之情)小孩如何偷采白莲的?

〈1〉学生畅谈自己想象到的小娃偷采白莲图。因太想吃那嫩滑、甜美的莲蓬而不经大人同意就小心翼翼、偷偷撑船去池中采莲蓬。

〈2〉让学生为"小娃偷采白莲图"起个题目。

〈3〉看图,指导学生读出小娃天真、调皮的感觉。

〈4〉朗读前两句,思考:你最欣赏其中哪个字?("偷",结合自己小时候"偷偷"做的一些小恶作剧和顽皮之事,和诗中的小娃产生共鸣,体会孩子的无邪、可爱、纯真与童年的快乐、无忧、自由)

〈5〉配乐,再次有韵味地诵读前两行诗句。

(2)后两行——景美童心纯。

①提问:小娃"偷采白莲"不会被发现吗?诗人为什么要把"偷采白莲"的小娃写入诗中?你对这个小娃有什么看法?

②学生默读后两行诗,谈理解。(小娃哪里知道,小船一路划开的一道浮萍已经暴露了他的"偷采"之事)

③抓住"不解"体会小娃的纯真、质朴,练习读出情趣。

④如果你就是作者白居易,为什么要把"偷采白莲"的小娃写入诗中?你对这个小娃有什么看法?(想象诗人做诗的情景,体会作者的情感)

⑤揭示学法之三。刚才我们根据诗句想象"看"的画面,好像自己也成了诗人,看到了诗中小娃天真无邪、活泼可爱的形象,心中充满喜爱之情。也就是——想诗境,悟诗情。(板书:想诗境,悟诗情)

【设计意图:"作者胸有境,入境始与亲。"通过学生揣摩"偷采白莲"儿童的心理,使作者情、学生情、诗中情水乳交融,激发共鸣。】

4.回归整体,拓展延伸。

(1)学生带着理解,再次练习有感情地朗读这首诗。

(2)《池上》赏诗会——各小组以自己喜欢的方式表演、诵读古诗。

(3)熟读成诵。回顾学习古诗的方法。

【设计意图:《课标》要求,第二学段的学生要能"诵读优秀诗文,注意在诵读过程中体验情感,背诵优秀诗文50篇(段)"。通过熟读成诵,增加学生的语言积累,初步感知学习古诗的一般方法。】

5.布置作业,巩固练习。

(1)默写《池上》。

(2)依据《池上》的内容,发挥自己的想象力,为这首诗配一幅画。

(3)运用学习《池上》的方法,自主预习《小儿垂钓》。

板书设计

　　　　　偷采　白莲回　景美引人　　　知诗人,解诗题
　　池上　　　　　　　　　　　　　　　抓字眼,明诗意
　　　　　不解　浮萍开　童真童趣　　　想诗境,悟诗情

探究反思

古诗是我们祖国优秀文学遗产的瑰宝。童年时期如果能背诵一些古诗的名篇,对培养学生的审美情趣、文化修养,以及激发学生对祖国语言文字的热爱都是十分有益的。那么怎么教儿童学古诗呢?本课教学设计中,我有了一些思考和尝试:

1.层层铺垫,渗透学法。

在以旧带新的导入后,师生通过资料的收集,了解作者,明白题意,随即揭示"知诗人,解诗题"的学古诗的第一步学法。然后,抓住诗中几个关键字眼"不解"、"偷采"等,让学生自主学习,理解诗的大意,揭示"抓字眼,明诗意"的第二步学法。经过这样的铺垫,学生才有可能进一步进入诗境,比较细腻地体验诗的情感。于是,在教学的高潮到来后即揭示"想诗境,悟诗情"的第三步学法。既有横向的情景拓展,又有纵向的学法指导。

2.本课的作业设计也别具特色,充分体现了多元智能理论。

这首古诗是一首充满儿童情趣的古诗,诗意比较通俗易懂,不需花费太多的时间,因而我在设计作业时就把领会感情和培养想象能力作为教学的重点之一。诗歌的广阔意境给学生留下了自由发挥的空间,所以我让学生选择自己喜欢的一两种作业形式来重现诗歌情境。考虑到学生的个体差异和不同的兴趣特征,因此,我比较注重作业的分层设计,令不同水平的学生都能在轻松活泼的作业设计中入情入境,这样的设计使他们不仅掌握了知识,体会了作者对乡村小孩的喜爱之情,培养了想象能力和创新思维,也让他们在自主选择、主动参与、多元展示中体验到成功的乐趣。

22. 黄河的主人

教学内容 苏教版四年级下册第23课

创新思考

《黄河的主人》是一篇构思巧妙、意蕴深刻、震撼人心的叙事性散文。文章描写了波涛汹涌的黄河及河上撑羊皮筏子的艄公驾驭黄河的风采，赞扬了艄公凭着勇敢、智慧、机敏战胜惊涛骇浪的黄河的精神，并以"黄河的主人"的美誉来赞美他。教学中，以聚焦"黄河的主人"为突破点，以点带面，纲举目张，有针对性地启发和引导学生对课文进行研究性的阅读，弄清课文是怎样通过具体的、多角度的、多侧面的描写，来表现艄公的"勇敢和智慧、镇静和机敏"。学生在品读细节描写、感受作者的表达方法的过程中，自然而然地感悟到语言文字背后蕴藏着的丰富的情感，从而达到披文入情，由言入意。

教学设计

一、教学目标

1.能正确、流利、有感情地朗读课文。

2.认识11个生字，会写8个生字，认识2个多音字，理解由生字组成的词语。

3.在朗读感悟、想象、表达中提高学生的语文素养。

4.凭借具体的语言文字，让学生领会只要沉着勇敢就能战胜艰难险阻的道理。

二、教学重、难点

教学重点：引导学生读懂揭示课文中心的句子，即"他凭着勇敢和智慧、镇静和机敏，战胜了惊涛骇浪，在滚滚的黄河上如履平地，成为黄河的主人"。

教学难点：使学生明白只要沉着勇敢就能战胜艰难险阻的道理，激发学生敢于挑战的勇气。

三、教学时间
1课时。

四、教学准备
齐背诗。

五、教学过程

1. 说黄河。

(1)同学们,黄河哺育着中华民族,养育着中华儿女,令许多文人墨客竞相赞美,正如大家刚才所背诵的。(引读:君不见黄河之水天上来……黄河远上白云间……)

(2)通过上节课的学习,你想用怎样的词语来形容黄河呢?

(3)生述。边交流边出示描写黄河的词语。师指导朗读,读出文字的感情。
(出示)黄河滚滚 万马奔腾 浊浪排空 波浪滔滔 波涛汹涌 惊涛骇浪

(4)想亲眼一睹黄河的风采吗?(播放黄河波涛滚滚、万马奔腾的录像)

师朗诵:这就是孕育了五千年灿烂文明的母亲河,这就是九曲回肠、奔流不息的黄河!此时此刻,你们伫立在黄河边上,听着黄河的咆哮,你心潮起伏,感情激荡……让我们满怀激情地朗诵……

(出示第一自然段)指导有感情地朗读。

【设计意图:阅读是一个整体的活动。要让所阅读的内容真正变成学生自己的东西并积淀下来,将文本语言与他自己的情感交融、浸润、糅合。可以通过情境创设和调取学生积累唤醒学生的情感,让他带着自己的真切之感对所读的文本语言,进行感觉、体验并理解、领悟。】

2. 说艄公。

(1)说实话,你站在这样波涛汹涌的黄河岸边,你有什么感受?(胆战心惊)

我也害怕,真的,有的时候,人在大自然面前,就显得那么渺小,不堪一击。可就是让人如此胆战心惊的黄河,还真就有人能战胜它,成为它的主人,你们信吗?那究竟是怎样的人呢?他有孙悟空那神通广大的本领吗?好,让我们来见识一下黄河的主人的真面目!

(2)(出示艄公图片)谁来描述一下他的形象?(生述)

(3)就是这样一个普普通通的老汉,居然能成为那波涛滚滚犹如万马奔腾的黄河的主人,那他一定使用了非常先进的交通工具,比如:大轮船、潜艇、水上飞机等一些现代高科技工具喽?那他驾驶的是什么?(羊皮筏子)

(4)哦!羊皮筏子?这是什么工具?老师长这么大还没见过呢!你们也没见过吧?那赶紧打开书,认真读读课文二至五自然段,然后告诉大家你看到的羊皮筏子是什么样的？它在水面上行驶时是什么样的？你从中感受到什么？可以用笔在书上画出重点的句子和词。

（5）学生自读、自学。

（6）交流读二至五段的感受。（根据学生现场汇报的内容相机指导）

①"从岸上远远望去……整个儿吞没。"

在万马奔腾,浊浪排空的黄河上行驶的羊皮筏子是那么小,那么轻。谁来读这一段话？

你读了有什么感觉？

这就是你们的理解,你们可以通过自己的朗读来展示。

指名读。评价:他是通过轻读来表现羊皮筏子是那么小,那么轻；他是重读了"那么"、"那么"来表现对羊皮筏子的"小"和"轻"的惊讶。

②"再定睛一瞧……一共六个人！"（出示文字）

〈1〉那么小,那么轻的羊皮筏子上居然坐着六个人！读到这儿,你们怎么想？谁来读？

〈2〉我有个疑问,这里的"一、二、三、四、五、六,一共六个人！"应该怎么读？

这感叹号里包含了作者什么样的情感？

假如这六个人就在我们面前,我就这么数（很快数完）。

现在,这六个人已经到了浊浪排空的黄河中的羊皮筏子上,注意书上的标点符号,看看怎么读？

指名读。评价:你觉得当时作者一边数一边在想什么？再来读一读。（我听出来他是越数越惊讶了！）

【设计意图:培养独立阅读能力要依据《课标》年段目标,由易到难、有所侧重,还要注意整体推进、螺旋式上升。四年级学生从词语入手,抓标点符号,理解文本内容,理解人物思想感情。读中悟情,增强语感。】

（7）一个羊皮筏子也只有十来只羊那么大的体积,只有二十来斤重,你们都可以背得动,想看看羊皮筏子是怎么做的吗？（出示:羊皮筏子制作过程的录像）

（8）（出示书上插图）这样小而轻的羊皮筏子却载着这么重的人和物在浊浪排空的黄河上漂流,我看了不禁提心吊胆。如果是我,肯定不敢坐,你敢吗？

3. 说乘客。

（1）来听听坐过羊皮筏子的人是怎么说的,读（指名读第七段）。我不禁更为乘客捏把汗了,现在你敢吗？我们再来看看乘客们的表现,读。

（2）乘客们害怕吗？从哪些词语看出来的？（谈笑风生　指指点点　从容）那我就更不明白了,在波浪滔滔的黄河上,没有先进的大轮船,只坐在那么小、那么轻的羊皮筏子上,他们为什么就能谈笑风生,一点都不害怕呢？（对艄公的信任）

4. 再说艄公。

(1)艄公凭着什么赢得了乘客的信任？快速读课文,在文章中找出一句作者由衷赞美艄公的话。

(2)(出示中心句:他凭着勇敢和智慧、镇静和机敏,战胜了惊涛骇浪,在滚滚的黄河上如履平地,成为黄河的主人)女生读、男生读。

(板书:勇敢　智慧　镇静　机敏)

(3)作者将这么多美好的形容词都用在这样一个貌不惊人的老汉身上,一定是有原因的。请联系六至八自然段,看看从哪些地方可以看出他的勇敢和智慧、镇静和机敏？

(4)生讲述。相机出示：

比较句子：

①他专心致志地撑着篙,小心地注视着水势,大胆地破浪前行。

②他撑着篙,注视着水势,破浪前行。

(5)同学们,羊皮筏子之所以能在湍急的黄河上贴着水面漂流,那是因为：

齐读"他专心致志地……"

之所以羊皮筏子能在汹涌的黄河上鼓浪前行,那是因为：

齐读"他专心致志地……"

之所以乘客能够谈笑风生,是因为：

齐读"他专心致志地……"

(6)是啊,有艄公为乘客保驾护航,是艄公给他们吃了定心丸,是艄公确保了他们的安全,他真不愧是——黄河的主人(齐读课题)。

(7)艄公仅仅凭着勇敢和智慧、镇静和机敏就能得到乘客的如此信任吗？还有经验和技术。哪个词能体现他的技术？(如履平地)解释词语。

(8)在波涛汹涌的黄河上就像踩在平地上一样,这样的艄公令我们肃然起敬。他是谁？是——黄河的主人(再读课题)。

(9)拿起书,让我们怀着崇敬之情读课文六至八自然段,高声赞美令我们敬仰的艄公。(齐读,配乐)

【设计意图:抓住带有总起和引领性质的问题:"艄公凭着什么赢得了乘客的信任？"古语云:"提领而顿,百毛皆顺。"只要能抓住"纲"和"领",引出展开师、生、文本三者对话的核心话题,就能把许多复杂难解的问题变得简单易行,不会旁逸斜出。】

5. **总结拓展。**

(1)如果让你来赞美这羊皮筏子上的艄公,你会怎么说？

(2)(出示图片)生活中,还有很多人具有艄公这样的精神,请你也来赞美他们。

(3)同学们,要想成为课堂上的主人,你会怎么做?

今天的课堂上,同学们是学习的主人,相信在今后的学习、生活中,同学们一定能像黄河的主人一样不畏艰难险阻,战胜一个又一个的浪头,预祝同学们成功!

6. 布置作业:

推荐阅读《大森林的主人》。

板书设计

23. 黄河的主人
↓
艄公　勇敢　智慧
　　　镇静　机敏

探究反思

1. 读文、找句、研词。

本文教学凸现学生与文本的对话,独立阅读、独立体会、独立感悟,或在教师启发、讨论中,使学生的体验与文本的情感更靠近,使学生的感悟与文本的内涵更吻合。让学生通过读一至五小节,边读边把有感想的地方画出来,写一写感受,然后交流各自的认识。教师适时点拨,看到羊皮筏子的心情是提心吊胆、惊讶、激动、兴奋、吃惊。我把大量的时间放在指导学生朗读上。通过朗读来表现自己的感受。我抓住"啊"进行多元解读,读出其惊讶。"一个、二个、三个、四个、五个、六个……"怎么读?如何让学生读进去?通过反复阅读、评价的方式,让学生明白该怎样读好。

2. 朗读、感悟、想象、表达。

指导学生读词,读出黄河的气势之大。在对语言文字有所感受的基础上,观看相应的录像,学生的体会更深了,自然就能通过朗读表达出来。在播放录像的同时,教师相机朗诵,激起学生的共鸣,充分感受黄河波涛汹涌、浊浪排空的气势,领略黄河主人勇敢镇定的风采。此时,再活用语言和语言规律,进行极具个性色彩的言语实践,再用自己的话赞美艄公。引导学生把课堂上学到的语言内化为自己的语言,并表达出自己的独特感受。

23.变色龙

教学内容 苏教版五年级上册第6课

创新思考

　　这是一篇介绍变色龙的科普文章,采用故事的形式叙述发现变色龙、端详变色龙、放回变色龙的经过,富有情趣,让我们了解了变色龙的外形、捕食、变色等特点以及相关的知识。

　　教学中,我把变色龙的三大特点作为教学的重点,引导学生多读书,多思考,读中体会,读中感悟。指导学生进行有效的自主学习和小组合作学习,使学生掌握一定的自学方法,学会与人合作,共同探究。学生在生活中很难看见真实的变色龙,在课堂上,充分发挥多媒体的辅助作用激发学生的学习兴趣,通过播放图片和视频使学生对变色龙的认识更加直观具体、生动形象,提高课堂教学的实效。

教学设计

一、教学目标

　　1.学会本课的生字新词,理解词语的意思。

　　2.能正确、流利、有感情地朗读课文。理解课文内容,了解变色龙的外形特点及生活习性。

　　3.学习课文的写作顺序,学会观察动物的特点。

　　4.增强学生保护动物的意识,激发学生热爱自然、探索自然的情感。

二、教学重、难点

　　教学重点:了解变色龙的外形特点及其生活习性。

　　教学难点:学习课文的写作顺序,学会观察动物的特点。

三、教学时间
2课时。
四、教学准备
制作课件。
五、教学过程

第一课时

1. 激趣导入。

(1)师:请同学们看一组图片,你们认识图上的动物吗?(出示变色龙的图片)

(2)师板书课题,生齐读。师:读了课题,你想知道什么?生交流。

(3)师:同学们,就让我们带着这些疑问来共同学习这篇课文。首先,请大家读读课文,要读准字音,读通句子,难读的语句要多读几遍。

【设计意图:良好的开端是成功的一半。上课伊始,让学生欣赏图片,读课题质疑,能够激发学生学习的热情和兴趣,为接下来的教学奠定良好的基础。】

2. 初读课文。

(1)生自由朗读课文。

(2)检查读书情况:

①出示生字。师:请几位同学扮演小老师,带大家读生字。

②出示词语。师:同学们用开火车的方式读词语。

③指名分自然段读课文。师生评议朗读。

3. 整体感知。

(1)师:这篇课文主要写什么?

(2)师:请同学们按照作者的表达顺序把课文分成三段:我们发现变色龙;我们端详变色龙;我们放回变色龙。

4. 学习"我们发现变色龙"。

(1)自由读。

(2)师:读了这一段,你知道了什么?

(3)生交流,师引导学生体会变色龙隐蔽性的特点,出示第六、七自然段。

(4)指导学生分角色朗读,提示学生关注标点符号,读出相应的语气。

【设计意图:学生能够正确、流利、有感情地朗读课文,离不开老师细致、耐心的指导。第一段中的人物对话可以采用分角色朗读的方式进行训练,引导学生关注短句和标点符号,练习朗读,如"啊呀!""什么事?""在哪里?""在这里!""变色龙!

变色龙!"让学生在读中感受人们发现变色龙时紧张、惊讶、兴奋的复杂心情。】

第二课时

1. 谈话导入。
师:请同学们看黑板,齐读课题。上节课,我们初读了课文,划分了段落,还学习了第一段——我们发现变色龙。你有什么感受呢?

2. 学习"我们端详变色龙"。
(1)师:刚开始发现这个小东西的时候,大家都不认识它,称它是什么?
(2)师:"怪物""怪蛇",它"怪"在哪里?让我们仔细观察。(板书:观察)
(3)师:请同学们默读课文第二段,想一想作者仔细观察了变色龙哪几个方面的特点?建议你们拿着笔,读读想想、写写画画。
(4)学生交流。(师相机板书:外形　捕食　颜色)

＊外形
①师:课文哪个自然段主要描写外形?(出示第九自然段)
②生自主学习:
〈1〉自己小声地读一读这段话。
〈2〉在表示身体部位的词语下面画横线。
〈3〉在描写身体各部位特点的词语下面画波浪线。
〈4〉想一想作者按照什么顺序描写的?
③生集体交流:
〈1〉指名读,其他同学注意倾听,他读得是否正确、流利?师生评价朗读。
〈2〉作者依次写了全身、头、嘴、眼、身躯、背部、腹部、脚、尾巴。
〈3〉变色龙身体各部位的特点,师问,生答关键词。
〈4〉作者按照一定的顺序描写,从整体到部分、从头到尾。
④小结:作者观察得多仔细!(出示格言:观察,观察,再观察。——巴甫洛夫)生齐读。我们在描写小动物的时候,也要仔细观察,抓住特点来写,按一定的顺序来写。大家要掌握这种写作方法。
⑤生齐读第九自然段。

【设计意图:学生自学能力的培养是不容忽视的。课堂上,教师要有意识、有目的地安排学生自主学习,使其掌握一定的学习方法。长期坚持训练,可以提高学生的独立阅读能力。】

＊捕食
①过渡:我们对变色龙大声喊叫,指手画脚,它却一动也不动,我们不禁产生

疑问,如此迟钝的变色龙怎样捕食呢?

②师:请同学们看一段录像,仔细观察,关注变色龙的动作。

③师:你们想说些什么?生交流。

④师:请同学们读读课文,看看作者是怎么描写的?(出示第十二自然段)哪些词句写得特别精彩,请你画出来。

【设计意图:学生带着好奇心和疑问观看录像,一定是非常认真专注的。在学生对变色龙捕食有了直观的印象后,紧接着要求学生谈感受,教师要尊重学生的个性体验,让学生能够畅所欲言、各抒己见。】

⑤生交流:

〈1〉"迅雷不及掩耳"(雷声传得快,来不及遮住耳朵)在文中说明什么?(变色龙的舌头伸得快)

〈2〉"刷"、"刹那间"(约1/25秒)说明时间很短,速度很快。

⑥生练习朗读,指名读,齐读。

⑦小结:变色龙捕食的特点是又快又准。(师板书:快　准)

小组合作学习。变色龙为什么能又快又准地捕获食物呢?

⑧生交流:

〈1〉舌头。"舌头的长度超过它身长的一倍。"

师:一个身长30厘米的变色龙,舌头有多长呢?它的舌头一伸一卷,一只飞舞的蝴蝶就成了口中的美餐。

〈2〉眼睛。(出示第十一自然段)

师:它的眼睛究竟有哪些特异功能?与人类和其他动物的眼睛作比较。(一目二视;判断距离)

师:同学们能绘声绘色地介绍吗?理解"绘声绘色"。

指导学生带着表情,流畅而生动地朗读课文。

〈3〉善于伪装,耐心等待,伺机捕食。

师小结。

【设计意图:语文课程积极倡导自主、合作、探究的学习方式,培养学生主动探究、团结合作的精神。教师提出一个学生非常感兴趣、同时又具有研究价值的问题:"变色龙为什么能又快又准地捕获食物呢?"学生在合作的过程中,人人参与,人人平等,讨论热烈。在交流反馈时,教师引导学生抓住文中的关键词句理解体会,并相机进行朗读指导。】

* 变色

①过渡:同学们,我们仔细观察了变色龙的外形和捕食,还想观察什么?(板书:变色)

②师：请大家默读课文第十四自然段，看一看朋加沙为了证明变色龙会变色，做了几次实验？从哪些词语可以看出来，请你圈出来。（先　接着　再）

③师：能找出颜色的词语吗？师引读，生齐答。（香蕉叶色　棕色　浅灰色）

④师：变色龙的颜色是依据什么而不断变化的呢？生交流。

⑤师：同学们可以展开想象，把变色龙放到火红的枫叶上，它会变成……放到枯黄的草地上，它又会变成……

⑥师：真是太神奇了！在自然界中它是当之无愧的"伪装高手"。耳闻为虚，眼见为实。我们也来做个实验，亲眼目睹好吗？观看视频。

⑦师：此时此刻，你想说什么？能用一个什么词来称赞变色龙？生交流。理解"名副其实"。（相机板书：多）

⑧师：动物专家最新发现，变色龙变色不仅仅是为了伪装自己，另一个重要作用是能够传递信息，便于和同伴沟通，这相当于人类的语言。

【设计意图：在深入、细致地学习了课文之后，教师引导学生展开合理的想象，拓宽了学生的思维。播放一段视频，学生观看后，对变色龙变色的特点有了深刻的印象。在这里运用现代信息技术恰当适时，收到很好的效果。最后，教师补充课外知识，能激发学生探索动物奥秘的情感。】

3. 学习"我们放回变色龙"。

(1)师：（引导学生看板书）同学们，这就是外形怪、捕食又快又准、变色多的变色龙。如果你碰到这只稀罕的变色龙，你会怎样处置它呢？生交流。

(2)师：看一看作者他们是怎样做的？生齐读第十六自然段。

(3)师：这样做的原因是什么？生交流。

(4)师小结：不仅是变色龙要保护，大自然中千千万万的动物，我们都要保护，人与动物和谐相处，人与自然和谐共存。

4. 拓展总结。

同学们，大自然是绿色的课本，里面蕴藏着丰富的宝藏、广博的知识、无穷的奥秘。希望大家多观察、多读书、多思考，去探寻大自然更多的秘密。

5. 布置作业。

运用这节课学到的观察、表达方法，写一种自己喜欢的小动物。

板书设计

6. 变色龙

外　形　怪

端详　捕食　快准　观察

变色　多

探究反思

1. 关注学生。

学生是学习的主人。在课堂上,老师尊重学生、关注学生,让学生在轻松愉悦的氛围中学习。老师要关注学生的学习兴趣,在本课的教学过程中,恰当适时地使用现代信息技术,有效地辅助教学,使学生开阔视野、增长见识,加大了课堂容量,提高了教学效率,学生的学习热情高涨。掌握一定的学习方法对学生来说,尤为重要。通过老师的指导,学生学会自主学习。如果坚持每一课的教学都安排自主学习的环节,学生的自学能力将大大增强,为学生可持续发展和终身学习打下扎实的基础。

2. 关注文本。

阅读教学是学生、教师、文本之间对话的过程。备课时,教师要关注文本;上课时,教师要引导学生关注文本。让学生乐于读书,在主动积极的思维和情感活动中,加深理解和体验,有所感悟和思考。学生能够发现课文中关键的词、句、段,能够抓住课文中的重点和难点进行有效学习,增加知识,熏陶情感,启迪思想。在本课的教学过程中,教师不仅引导学生关注文本写了什么,还要引导学生关注作者是怎样写的、如何表达的,使阅读教学和写作教学有机融合,从而取得较好的效果。

24.滴水穿石的启示

教学内容 苏教版五年级上册第22课

创新思考

　　这篇课文结构严谨,脉络清晰。教学时,紧扣文章观点,从"奇观"导入,通过一正一反、两两相对的例子,让学生受到启发,再带领他们走近名人,走出教材,走入生活。通过读背启示、练说练写,强化积累,努力实现语文教育和人文教育的最佳效果。

教学设计

一、教学目标

　　1.能正确、流利、有感情地朗读课文。

　　2.学会本课6个词语,认识1个多音字,理解由生字组成的词语。

　　3.感悟"滴水穿石"给我们的启示,学习这种目标专一、持之以恒的可贵精神。

二、教学重、难点

　　教学重点:凭借具体材料,理解"滴水穿石"给我们的启示。

　　教学难点:联系上下文理解三个重点词句的意义。

三、教学时间

　　2课时。

四、教学准备

　　多媒体课件。

五、教学过程

第一课时

1.了解奇观,质疑激趣。
(1)聆听水声:你的耳边传来了什么声音?
(2)欣赏奇观:看,这是什么呀?这石头状如卧兔,更让人啧啧称奇的是正中有个光滑圆润的小洞。
(3)过渡:这幅图不禁让我们想到了一个成语——滴水穿石。
(4)师板书。
(5)质疑:如此弱小的水滴怎么会和这块坚硬的石头联系到一起呢?
【设计意图:开课初始,就充分调动学生的视听感官,简洁有力的开头能激发学生的学习兴趣,让学生在不知不觉间走入文本。】

2.初读课文,解疑明题。
(1)听课文朗读磁带。
(2)生自读全文。
(3)检查自读情况。
日雕月琢　持之以恒　三心二意　坚持不懈　半途而废　孜孜不倦　接连不断　锲而不舍
①开火车式读。
②找出和"滴水穿石"意思相近的词。
③齐读。
【设计意图:语文学习是一个长期积累的过程,没有充分的积淀,不可能有语文能力的提高。因此,《语文课程标准》不仅在总目标中要求学生有"比较丰富的积累",还在各阶段目标中提出"在阅读中积累词语"等要求。此环节既能检验生字词,又同教学内容紧密结合,扩大学生的词语容量。】

(4)解答疑问:
①谁来说说你的发现?
②指名读第一段。
③抓住"接连不断"、"锲而不舍"、"日雕月琢"等关键词初步体会水滴能滴穿石块的原因。
(5)解题:
①现在,你明白"滴水穿石"的意思了吗?
②指导朗读。

(6)理清课文脉络。

(7)补全课题,质疑过渡:

而这个奇观到底能给我们什么启发呢?下节课让我们继续学习——滴水穿石的启示(齐读)。

【设计意图:语言是情感内容的表达形式,朗读是用理解了的语言表情达意。不管是指导学生读题还是读句都不能无目的性,要在朗读中分析,在分析中理解,理解后再朗读,从而提高学生的朗读水平。】

3.学习生字。

第二课时

1.回忆奇观,复习导入。

(1)上节课我们一起去安徽省广德太极洞内欣赏了一处奇特的景观。

(2)板书读题。

(3)能结合书上插图说说"滴水穿石"的意思吗?

(4)齐读第一段。

2.正反对比,得出启示。

(1)出示学习要求:标段落序号,默读课文二至五段,画下让你受到启示的句子,再用心读一读。

(2)汇报交流:

*水滴

①指名读。

②结合第一段交流感受,"目标专一"和"持之以恒"体现在哪里?

③小结板书:微不足道的水滴之所以能把石头滴穿,就是因为它目标专一,持之以恒。

*雨水

①过渡:和水滴相比,雨水从高空中落下来的力量要大得多,可是它却不能把石块滴穿,这是为什么呢?

②指导朗读设问句。

③雨水"没有专一的目标,也不能持之以恒"都体现在什么地方?

(3)你从这两个一正一反的例子中明白了什么?

(4)指导朗读反问句:如果我们也能像水滴那样,还有什么事情做不成呢?

①引读:水滴的精神多可贵啊!如果——

②换成陈述句再读。

③齐读,加深体会。

【设计意图:在"雨水"和"水滴"的比较之下,让学生初步体会正面描写和反面描写这两种不同角度的表达方式的结合对于使表达意思更加充分、明确的作用。在反问句和陈述句的比较中,让学生体会课文语句。】

3. 解读名人,体悟启示。

(1)过渡:其实,古往今来,大凡在事业上有所造诣的人,都像水滴一样。

(2)出示:你看,古今中外所有成就事业的人,在前进的道路上,不都是靠着这种"滴水穿石"的精神,才"滴穿"一块块"顽石",最终取得成功的吗?

①指名读。

②初步理解三个双引号在此处的用途。

(3)合作学习:各自朗读名人的故事,再和同桌说一说:你从哪些地方看到了"滴水穿石"的精神?

(4)汇报交流:

＊李时珍

①指名朗读。

②抓住"立志"、"翻山越岭"、"走遍大半个中国"、"访名医"等词,理解其困难之多、范围之广、时间之长。

③摆在他面前的"顽石"是什么?

④小结:功夫不负有心人,李时珍经过不懈的努力,完成了近200万字、内容详尽的药学巨作。

＊爱迪生

①爱迪生要面对的困难有哪些呢?

②他是如何攻破这些"顽石"的?

③爱迪生生活艰辛,没有接受过正规教育,但他没有放弃自己的理想,最终取得1093项发明专利!能用一个词语说说你此时的感受吗?

＊齐白石

①理解"不教一日闲过"。

②出示课件,欣赏画作。

③小结:哪怕他年近九十,也没有一天放松过对自己的要求。

(5)请三名学生怀着敬仰的心情将这三则小故事朗读一遍。

(6)过渡:这样的人其实很多很多,数不胜数。但他们的身上所具有的一个共同的精神就是"滴水穿石"。

【设计意图:以一个问题为中心,让学生采取合作学习的方式体悟名人为了取得成功如何攻破不同的"顽石"的,学习他们身上所具备的共同的"滴水穿石"的

精神。】

(7)再学重点句:你看,古今中外所有成就事业的人,在前进的道路上,不都是靠着这种"滴水穿石"的精神,才"滴穿"一块块"顽石",最终取得成功的吗?

①小结理解"滴穿"和"顽石":

通往成功的路可能并不平坦。你会遇到各种各样的困难和障碍,只要有专一的目标,能持之以恒,勇敢地克服,就会取得成功。

②提升积累:其实,"滴水穿石"的精神又何止目标专一、持之以恒这8个字呢!你还能用哪些词来说说?

③替换交流:你看,古今中外所有成就事业的人,在前进的道路上,不都是靠着＿＿＿＿的精神,才＿＿＿＿,最终取得成功的吗?

【设计意图:在处理重点段时,学生先学习事例,再回过头来处理重点句,因为经历了一个反复读、悟的逐步"丰满"的过程,学生的语言、思维、情感、态度、价值观等在这个教学过程中都能一并提升。】

④联系实际,交流讨论:

在你的生活中,可能遇到什么样的"顽石"?你把它"滴穿"了吗?打算怎样"滴穿"呢?

⑤指导朗读反问句。

4. 点明主题,交流启示。

(1)过渡:学到这里,让我们铭记"滴水穿石"给予我们的启示吧!

(2)出示最后一段,齐读。

(3)完成填空,对比小结:

这篇课文通过正反两个例子,让我们知道目标专一、持之以恒的是水滴。只要我们像水滴＿＿＿＿、＿＿＿＿,就一定能实现我们美好的理想。如果我们像雨水＿＿＿＿、＿＿＿＿,就无法实现我们美好的理想。

【设计意图:通过逐层渐次的指导,学生的理解水平已经达到了一定的高度,故能各抒己见,轻而易举地完成这道填空。】

(4)指导朗读。

(5)书写感受:

你有没有话想对自己或他人说呢?用简洁的一两句话表达出来,写在书上。

(6)背诵积累:

最后,让我们把课文最后一段牢牢地记下来,化为前进道路上的动力!

5. 走向生活,内化启示。

(1)推荐阅读《从"水滴石穿"想到的》。

(2)结合实际写一篇读后感,题目自拟。

板书设计

22.滴水穿石的启示
　　目标专一
　　持之以恒

探究反思

　　本文是一篇说明事理的课文,从正反两方面举例说明滴水日久可以把石头穿透,从而揭示目标专一、持之以恒就能成功的道理。在教学中,首先,教者从题目切入,带领学生学习第一段后回到课题再来交流滴水穿石的含义,加深理解。之后,教者抓住水滴和雨水的正反事例,结合名人成功的故事体悟启示,层层深入。再次,抓住重点词句引导学生理解课文内容,根据语境进行替换、朗读训练,并联系生活实际理解课文中蕴含的道理,不仅能帮助学生理解语言文字的表层意思,而且能使学生体会到词语内在的含义和丰富的感情色彩,加深学生的内心体验。最后,教学内容开放,促进学生的知识迁移。在大语文观的指导下,语文学习的外延和生活的外延是一致的,除了课堂教学,还应该有课外阅读和生活体验两个子系统。因此教者在教学时教会学生阅读的方法,推荐拓展阅读材料,不失时机地让学生写一篇读后感,培养学生听说读写的能力,让阅读教学走向纵深、落到实处。

25. 游园不值

教学内容 苏教版五年级下册第 4 课

创新思考

这首久享盛名的小诗写诗人春日游园观花的所见所感,十分形象而又富有理趣。诗的前两句写出了诗人的善解人意和怜春惜春的情怀。后两句诗形象鲜明,构思奇特,不仅景中含情,而且景中寓理,使人受到哲理的启示:"春色"是关不住的,"红杏"必然要"出墙来"宣告春天的来临。一切新生的美好事物也是封锁不住、禁锢不了的,它必能冲破束缚、蓬勃发展。五年级的孩子理解这些情与理还是有一定的难度的,所以在课堂上注重"以读为本",联系上下诗句和自己的积累,帮助孩子用学过的方法推想有关词句的意思,理解诗意,想象诗歌描述的情境,体会诗人情感,在受到感染和激励后,追求更美好的理想。同时引导孩子理解诗意,体验古诗的节奏、音韵之美以及选词炼句的精妙。

教学设计

一、教学目标

1. 能正确、流利、有感情地朗读课文,背诵课文。
2. 理解诗意,感受诗文的意境,体会诗人表达的情感。
3. 感悟古诗选词炼句的精妙和丰富的内涵,从中受到美的熏陶。

二、教学重、难点

教学重点:体会诗句用词的精妙,体会诗人表达的情感。

教学难点:感悟诗歌包含的哲理与启示。

三、教学时间

1 课时。

四、教学准备

制作课件。

五、教学过程

1. 情境导入。

师：春天来了，春光明媚，鸟语花香，南宋诗人叶绍翁禁不住春色诱惑，终于合上书，想到一位朋友家中去欣赏他家园子里的春景。他脚踏木屐，独自缓缓而行，来到朋友家的门前。接下来会发生什么事呢？我们学习这首诗就知道了。请大家认真看老师写诗题——游园不值。读题。

【设计意图：教师如诗般的导语，在学生的已知和教材的新知之间架设起了一座沟通的桥梁，引领着学生自然进入诗的意境。所以，我们应该意识到老师的语言也是一种教学资源。】

2. 初读新诗。

(1)自由读、个读（适时指出其在字音、断句方面的问题）、师示范读、齐读。

(2)初解诗句的意思，我们以前学到过很多方法，回忆一下，有哪些好方法？（查字典、看插图、换语序）

(3)请大家选用这些方法自学古诗，师巡视。

【设计意图：在教师的引导下，学生自主提出学习方法，既符合学生的实际需求，又激发其主动探究的欲望，并提供充分的时间让学生进行独立学习。教师走下讲台到学生中间去，一方面进行个别指导，一方面捕捉反馈信息。】

(4)读懂哪句就说哪句。（结合诗意理解"小扣"、"柴扉"、"应"、"屐齿"的词义）

你能把四句话串起来，大致说说这首诗说了一件什么事吗？那么，题目是什么意思呢？（引导对"不值"的理解）

(5)引读法读诗。

师：我们把刚才的故事来说完：有一天，春光明媚，南宋诗人叶绍翁想到一位朋友家中去欣赏他家园子里的春景。他独自缓缓而行，来到朋友家的门前，轻轻地敲门，可是——

生：（读）小扣柴扉久不开。

师：这是怎么回事？扣了这么久还不来开门？是主人不在家吗？不会吧，他是很少出门的呀！噢，他家园子里满地长着青苔，绿得像铺开的地毯，美丽极了。看来园主人是很爱惜春色的，可我穿着一双木屐。哦，主人大概——

生：（读）应怜屐齿印苍苔。

师：大概主人爱惜苍苔，怕外人的木底鞋在上面踩上印子，破坏了他家园子里的春景。可是我也不虚此行，你园子里的春色怎么关得住呢——

生：(读)春色满园关不住。

师：是啊，满园春色是关不住的呀，你看——

生：(读)一枝红杏出墙来。

师：诗人兴致勃勃前来观赏，却连门也没有敲开，大家想想作者心情怎样？(扫兴)读前两句，就在作者徘徊时，他突然看到了一枝粉红色的杏花，开得那样鲜艳、那样旺盛，此时心情怎样？(惊喜)读后两句。

【设计意图：在教师的引读下，体会诗人的情感变化。再通过指导朗读，让学生学会有感情地朗读。教师的主导性和学生的主体性有机结合，能收到很好的教学效果。】

3. 精读感悟。

过渡：你瞧，四句诗中，诗人情感有伏有起，请你在每一句中找出一个最能体现诗人内心情感的字眼，可以在书上圈一圈，还可以在旁边写上你的感悟。

预设分为两部分：

(1)入园无望，春色难觅。(学生思考出哪字说哪字，师适当点拨，指导朗读前两句)

(2)欣赏红杏，感受春意。(出、关)

①让学生再读诗歌，找出学生认为写得最有意思的两句诗，并谈谈理由，进而赏析后两句诗。

师：是啊，一枝鲜艳的红杏已经伸出墙外，与"出"相对的是哪个字？(关)想想诗人为什么用"关"？(讨论，交流)("关"说明关得紧，红杏能出墙更显示其生命力之旺盛)

师：满园春色关在里面，但一枝红杏却偏偏出来了，这一"出"需要什么？(力量，生命)

指导朗读"一枝红杏出墙来"。(读出力量)

师：如此富有生命力的红杏，肯定长得非常——(美丽)。读。

师：你喜欢这枝红杏吗？(喜欢)训练朗读。(读出喜欢之情)

师：为什么诗人仅仅见到一枝红杏就惊喜不已呢？

②让学生想象春色满园。

师：同学们，这一枝出墙的红杏让诗人想到的其实是——(春色满园)。这春色满园令你想到什么？(生交流后出示课件并总结：这春色满园可以是一幅画，可以是一首诗，可以是一段文字，但我们刚才说得那么多都说不完、说不尽作者笔下的"春色满园"，它留给我们无限的遐想)然后再问：诗人看见一枝红杏出墙来，想到满园春色，感情有什么变化，引导学生体会诗人的快慰心情。

③让学生体会象征意义。

第三章 阅读教学

这样一份满足、快乐,也仅仅是见到了一枝红杏,她成了满园春色的代表。红杏啊红杏,你代表满园春色对关你们的、封锁你们的高墙大院说什么呢?(讨论)齐读"春色满园关不住,一枝红杏出墙来",进一步感受新生事物、美的事物是禁锢不了的道理。

师小结:"春色满园关不住,一枝红杏出墙来"之所以流传千古,不仅在于它用词精妙,还在于它由一枝红杏到春色满园,留给读者无限的遐想。更在于它景中寓理:一切新生事物是不能被禁锢的,它们会冲破牢笼,按照自己的成长规律发展起来。

【设计意图:抓住重点字眼,启发学生想象,特别是品味"关"、"出",相映成趣,在老师的鼓励下,孩子想象的语言越来越生动、鲜活,这些流畅而优美的语句,传递的是学生对诗句所含的形象和情趣的感受。当这种感受和"一枝红杏出墙来"的诗句在学生心中联姻时,学生对"春色满园"就会产生独特而诗意的语感。】

4. 诵读古诗。

诗人没有进入园子,仅仅看到柴扉、苍苔、红杏,但是却让我们感受到春意盎然,就让我们一起将所见到的,留在心里,让我们来感受一下春天所带给我们的新的愉悦吧!(乐起,生读)

刚才,我们一边读书,一边揣摩。不仅学会了古诗,而且还会把这首诗读得有滋有味,刚才我看到有同学在位子上演起来了,谁来试一试?

齐背诵。

5. 拓展积累。

这满园的春色,如果被其他诗人看到了肯定又会吟出许多优美的诗章,你还知道哪些描写春天的诗句?(生说后,师随机补充:等闲识得东风面,万紫千红总是春——朱熹;乱花渐欲迷人眼,浅草才能没马蹄——白居易;黄四娘家花满蹊,千朵万朵压枝低——杜甫;竹外桃花三两枝,春江水暖鸭先知——苏轼)

【设计意图:拓展阅读训练,既能强化语言实践,又能加深对春天的喜爱之情,体现语文学科的基本特点:"工具性与人文性的统一"。】

【板书设计】

4. 古诗两首

游园不值

失望——→惊喜——→快慰

【探究反思】

诗歌是最为精练的语言艺术,修词炼句便成了诗人的必修课,所谓"吟安一个字,拈段数茎须"。所以,学习古诗不能蜻蜓点水,浮光掠影,须沉入诗中,觅诗眼,品佳句,感受诗歌的意趣和诗人的情感。本课教学中老师就非常注重咬文嚼字、研词磨句,在对诗中关键字词的推敲中,特别是抓"关"、"出",层层递进,震撼心灵,老师和孩子一起走进了别有洞天的诗情画意的意境。

　　老师的教学设计也较为精巧:导入部分颇有"文包诗"的感觉,巧做了铺垫,使学生容易进入诗情。精读感悟环节,让学生抓住诗人情感有伏有起,在每一句中找出一个最能体现诗人内心情感的字眼,难能可贵的是学生的种种答案,老师的意图并非在于求得非常明晰确凿的解释。这寻字眼,寻的是一种情绪、情意、情结,这些言语的情味交融在孩子的诵读表达中就够了,体现了开放性、主动性。

　　平常一首看似简单的古诗,解读起来却千头万绪、意蕴丰富,老师怎么选择教学内容也很有讲究:我们要点化孩子,既要让课堂有温度、有广度、有深度、有高度,还要让课堂尽量适度。本课老师走的是"情感路线",穿针引线,步步深入,深入浅出,让学生理解出其中的哲理。

26. 秦兵马俑

教学内容 苏教版五年级下册第13课

创新思考

《语文课程标准》指出:"应该让学生更多地接触语文材料。"课堂上,可以辅以现代教学手段,把生活中的情境带入课堂,改变以往语文课单一的听、说、读、写模式,为学生创造"看"的机会,为学生更真切地了解秦兵马俑提供视觉材料,从而大大增加语文课堂的信息量,使学生的思维"动"起来,促使学生将教材与课文内容进行有序排列,激起学生亲近文本的兴趣。

针对本文篇幅较长、远离学生生活实际的情况,充分利用高年级学生学会预习的优势,设计上大胆取舍,直奔中心,突出文章重点以及根据实际情况,抓住全文的中心句——"兵马俑不仅规模宏大,而且类型众多,个性鲜明"展开教学,迅速理清全文脉络,采用多种方式对"举世无双"、"享誉世界"、"绝无仅有"等四字词语进行深敲细酌,逐一品味,将词语的教学和课文内容紧紧联系在一起,引导学生走进文本,感悟语言文字的生动与准确,从而达到积累的目的。

教学设计

一、教学目标

1. 认识8个生字,积累"举世无双"、"享誉世界"、"规模宏大"、"南征北战"、"所向披靡"、"神态自若"、"跃跃欲试"、"若有所思"、"惟妙惟肖"、"绝无仅有"等四字词语。

2. 有感情地朗读课文,了解秦兵马俑的规模、类型和特点,联系课文内容领会"兵马俑不仅规模宏大,而且类型众多,个性鲜明"在文中的作用。

3. 凭借课文的语言材料,感受中国悠久灿烂的民族文化和人民无穷无尽的智慧,激发学生的民族自豪感。

二、教学重、难点

教学重点：抓住过渡句来统领全文的结构和内容。领会兵马俑的恢弘气势和高超的制作技术以及兵马俑众多的类型和鲜明的个性，积累"举世无双"等四字词语。

教学难点：借助语言材料，展开丰富想象，感受兵马俑的特点，同时感受中国灿烂的民族文化和人民无穷无尽的智慧，激发其民族自豪感。

三、教学时间
2课时。

四、教学准备
制作课件、学生搜集兵马俑的相关资料。

五、教学过程

第一课时

1. 导入新课，揭示课题。

（1）导入谈话：1979年，前法国总理希拉克在参观秦兵马俑后，感叹道："不看金字塔，不算到埃及；不看秦兵马俑，不算到中国。世界上有了七大奇迹，秦俑的发现，可以说是第八大奇迹了。"秦兵马俑到底有着怎样的魅力，为什么会让他产生这样的感受，发出这样的赞美呢？今天我们就一起走近《秦兵马俑》，一起去感受《秦兵马俑》，一起去赞美《秦兵马俑》。

（2）板书课题，注意"俑"的写法。

（3）释题：秦，指的是秦代；俑，指古代殉葬的偶像；秦兵马俑，是给秦始皇殉葬的军队官兵和战马的偶像。满怀深情地读题。

（4）点击视频观赏秦兵马俑录像。学生看录像后谈初步印象。

【设计意图：通过世界八大奇迹的介绍引入新课内容，让学生浏览秦兵马俑的录像，给学生创造看的机会，将电子教材与课文内容进行有序排列，大大增加了语文课堂的信息量，激发学生的学习兴趣，使学生对秦兵马俑有个大概的了解，为后面的学习奠定基础。】

2. 初步感知，理清脉络。

（1）检查、交流重点词语意思：举世无双　享誉世界　南征北战　所向披靡　昂首挺胸　若有所思　惟妙惟肖　跃跃欲试　绝无仅有

（2）汇报字词及读文的情况，同桌互查。

（3）简要交流搜集到的关于秦兵马俑的资料信息。

【设计意图：相信学生的能力，鼓励学生进行课前的预习、搜集，让学生真正成为

学习的主人。通过汇报交流,实现资源共享,让学生在交流中获得成功的感受,进而调动学生主动获取知识的热情。教师也可以及时吸收反馈,了解学生的认知基础,以确定教学活动的新走向。】

(4)指名分段读课文,要求读准确、读通顺。

(5)重点指导学生朗读几个长句子。

(6)请同学们用自己喜欢的方式阅读课文,边读边想想全文围绕哪一句话写的?这句话在文章中起什么作用?

①全文围绕"兵马俑不仅规模宏大,而且类型众多,个性鲜明"而写。

②这句话在文中是过渡段,起承上启下的作用。

③承上、启下各是什么内容?(课文第二自然段写了秦兵马俑的规模宏大,课文第四至七自然段讲了兵马俑的类型众多、个性鲜明)

④全班齐读这句话。

3. 走进西安,感悟"宏大"。

(1)默读课文第二自然段,思考:你从哪些地方读出了秦兵马俑的规模宏大?能通过你的朗读把兵马俑这种恢弘的气势读出来吗?

(2)朗读中交流:

①从3个俑坑的总面积和兵马俑的数量读出气势。

②从一号坑的长、宽、面积和兵马俑数量读出恢弘。

(3)这一段运用什么说明方法写出兵马俑的规模宏大的?怎么读好这部分?(列数字、举例子、作比较,引导学生找出相关数据在读中体味)

(4)联系生活实际来体会:可用我们的操场、全校学生总人数作为参照对象,去体会兵马俑的规模宏大。(3个俑坑大小相当于几个操场,一号坑的大小相当于多大的操场,3个俑坑内的兵马俑总数相当于全校学生总人数的多少倍,一号坑内的兵马俑数相当于全校学生总人数的多少倍)

【设计意图:教师要善于引导学生在生活中学习,实现语文教学的生活化。注意挖掘身边的教学资源——学校、操场、学生……,都是有价值的教学资源。在教学中充分利用这些教学资源,既让学生真切地感受秦兵马俑的"规模宏大",又将有感情朗读落到实处。】

(5)抓住关键词语读出兵马俑的规模宏大,并想象画面读:边读边想,你看到了什么画面,你想说什么?

(6)看到规模如此宏大的兵马俑,人们会有什么感受?(人们无不为兵马俑的恢弘气势和高超的制作工艺所折服)(认识双重否定句并换一种说法,在对比中升华情感)

(7)学生齐读,读出秦兵马俑的规模宏大、气势恢弘。

【设计意图:走进文本,品读语言,在学生感受的基础上适时地点拨、启发、引导,让学生走进意境,构建秦兵马俑的规模宏大的意象。激发学生的学习兴趣,让学生在大量的图文资料中全面感知兵马俑的规模宏大。】

4. 观察结构,指导写字。
(1)重点指导"吏"、"靴"、"戈"、"擎"的写法。
(2)学生描红,教师指导。
5. **课后练习,深化理解。**
(1)抄写生字以及课后词语。
(2)有感情地朗读课文,并质疑。

第二课时

1. **回首秦俑,激情导入。**
(1)朗读课文的中心句。
(2)课文除了讲"规模宏大",还介绍了兵马俑的什么特点?
(3)直奔主题:学习秦兵马俑"类型众多、个性鲜明",去感受她的魅力。

【设计意图:抓住全文的中心句"兵马俑不仅规模宏大,而且类型众多,个性鲜明"展开教学,迅速理清全文脉络,与上一节课衔接自然。】

2. **走进俑坑,尽情欣赏。**
(1)快速浏览课文,看作者生动细致地向我们介绍了哪几种兵马俑。
(2)重点学习将军俑。(抓重点词语读,想象画面读,表演读)
①作者是如何抓住特点来写这位将军呢?画出最能表现将军特点的词、句。
②学生交流汇报,体会"身材魁梧"、"昂首挺胸"、"神态自若",感受将军久经沙场、肩负重任、英勇善战、胸有成竹的特点。
③指名有感情地朗读,其他同学闭上眼睛展开想象,能抓住将军的特点,想象出画面。
④生上台表演读,师生评价。

【设计意图:引导学生抓重点词语来理解将军俑的特点。而这些重点词语则可通过肢体表演来理解,重在个性感悟。】

⑤齐读,加深理解感悟,内化将军的英勇形象。
(3)总结学法,指导自学,完成表格。

兵马俑	类型众多、个性鲜明
将军俑	久经沙场、肩负重任
武士俑	
骑兵俑	
车兵俑	
弓弩手	
马　俑	

(4)以不同的朗读方式来交流汇报,体会兵马俑的特点。

【设计意图:教学时采用先扶后放的方法,让学生掌握流程,抓重点词语读,想象画面读,表演读,然后自学其他俑,根据学生个性的理解进行填写,答案不唯一。教师尊重学生的个性,把课堂的自主权还给学生,让他们选择自己喜欢的方式自读感悟,注重情感的体验,让他们在宽松、民主的气氛中生动、活泼地发展。】

(5)感受"神态各异",练习仿写人物形态。

过渡:兵马俑不仅类型众多,而且每一件都是极为精美的艺术珍品,仔细端详,它们神态各异——(出示课件引读第十节)

①这段话是围绕哪句话来写的?从这段话中,你体会到了什么?

②作者是如何把兵马俑表现得栩栩如生呢?师生合作读:教师读描写的内容,学生读想象的部分。(作者把观察到的事物和自己的联想结合起来)

③练读这几种神态的描写,你能读好哪一种神态,就选哪一种来读。

【设计意图:让学生根据自己的喜好来选读课文,能调动学生读书的积极性,变被动为主动,课堂上自然书声琅琅。】

④这一句后有省略号,说明了什么?在你的心中还浮现出了哪些神态各异的兵马俑呢?你能学习作者的写法,把它们描绘出来吗?练习用"有的……好像……;有的……好像……;有的……好像……"说话,同时用上你积累的四字词语。

⑤朗读自己的作品,师生评价,进一步感悟秦兵马俑的神态各异。

【设计意图:创设情境去"补白",创造思的机会,激发学生大胆想象、模仿创作、主动地去"奇思妙想",让学生的思维"活"起来。这样,既能加深学生对课文的理解,留下最直接、最深刻的印象,积累语感,又能提高语言表达能力,从而使学生的创新精神得到培养。】

⑥充满深情地读第十段的中心句:每一件兵马俑都是极为精美的艺术珍品。

3.升华主题,点燃激情。

(1)特别读第一段和最后一段,思考这两段分别写了什么?画出两段相互呼应的句子。("举世无双的秦兵马俑是我国享誉世界的珍贵历史文物"与"这在古今中外的雕塑史上是绝无仅有的")
【设计意图:引导学生关注首尾呼应的严谨结构,从而关注"怎么写"的形式。】

(2)小结文章的构段方式并指导朗读,抓住"举世无双"、"绝无仅有",体会秦兵马俑的珍贵历史价值,以及为拥有这样的历史文物的自豪之感。

(3)理解词语"惟妙惟肖":描摹了什么?怎样逼真?

(4)介绍题词情况:自1979年10月1日,秦始皇兵马俑博物馆正式开馆对外展出,它像一块巨大的磁石,吸引了无数中外宾客纷至沓来,一睹威武壮观的秦俑风采,并在参观后纷纷题词留言。(课件逐一出示,学生诵读)

中央常务委员萧克题词:古都有先人留艺术瑰宝,华夏待来者绘锦绣宏图。
全国政协副主席胡绳:中华第一帝,世界第八奇。
国民党主席连战:游秦冢而悯万民,跨海峡为创双赢。
新加坡总理李光耀:世界的奇迹,民族的骄傲。
日本前首相大平正芳:秦俑坑真是世界奇迹,百闻不如一见,真是名不虚传。

(5)今天我们一起用语文课独有的形式到秦始皇兵马俑走了一遭,你肯定也有许多话要说,请你也试着题词留言。(交流)

【设计意图:出示中外宾客参观后的题词留言,让学生了解秦兵马俑在世界上的地位和价值,真切地感受中国灿烂的民族文化和人民无穷无尽的智慧,在学习他人题词后让学生也留下只言片语,既注重语言的感悟、积累、迁移,又直抒学生对光辉灿烂的中华民族艺术的热爱,激发民族自豪感。】

(6)根据提示读题。让我们满怀豪情,大声朗读:这就是规模宏大、气势恢弘的——(秦兵马俑);这就是类型众多、个性鲜明的——(秦兵马俑);这就是举世无双、绝无仅有的——(秦兵马俑);这就是我国古代劳动人民用血汗和智慧凝结而成的——(秦兵马俑);这就是令中华民族骄傲和自豪的——(秦兵马俑)!让我们永远记住这个响亮的名字——(秦兵马俑)!

【设计意图:用一唱三叹的方式来读题目,既能加深学生对秦兵马俑的了解,又将理解后的情感尽情表述。此环节的设计点明文章的主旨,具有点睛之效。】

4.课外拓展,丰富积累。

(1)积累课文中的四字词语并选择自己喜欢的段落有感情地朗读。

(2)引导学生自主查阅网络资料解决与秦兵马俑相关的其他问题。

【设计意图:"生活的外延有多大,语文的外延就有多大"。学生围绕问题,发挥课外拓展作用,扩展学生的知识面,进一步加深对课文的理解,使学生对秦兵马俑有全面的了解,让课内的知识得到扩展与延伸。力求树立一种大语文观,把课内与课外联系起来。】

板书设计

13. 秦兵马俑

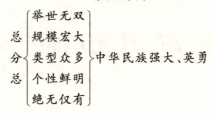

探究反思

1. 抓中心，促教学。

如何用最少的时间，采用各种有效的方式和手段，取得尽可能好的教学效果，以促进学生的发展和进步，这是摆在我们教师面前的一大课题。进行《秦兵马俑》一文的教学时，在整体把握课文的基础上找到文本的一个支点，以中心句为切入点，将这个句子的理解和课文思路、中心思想有机糅合在一起组织教学，以中心句牵动整个文本的学习，使课堂线条简单、条理清楚，有利于学生在课堂上进行有条理地思维，帮助学生形成思维的系统性，直达教学目标。

2. 多读书，促理解。

在朗读指导上做足工夫，确保足够的阅读时间，确保有效的朗读指导，鼓励学生对最能吸引自己的句段多读、多品、多想，对精妙的词句要读出自己的见解与发现，让学生的情感活动始终伴随读书的全过程。借助画面以及多媒体，与文中的兵马俑们进行一番零距离的接触，使书面的文字变成活动的影像，使学生的语感和思维能力都得到发展，培养学生的语感，丰富学生的语言内涵。激发学生的想象力，点燃学生思维的火花，让学生积极参与创作，用情感读出自己的惊奇和赞叹，让一个个鲜活的形象赫然出现在眼前，让书声琅琅的课堂更显得情趣浓浓。

27. 月光启蒙

教学内容 苏教版五年级下册第 17 课

创新思考

《月光启蒙》是内涵丰富的散文,作者是著名的诗人孙友田。作者回忆了自己童年时,在夏夜月光的伴随下,母亲唱民歌童谣和讲神话故事的情景,表达了作者对母亲启蒙教育的感激、怀念之情。值得学的东西很多,可毕竟课堂教学时间容量有限,到底该如何取舍,给我出了一道难题。一种优化课堂结构、形成不同画面的教学思路在我的脑海里逐渐形成。课文中最吸引人的除了优美的文字,还有那一首首歌谣、童谣。我想首先为大家展现含蓄、流畅的诗歌图,然后展示风趣、明快的童谣图。于是,我从此处入手提取精髓部分,培养学生的朗读能力。

教学设计

一、教学目标

　　1.学会本课生字,理解由生字组成的词语。

　　2.联系上下文,理解作者用"月光启蒙"做课题的深刻含义。

　　3.凭借课文的语言材料,感受浓郁的母子亲情,体会作者对母亲终身难忘的感激、怀念和敬爱之情。

　　4.能正确、流利、有感情地朗读课文。

二、教学重、难点

　　教学重点:通过朗读,让学生感悟作者对母亲的感激和怀念。

　　教学难点:领会题目的含义。

三、教学时间

　　1课时。

四、教学准备

搜集有关孙友田的资料、制作课件。

五、教学过程

1. 激发兴趣,揭示课题。

师:今天老师给大家带来一位朋友。(简介孙友田)其实他就是一个普通的农家孩子,为什么日后会有这样大的成就呢?他曾这样说过:母亲不识字,却是我的启蒙老师。那么,母亲到底是用什么来启蒙"我"的呢?今天,我们就来学习他写的一篇优美的散文:《月光启蒙》(师生一起板书课题,强调"蒙"一横的写法),谁来读一读?(指名读,强调轻柔。提示"蒙"是后鼻音,齐读)

2. 初读课文,整体感知。

(1)师:这篇课文很美也很长,出现了很多生字新词,有信心读好它吗?在读之前,老师给大家一些提示。(出示提示,学生自由放声读课文)

(2)师:接下来,老师要检查同学们的自学情况。

(出示)指名读,读的对的,同学们跟着一起读。

接下来,老师把拼音去掉,你还能认识它们吗?

课文里还出现了一些新词,谁能读好?

(3)读的过程中,有哪些疑问?(生质疑)

师:老师发现同学们很会带着疑问去读书,相信这些问题的答案你一定能从接下来的学习中找到。

【设计意图:我认为,扎实地进行生字教学是上好语文课的前提。在检查生字读音的时候,我分三步走。第一步,含一类生字的词语,注上拼音;第二步,含一类生字的词语,去掉拼音;第三步,含二类生字的词语。这样的分类既有广度又有深度。后面学生读文如果能做到流利、顺畅,就能为理解课文打下良好的基础。】

3. 精读重点,感悟深情。

(1)师:其实母亲并不识字,可作者却说她是儿时的启蒙老师。这是为什么呢?请你快速浏览课文,相信你一定能从文中找到这一段。(生自读,指名回答,集体读)夏夜,在农家小院里,母亲在为"我"做什么?(教师相机板书:唱歌谣　讲故事　唱童谣　猜谜语)

(2)出示歌谣。

师:先自己试一试,看能不能读好这两首歌谣。(生自读)听说咱班同学读书水平挺高,我们推荐两名同学给大家读一读。生评。

师:多么美妙的歌谣啊!想听听母亲是怎么吟诵这首歌谣的吗?用耳倾听,用心感受,闭上眼睛想象——你仿佛听到了什么,看到了什么?(乐曲响起,教师深情朗诵课文第二、三自然段)

师:来,睁开眼睛。此刻,你仿佛看到了什么,听到了什么?

师:你们的感受很独特。是啊,月色美,其实更美的是母亲的歌谣。此刻,耳畔仿佛又响起了母亲那甜美的歌声。(出示)她用甜甜的嗓音深情地为我吟唱,轻轻的,像三月的和风,像小溪的流水。小院立即飘满了她那芳香的音韵。

师:这是写母亲嗓音的一段话,请女生齐读。(学生朗读)

师:你知道作者为什么用芳香来形容音韵吗?

师:你们的理解真好!刚才我发现有位同学读得非常投入,仿佛自己就置身于美丽的月色下,我们请她来读这段,好吗?

师:这就是作者的故乡,不长五谷,却长歌谣。

课件出示:黄河留给家乡的故道不长五谷,却长歌谣。

师:这里的两个"长"意思一样吗?

师:大家都知道,作者的家乡黄河故道沉淀的是泥沙,十分贫瘠,长不出茂盛的庄稼,却能产生并流传着许多歌谣、故事、童谣、谜语。母亲用甜美的嗓音把美妙的歌谣,伴着月光给了"我",让一颗混沌的童心豁然开朗,让"我"的童年生活更加美妙。

师:从混沌到豁然开朗的过程用一个词来说,(指板书)就是——启蒙;母亲把这份爱伴着月光给了"我",说成一个四字词语就是——月光启蒙。

(3)师:刚才,我们学习"唱歌谣"部分,同学们抓住了重点词句,通过朗读,表达了自己的独特体验,这是读书的一种好方法。接下来,我们就要利用这种方法学习童谣。

师:母亲除了在夜深人静的夜晚,搂着"我"坐在草堆上吟唱着歌谣,还给"我"讲了许多风趣的童谣。(多媒体出示童谣)

师:这是文中的三首童谣。你喜欢读哪段,就读哪段。(生自由读)(指名读,教师相机正音)

师:同学们喜欢童谣吗?说一说你们喜欢童谣的原因。(风趣、很押韵)相机指导读。

师:这就叫明快、风趣,引读最后一句。

师:说起唱童谣,是咱们最拿手的了,现在用你最喜欢的方式来读。自己试试看!

师:谁给大家展示一下?指名读。

师:你瞧,多有意思的童谣啊!正是这些童谣让作者童年的生活更加快乐、充满情趣。

师:这节课,同学们抓住了重点词句,通过朗读,表达了自己的独特体验,这种读书的方法,希望大家不断地运用到日常学习中。

【设计意图:在这一环节的教学中,我以课文的最后一段话"母亲不识字,却是我的启蒙老师……飞向诗歌的王国"作为教学的一个点,与教学的两个画面——联系,达到反复强调、加深感悟的目的。教学的前十分钟孩子们徜徉在诗歌的海洋中,后十分钟又来到了有趣的童谣世界中。课堂气氛也由原先的抒情含蓄到激情活跃。】

(4)学习讲故事。

师:母亲不识字,她用甜美的嗓音给我唱歌谣、童谣真不愧是我的(启蒙老师)。她的肚子里不仅有动听的歌谣,还有很多东西。

①读一读你喜欢的那部分。

②你知道母亲会给我讲什么故事吗?(学生回答)

师:这些故事你们都听过,你们听了故事懂得了什么呢?这也就是母亲讲故事给孩子听的目的。她要让孩子懂得爱什么、恨什么,懂得做人的道理。母亲用这些故事,滋润着孩子的心田,她真是我的——启蒙老师。母亲讲的那些引人入胜的神话故事,为我——(出示:打开了民间文学的宝库,给我送来月夜浓郁的诗情,她让明月星光陪伴我的童年,用智慧才华启迪我的想象)齐读。

(5)学习猜谜语。

夜色越来越浓,母亲还在给我说谜语,可我怎么也解不开,她笑着对我说:"……"从她的话中,你听出了什么?指导读。

4.感悟真情。

(1)师:唱歌谣,讲故事,唱童谣,猜谜语……(指板书)就这样,母亲给了"我"人生最初的启蒙。母亲到底都把什么给了"我"呢?课文为什么以《月光启蒙》为题呢?给你几分钟时间,把它写在课文插图旁边的空白部分。(多媒体出示问题)谁来说一说?

(2)师:是啊,母亲就是在这样的明月星光下,用智慧与才华、用那份沉甸甸的母爱(板书:母爱)启迪了我的想象,引领着我一直行走在文学创作的道路上。时光如流水,伴着浓郁的月光和母亲的爱,长大后的我成了一名诗人,再次回到母亲的身边,却发现……配乐深情朗诵。(诗歌原文)

(3)面对着已经痴呆的老母亲,我又回想起童年美妙的夏夜,耳边又荡起母亲那甜甜的、深情的嗓音,那像三月……(播放原声)

(4)想到这里,作者不由地提起笔来在文章的最后用饱含深情的话语赞美了他那不识字却充满了智慧的母亲。(出示最后一节)齐读。

(5)学了这篇课文,你自然会想到谁?(自己的妈妈)(出示课件)是的,妈妈永远占据着我们心里最柔软的地方,我们愿用自己的一生去爱她;有一种爱,它让你肆意地索取、享用,却不要你任何的回报。这一个人叫"母亲",这一种爱叫

"母爱"。五月的第二个星期日是母亲节,你想对你的妈妈说什么,做什么?先写下来,重要的是做出来。相信我们一定会永远铭记、感激母亲给我们的月光启蒙,祝愿我们每个人的母亲健康、幸福。

【设计意图:这篇文章很美,但更美的还是那力透纸背、深深打动我们的母爱。当学生在老师的引领下"来到"患老年痴呆的母亲面前时,有一种酸酸的情感涌上心头,让我们对课文、对作者、对那特殊的母爱有了更深一层的理解。】

板书设计

　　　　　17.月光启蒙
　　　　　唱歌谣　　流畅含蓄
　　　　　讲故事
　　　　　唱童谣　　明快风趣
　　　　　猜谜语

探究反思

《月光启蒙》让我享受了一次愉快的教学过程,在课堂上我能明显地感觉到孩子们的投入,通过与他们眼神的交流、聆听他们精彩的发言、朗读,从孩子们渐渐提高的朗读水平和下课时那依依不舍的目光可以看出,《月光启蒙》对他们产生了很大的影响,也让我有了深刻的体会。

1.注重交流,关注生成。

语文的课堂教学是一个师生平等对话的过程。作为老师,我们接触教材较早,应该充当引路人的角色。在这期间,师生彼此分享着对课文的理解,一起探讨重点问题。在备课中我将预设设计得相当细致,从学生的角度出发设计了必要的引学过程。但课堂又是一个动态生成的过程,需要我们灵活调控。

2.适当评价,推进教学。

在课堂上适时的评价是推动教学、促进学习的一种有效的办法。我知道,学生是否从评价中获益并有所提高,是评价有效与否的标准。我在这节课的评价上力求达到评价语言的针对性。在本课的教学中,对朗读的评价是重点。怎样才能让孩子从评价中理解课文,应该怎样读好、读出味道,是值得我们探讨的。

3.课外延伸,感悟亲情。

课后,孩子们交来的一篇篇稚嫩、有趣的童谣、歌谣让我明白:你只要用一颗真心去对待孩子,必将换来更多的快乐。我想,这就是当老师的幸福所在吧!

28. 自相矛盾

教学内容 苏教版五年级上册第8课

创新思考

　　本文篇幅短小，语言通俗，内容浅显，五年级学生通过预习可以把握文章内容大意，但学生对语言的品味往往浅尝辄止，尤其是楚国人两句话的矛盾之处，要想真正弄懂并能用自己的语言表达清楚并非易事。锤炼语言，培育精神，引发思考，是教师追求的语文课堂效果。为此，本节课教师可遵循"读—品—悟—用"方法实现"情趣—理趣"、"形象思维—理性逻辑思维"的过渡。

教学设计

一、教学目标

　　1.能正确、流利、有感情地朗读课文。

　　2.学会本课生字，理解"夸口"、"张口结舌"以及"自相矛盾"的意思。

　　3.理解故事包含的意思并运用"自相矛盾"练习说话。

二、教学重、难点

　　教学重点：理解"自相矛盾"的含义。

　　教学难点：弄清楚国人夸口矛与盾的两句话之间的矛盾关系。

三、教学时间

　　1课时。

四、教学准备

　　制作课件。

五、教学过程

　　1.检查预习，认识"矛"、"盾"。

　　(1)听写"盾"、"矛"、"坚固"、"锐利"4个词语。

(2)用听写的词语概括故事大意。

(3)讲述"矛"及"盾"的汉字演变过程,揭示"矛盾"喻义。

【设计意图:通过检查预习,既可以了解学情,同时也能带领学生初步了解成语故事的大意。教师讲述生字的演变过程则进一步向学生揭示词义,这些都为学生牢固掌握生字新词打下坚实的基础。】

2.品味语言,辨析"矛盾"。

(1)默读,思考:你从文中哪些语句读出了楚国人话语中的相互抵触?

(2)交流并点拨:

①指导朗读楚国人的两次夸口。(指导学生带上简单道具表演读)

②引导辨析:用"如果……就证明……"句式说说楚国人两次夸口之间的问题。(自己试说,指名说,教师相机指导多种形式练说)

③理解并指导朗读围观人说的话,想象旁观者会说些什么?

④思考楚国人张口结舌回答不出的原因。

(3)小结,点明"自相矛盾"意思。

【设计意图:要让学生把明白的道理用自己的话表达出来是有一定难度的,教师设计的"如果……就证明……"句式,能有效地帮助学生理清思路。】

3.感悟运用"自相矛盾"。

(1)谈读后感受,共同总结寓意。

(2)举出身边"自相矛盾"的事例。

(3)辨析含有自相矛盾问题的语句。

(4)根据情境提示运用"自相矛盾"说话。

【设计意图:学习成语止于了解故事和寓意是不够的,灵活运用才是学习的根本目的。从列举身边的例子到辨析自相矛盾的语句,再到根据情境运用"自相矛盾"都是在帮助学生进一步掌握成语。】

4.学法总结,拓展延伸。

(1)小结成语故事学习的一般方法。

(2)介绍成语的相关知识。

(3)阅读文言文《韩非子·难一》。

【设计意图:授之以鱼不如授之以渔,学法指导是提高学生自主学习能力的主要方法。在教学结束时回顾全文的学习过程,总结出成语故事学习的一般方法是十分必要的,介绍成语相关知识更能激发学生继续学习的兴趣。】

板书设计

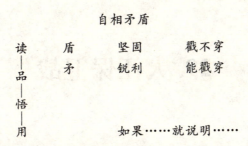

探究反思

阅读成语故事,可以了解历史、通达事理、学习知识、积累优美的语言素材。教学成语故事可形成它特有的目标与常用学法。

1."读、品、悟、用"是学习成语故事的一般方法。

在本课教学中根据需要设计了多种形式的读:默读,意在思考理解;表演读,意在体会感悟;品,在文章的重要词语和关键语句处,琢磨琢磨,比较比较,联系联系,对揣摩人物形象、体会文章情感有很大的帮助;悟,在读懂故事内容、了解人物的形象之后,让学生想想故事告诉我们什么道理,给我们什么启示,再对照现实寻找身边的"楚国人",这是读文之后的领悟,是真正意义上的读懂;用,则是了解学生对成语掌握的程度,同时通过有梯度的训练帮助学生灵活运用成语。"读、品、悟、用"是成语故事学习的一般方法,教会学生,学生便会举一反三,自主学习其他的成语故事。

2.情理相融是成语故事教学的最高境界。

成语故事叙述直白,故事人物形象生动,情节幽默风趣,在初读时充满情趣,但是仅仅停留在故事的表面是不够的。成语的最大特点是言简义丰,教学时要让学生通过读、品等方式悟出其中蕴含的道理,提高学生明辨是非、认清事物发展客观规律的能力,通过积累与运用提高学生的文学素养。所谓由情趣到理趣,情理相融乃成语教学的最高境界。

29. 大江保卫战

教学内容 苏教版五年级下册第22课

创新思考

《大江保卫战》真实地记叙了1998年解放军几十万官兵英勇抗洪的动人场景，热情赞扬了解放军战士勇往直前的精神风貌，表达了子弟兵与人民的鱼水深情。这是一篇简洁的通讯报道。为推进理解的深度，教学中可让学生充分地读，在读中整体感知，在读中有所感悟，在读中培养语感，在读中受到情感的熏陶。

教学设计

一、教学目标

1.正确、流利、有感情地朗读课文，背诵第五自然段。

2.学会本课8个生字，两条绿线内的6个字只识不写。理解由生字组成的词语。会用"惊心动魄"、"闪烁"造句。

3.通过对具体语言材料的阅读赏析，理解含义深刻的句子，学习人民子弟兵在洪水面前，为了保卫国家和人民的生命财产安全而奋不顾身的大无畏精神。

二、教学重、难点

教学重点：

1.正确、流利、有感情地朗读课文，背诵第五自然段。

2.学会本课生字，理解由生字组成的词语。

3.会用"惊心动魄"、"闪烁"造句。

教学难点：通过对具体语言文字的理解，感受人民子弟兵的伟大，激发学生立志报效祖国和人民的宏伟志向。

三、教学时间

2课时。

四、教学准备

歌曲《为了谁》、《大江保卫战》视频。

五、教学过程

第一课时

1. 谈话激情,导入新课。

(1)同学们,2008年的5月12日,是令大家记忆犹新的日子,在我国四川省汶川地区发生了强达八级的强烈地震。灾情出现了,是谁先赶赴救灾的第一线?是我们的人民子弟兵。翻开历史的篇章,1998年的夏天,我国南方发生了洪涝灾害,危急时刻,第一时间赶去救援的又是我们的人民子弟兵。哪里有困难,哪里就有我们的子弟兵;哪里有危险,哪里就有我们的解放军战士。是他们和千百万人民群众一起打响了——大江保卫战。

(2)板书课题,齐读课题。

2. 初读课文,读中感知。

(1)通过预习,你知道这场战斗的敌人是谁吗?战场在哪儿呢?

(2)你知道这是怎样的大江保卫战吗?自由读课文,注意把字音读准。

(3)交流。

①出示生词,指名学生读,相机正音。

②你认为在字音方面有什么地方需提醒大家注意。

③提出你不理解的词语,全班交流。

④现在你能用一个词说说这是怎样的大江保卫战吗?(气壮山河、惊心动魄、震撼人心、扣人心弦……)有感情地齐读课题。

3. 学习第一自然段。

(1)1998年的夏天,我国长江中下游一带遭遇洪涝灾害,险情不断。大家一起看!

(2)播放"大江滚滚"的录像,师口述第一自然段。

暴雨,大暴雨,一场接着一场,奔腾不息的长江,转瞬间变成了一条暴怒的巨龙,疯狂地撕咬着千里江堤。荆江告急!武汉告急!九江告急……

【设计意图:通过录像这样直观的方式,让同学们感受洪水的来势猛烈,更真切地感受到灾情的紧急,为朗读指导奠定坚实的基础。】

①从这段话中你了解到了什么?

指名汇报,集体交流。(雨大,千里江堤危在旦夕,许多地方出现了灾情)

②常言道:水火不留情,万一大江决堤,会造成什么后果?

（面临灭顶之灾，国家和人民的生命财产顷刻间将淹没在滚滚而来的滔滔江水之中，许多人将无家可归……）

③"荆江告急！武汉告急！九江告急！"这是什么样的句式？

师补充介绍：荆江、武汉、九江是三个位于长江中下游的城市，荆江水位的上涨直接威胁到武汉，武汉告急之后意味着九江即将遭受灾难。三个城市的百姓眼看着就要失去自己的家园，整个长江中下游地区将被洪水吞噬！作者连用了三个感叹号，说明了什么？

④你能通过朗读把灾情的危急告诉大家吗？试着读出紧急、紧张的情绪。指名读、评价。

⑤齐读。

【设计意图：紧扣一个关键字"急"充分让学生自主阅读，在读中悟，在悟中读，培养学生独立阅读的能力，以形成良好的语感。】

(3)是呀，灾情就是命令，灾区就是战场。于是——

出示句子：在这万分危急的关头，几十万解放军官兵日夜兼程，朝着大江挺进。

①指导读准"日夜兼程"并理解。

②你能想象一下解放军官兵日夜兼程的情景吗？同桌间互相说说，全班交流。

③指导读：子弟兵为了战胜洪水，保卫长江，他们日夜兼程，让我们读出子弟兵迎战洪水的英雄气概。（齐读：在这万分危急的关头……大江保卫战）下一节课，我们继续了解这场保卫战。

【设计意图："日夜兼程"是本课一个重要的生词，利用文中的句子，让学生想象场面，令词语的意思形象化。】

4.布置作业：生字描红。

第二课时

1.复习，再读课文，整体把握故事情节。

(1)过渡：这是一场怎样的战斗？人民子弟兵的表现又怎样呢？请同学们打开课本。

(2)自由读课文二至五自然段，读准字音，读通句子。

(3)课文讲了什么？

(4)指名汇报，师指导。

第三章 阅读教学

2. 自主阅读,顺势导学。

(1)读完课文后,哪些地方给你留下的印象最深刻？哪些地方最能体现出人民子弟兵的可敬？

生自由说,师顺势引导读文中句子。

【设计意图:读书是学生的个体行为,教师只有放手让学生读书,学生主体读的活动才能得以实现。】

(2)汇报交流。

①品读:大堤抢险。(板书)

⟨1⟩生汇报交流子弟兵奋不顾身抢险保大堤的句子,指名读,说感受。

＊四百多名官兵闻讯赶到……顿时……出现了。

部队官兵一听到九江赛城湖的大堤塌陷了,立即赶到,救援速度多快呀！让我们一起读！

＊官兵们肩扛沉重的沙包……来回穿梭……全然不顾……保住大堤！

引读:子弟兵为了保住大堤,将自己的安危置之度外,他们肩扛……为了行走……索性……嶙峋的片石……他们也……因为他们心中只有一个念头……

自由读,指名读。

＊"大堤,保住大堤"和"大堤不能塌陷,为了人民的生命财产安全,我们要保住大堤"相比较,哪个更好？为什么？(体会短句的铿锵有力、气势恢弘)

多么勇敢的官兵们啊！他们心系国家、心系人民,全然不顾自己的伤痛,与洪水赛跑。让我们在朗读中去体会他们奋不顾身的精神和当时争分夺秒的场面。齐读。

＊狂风为我们呐喊！暴雨为我们助威……人墙。

子弟兵面临的困难是狂风、暴雨、巨浪,但这又算得了什么！多乐观的子弟兵呀！同学们,你们愿意加入到这紧张的抢险队伍中来吗？起立！狂风来了怕不怕？暴雨来了怕不怕？巨浪来了怕不怕？让我们一起高喊……

这场激烈的战斗就叫"鏖战"。经过几个小时的鏖战,大堤……官兵们……

【设计意图:先谈感受,再读课文,释放情感。学生在已有的感情基础上朗读,更能体会文中的情感,加深对文本的理解。这部分中对战士们动作、语言、神态描写得极为传神,让学生们品读这段,为的是充分感受战士们的献身精神。】

⟨2⟩学到这里,我相信大家一定读懂了这句话的意思:

＊风声雨声涛声,声声震耳；雨水汗水血水,水水相融。这正是子弟兵与洪水搏斗时的真实写照。

指名读,指导朗读。

⟨3⟩此时此刻,你想对疲惫不堪的子弟兵们说些什么？

〈4〉刚才我们领略了九江赛城湖大堤上动人的一幕,那么就让我们通过朗读来表达对子弟兵的敬佩之情吧!(齐读)

【设计意图:由澎湃的激情到心灵深处的思索,学生的感情必有强烈的起伏,把对子弟兵的深情转化为自己的语言,升华情感。】

②品读:铁汉本色。(板书)

轻声读第四自然段,画出描写黄晓文动作、语言的词语和句子,想想他是个什么样的战士?交流。

③品读:勇救群众。(板书)

在大江保卫战中,子弟兵们除了保卫江堤,还要救护遇险的群众,这样感人的事迹也是数不胜数。

〈1〉轻声读第五节,画出你受感动的句子。同桌先交流你感动的原因,再集体交流。

＊"战士们的冲锋舟劈波斩浪,飞向漂动的树梢,飞向灭顶的房屋,飞向摇摇晃晃的电杆。"(体会到群众正在危险中,战士们迫不及待地进行营救。体会排比句的使用,使句子读起来气势更恢弘。)

＊"……"(体会到子弟兵救人的事例数不胜数)

＊"哪里有洪水,哪里就有军旗飘扬;哪里有危险,哪里就有军徽闪烁。"(体会到有困难、有危险的地方就有子弟兵,他们急人民所急,把生的希望留给人民,把死的危险留给自己。他们无愧于"军旗"、"军徽",不愧是人民子弟兵)重点指导朗读"哪里……哪里……"

＊"看到了红五星,看到了迷彩服,就像看到了他们的大救星。"(体会到人民群众对子弟兵的高度信任,突出反映军民鱼水情)

【设计意图:抓住重点词语、句式体会人民解放军救出了无数的群众,他们是人民群众的大救星,引出人民子弟兵爱祖国、爱人民的崇高精神,加深对战士们的崇敬之情。】

3. **学习写法。**

(1)课文的第二自然段和第四自然段在写法上有什么不同?有什么好处?

(2)介绍点、面结合的写作方法。(板书)

【设计意图:五年级的学生应逐步在课文中学习一定的写作方法。在此,教师应加以引导和帮助。】

4. **总结激情。**

(1)师总结:风声雨声涛声,依旧;呼声赞声歌声,再起。奔流不息的大江永远不会忘记1998年的夏天,也永远不会忘记我们英勇的人民子弟兵!齐读最后一段。(板书:铭记　英雄)

(2)最后,让我们用歌声来表达对英勇无比的子弟兵们的深深敬意!(欣赏歌曲《为了谁》)

板书设计

22. 大江保卫战

大堤抢险(面)　　铭记

铁汉本色(点)　　↓

勇救群众(面)　　英雄

探究反思

1. 以情激情。

德国教育家斯多惠说:"教学艺术的本质不在于传授的本身,而在于激励、唤醒、鼓舞。"因此,课一开始为学生播放了当年长江流域洪水肆虐的场面,将学生带入到特定的情境,有力地渲染了课堂气氛。再加上随后播放的录像,教师激昂的叙述,很容易就使学生的心灵受到震撼,使他们的意念很快走向了文本,走向了1998年,走进了那令人心惊肉跳的现场。

2. 以读激情。

新课改倡导学生学会自主学习,学生通读全文后,让其说出印象最深刻的部分,教师顺势导学,进入课文的朗读和感悟,让学生在读与思中充分的获得文本信息,实现文本向"主体"的流动,用文本去感动学生。

3. 升华情感。

一曲感人至深的歌曲《为了谁》,在学生与文本交融、激昂的情绪中骤然响起,让积淀在学生内心的情感喷薄而出,课戛然而止,但文中意境却让人久久回味。

30. 轮椅上的霍金

教学内容 苏教版六年级上册第9课

创新思考

本文讲的是被称为"宇宙之王"的著名科学家霍金在自己完全瘫痪、被长期禁锢在轮椅上的情况下,仍然孜孜不倦地探索宇宙的未知世界,勇敢顽强地面对命运的挑战,为科学事业作出重要贡献的故事。

执教时可依托文本,先从整体入手,初步感知文意,感知人物特点,然后从细节入手,通过对文章重点词句的品析,逐步走进人物的内心,感受其人格魅力。同时注重指导学生运用多种学习方法自学自悟,培养学生的学习技能。

教学设计

一、教学目标

1. 能正确、流利、有感情地朗读课文。
2. 学会本课的9个生字,理解由生字组成的词语,从提供的词语中选两个造句。
3. 凭借具体的语言文字感受霍金不仅是个充满传奇色彩的物理天才,更是个令人折服的生活强者。

二、教学重、难点

教学重点:凭借具体的语言文字,感受霍金不仅是个充满传奇色彩的物理天才,更是个令人折服的生活强者。

教学难点:品读课文语言,体会霍金被病魔缠身却仍然乐观坚强地在科学道路上奋斗的精神,感悟其非凡之处。

三、教学时间

2课时。

四、教学准备

搜集关于霍金的资料、制作课件。

五、教学过程

第一课时

1. 揭示课题,板书课题。

2. 学生自学课文。

(1)学生自由朗读课文,读准字音。

(2)试着联系上下文理解词语,再想想课文每一段的主要内容。

3. 检查学生自学情况。

(1)请学生正确朗读书本后面的生字。

(2)分自然段朗读课文,相机指导读好长句。

(3)理解词语的意思。

卢伽雷氏症:一种能够导致全身肌肉萎缩的可怕疾病。

顶礼膜拜:形容对人十分景仰、崇拜、尊敬。

震颤:颤动。

唐突:很突然的意思。

4. 理清课文层次,分段。

(1)(一、二自然段)撰写《时间简史》的史蒂芬·霍金被称为"宇宙之王"。

(2)(三至七自然段)具体叙述瘫痪40年的霍金在受到病魔的残酷折磨下依然顽强地进行科学探索的事迹。

(3)(八至十二自然段)霍金不断求索的科学精神和勇敢顽强的人格力量深深地感动了大众。

5. 生字教学。

撰:注意右边部分,上下结构要紧凑。

摊:每一部分都要写得细长,结构紧凑。

6. 布置作业。

(1)朗读课文。

(2)抄写词语,并选择造句。

第二课时

1. 提炼印象,抓住重点段落。

(1)这节课让我们走近霍金,请读课题!

(2)文中有很多赞美霍金的词语,谁来说一说?

(3)提炼出"非凡"。为什么称霍金是非凡的科学家?课文用了一段简练的文字来概括,谁来读?

①课件出示:

霍金的魅力不仅在于他是一个充满传奇色彩的物理天才,更因为他是一个令人折服的生活强者。他不断求索的科学精神和勇敢顽强的人格力量深深地感动了大众。

②分析这一段两句话的关系,练习朗读。

③过渡:这节课我们就紧紧围绕这段话来品读课文,感悟霍金的非凡之处!

【设计意图:这个环节主要是训练学生在整体感知课文的基础上,把握文眼,拎出主线。】

2. 总结学法,感悟"物理天才"。

(1)(板书:物理天才)联系上下文是阅读的法宝,谁能联系上下文说说对"物理天才"的理解?

(2)学生找出句子,交流自己的体会,教师及时肯定学生好的学习方法,如搜集课外资料,抓住关键词,结合自己的生活实际来理解等。

①他撰写的科学著作《时间简史》在全世界拥有无数的读者。他就是人称"宇宙之王"的史蒂芬·霍金。(体会霍金的"成就之大")

②他发现了黑洞的蒸发性,推论出黑洞的大爆炸。他还建立了非常美的科学的宇宙模型。他被选为最年轻的英国皇家学会会员,成为只有像牛顿这样的大科学家才能跻身卢卡逊数学讲座的教授。(体会霍金的"年轻有为")

③比起整天被人众星捧月般顶礼膜拜,他宁愿一个人静静地思考宇宙的命运。

虽然,他的身体一点也没有离开过轮椅,但是他的思维却飞出了地球,飞出了太阳系,飞出了银河系,飞到了上百亿光年外的宇宙深处,飞向了神秘莫测的黑洞。(体会霍金的"不断探索")

(3)鼓励学生带着自己的体会去读。

【设计意图:霍金是物理天才,文章有多处的描写,而且有的和"生活强者"的描写糅合在一起,所以这个环节应以学生主体在自学过程中的内在需求为重点,尊重

学生个性化的阅读体验。体会的是哪一句,感悟出什么,不应该由教师决定,而是取决于学生与文本"亲密接触"的程度。】

3. 运用学法,体会"生活强者"。

(1)这样一位物理天才,他不断求索的精神,他辉煌的成就确实非凡。(出示第八段)谁再来读读这一段?体会"更因为"过渡到"生活强者"部分。

(2)什么样的人,我们称之为"生活强者"?(启发学生联系多媒体上看到的和生活中了解到的例子来谈)

(3)生活经历很坎坷而能勇敢面对的人,我们称之为"强者"。霍金面对的又是什么样的生活呢?让我们回到第三自然段,请同学们自己读读这一部分,可以运用刚才的学习方法展开学习。

(4)霍金面对的现状是什么?

引导学生抓住"完全瘫痪"、"彻底剥夺"、"彻底变形"等词语来理解。

(5)文中多次描写霍金的微笑,体会三次微笑不同的内涵。

(6)齐读第八自然段。

【设计意图:三次微笑,第一次说明霍金笑的时候是非常痛苦的,但他还是坚持以微笑面对大家,第二次是对学生的鼓励,也显示出科学家的自信,第三次是一种豁达。把握住文章的细节,既有利于加深学生对课文内容的理解,也能引导学生的思维向深度和广度拓展。】

4. 品读心声,领会乐观感恩。

(1)师配乐范读第十一自然段。

(2)这段话也是一个字一个字地叩击着我们的心,哪个字眼,或者哪个词语让你最感动?

学生运用联系上下文等方法品味霍金说的话,交流并鼓励学生带着自己的体会朗读。

(3)齐读。

【设计意图:"我的手指还能活动",其实霍金也只有三个手指能活动了,这说明他是多么的乐观!在霍金的话语里,每个字眼都让人读之有泪、悟之生敬,所以教学中激发学生扣住字、词、句,在理解和想象的基础上,对霍金的话大胆补白。生活现状的残酷和霍金表现出来的乐观感恩两相对比,能更深切地体会其非凡之处。】

5. 阅读名言,铭记霍金精神。

(1)师:一个被称为"宇宙之王"的人,一位物理天才,却是一个疾病缠身的人,他以乐观顽强感动了大众!请铭记这位非凡的科学家——(读课题)轮椅上的霍金!

(2)（课件出示）送给同学们几句霍金的名言：

①上帝既造就天才，也造就傻瓜，这不取决于天赋，完全是个人努力程度不同的结果。

②身体和精神是不能同时残障的。

③无论命运有多坏，人总应有所作为，有生命就有希望。

(3)哪句话让你最感动？能给我们说说你的体会吗？

(4)师：愿霍金的精神永远激励着我们！

【设计意图：这一节课，学生紧随文本，充分感受到了霍金的非凡之处，产生了强烈的敬佩之情，一种表达内心感受的欲望和冲动不断在内心升腾。这个时候，读霍金的名言，谈自己的体会，字字句句都是发自内心的真实感受，心灵再次受到震撼。】

6. 课外拓展，写下真实。

(1)以"轮椅上的霍金，我想对您说"为题写一段话。

(2)推荐阅读：

《假如给我三天光明》（海伦·凯勒）

《钢铁是怎样炼成的》（奥斯特洛夫斯基）

板书设计

9.轮椅上的霍金

物理天才

非凡

生活强者

联系上下文
抓住重点词
找课外材料

探究反思

1. 整体把握文本，突出教学重点，让阅读提速。

阅读教学应在学生大体理清思路的基础上，指导学生拎出主线，筛选出精讲段落，再实现由整体向部分深化。第八自然段为文章的重点段落，也是承上启下的过渡段。教学中引导学生对重点内容反复品读、比较、赏析，形成研读一处、带动全篇的格局，阅读才能高效、深入。

2. 回归文章整体，升华学生情感，给精神加餐。

文章不是无情物，从体会霍金品质到倾听霍金心声，再到品读名言，让学生内心产生强烈的震撼，此时教师不失时机地引导学生抒发心声，既能升华情感，又能实现从"整体—部分—整体"走个来回，获得"语言—思想—语言"的螺旋上升。

31. 詹天佑

教学内容 苏教版六年级上册第20课

创新思考

詹天佑是位杰出的爱国工程师。本文记叙了詹天佑在主持修筑京张铁路的过程中,不怕帝国主义嘲笑,克服工程中的千难万险,提前完成修筑任务的事迹。课文重点突出,层次清楚,语言朴实明白,修筑铁路部分尤其写得具体生动,是对学生进行爱国主义教育的生动教材。教师应以"心"辐射全文,形散而神不散,紧抓"爱国之心"这一主线。

教学设计

一、教学目标

1. 学会本课的生字,理解由生字组成的新词,正确、流利地朗读课文。

2. 通过学生主动寻"心",了解詹天佑主持修筑京张铁路的艰难历程,感悟詹天佑的杰出才能和爱国情怀。

3. 培养学生的爱国主义情感和不怕困难的坚强意志。

二、教学重、难点

教学重点:让学生主动寻"心",构建自己心目中的詹天佑形象。

教学难点:铁路建设过程中特定项目的叙述,如开凿居庸关、八达岭隧道,设计"人"字形线路。

三、教学时间

2课时。

四、教学准备

制作课件。

五、教学过程

第一课时

1. **出示图片,激趣导入。**
(1)出示詹天佑的图片,你认识他吗?谁来介绍?
(2)你还知道哪些有关詹天佑的知识?

2. **自由读课文,理清课文脉络。**
(1)自读课文,说说课文主要写的是什么事?(我国杰出的爱国工程师詹天佑修筑京张铁路的事)
(2)找一找课文中哪几个自然段写了詹天佑主持修筑京张铁路的全过程?(课文的四至六自然段)
(3)用自己喜欢的方式标出全文是围绕哪一句话来写的?(第一句)
(4)每个自然段讲什么?全文可分为几大段?每段讲的是什么内容?
(5)以多种形式检查读书情况,使学生读通、读顺课文。

3. **自学生字,理解词语。**
(1)默读课文,圈出生字、新词。
(2)交流:你用什么方法学习生字?
(3)根据字典,联系上下文,理解新词。

第二课时

1. **谈话入文,初步认识詹天佑。**
师:同学们,老师带来几句诗,请看大屏幕:

　　纪念一条铁路
　　是为了牢记一段历史
　　缅怀一位伟人
　　更为了传承一种精神
　　当你听到这首诗,你会想到什么?

适机板书课题。

2. **读文寻"心",全面认识詹天佑。**
(1)师:要走近伟人,得先走进他的内心。能用"心"扩的词来表现伟人优秀的品质吗?(信心　细心　苦心　恒心　虚心　决心　慧心……)
师:这些词都是表现一个人的品性的,在詹天佑身上我们能看到这些吗?默

读课文,看看你都从哪些地方品读出了这些"心"? 画下来后,自己试着读读。(学生读书并做记号,教师巡视指导)

(2)汇报交流,研读体"心"。(强调学生注意互相倾听)老师重点相机指导朗读。

预设片段一:詹天佑经常勉励工作人员说:"我们的工作首先要精密,不能有一点儿马虎。'大概'、'差不多'之类的说法,不应该出自工程人员之口。"这是詹天佑工作细心的表现。

预设片段二:他亲自带着学生和工人,扛着标杆,背着经纬仪,在峭壁上定点、测绘。塞外常常狂风怒号,黄沙满天,一不小心还有坠入深谷的危险。不管条件怎样恶劣,詹天佑始终坚持在野外工作。白天他翻山越岭,勘测线路;晚上,他就在油灯下绘图,计算。

过渡:詹天佑为工程顺利完工奠定基础。当狂风怒号,黄沙满天,面对一不小心就有坠入深谷的危险时,他总是想——

预设片段三:遇到困难,他总是想:这是中国人自己修筑的第一条铁路,一定要把它修好;否则不但惹外国人讥笑,还会使中国的工程师失掉信心。(屏幕出示红字)

师:同学们读得很有感情,我想听到这是我们中国人自己修的铁路,怎么读? 我想明白这是第一条铁路,怎么读? 我想知道修不好铁路的后果,怎么读? 我想强烈地感受詹天佑坚定的信念和克服困难的决心,怎么读?

根据教师的提示,学生练习朗读。

师:同学们,你看一看詹天佑心中想的是个人还是"国"? 他爱哪一个?

师小结:刚才同学们抓住了具体的句子,联系上下文发现了蕴含在文字下的这些"心",真是有理有据。

预设片段四:学习五、六自然段。

请学生用画图的方式展示对开凿隧道、设计"人"字形线路的理解。老师随机补充"两端凿进法"、"中部凿进法"和"人"字形铁路的课件。

师:在当时的历史条件下,中国没有先进的仪器设备,而且人才匮乏,詹天佑却能根据不同的山采取不同的开凿办法,顺着山势设计出"人"字形线解决火车上陡坡的世界性难题,从中体现了詹天佑的什么?(才干与智慧)

学生继续汇报"心",老师适度指导诵读。

【设计意图:《詹天佑》一课,由对"信心"、"决心"、"苦心"、"爱心"、"细心"等的品读,领悟詹天佑的爱国之心。变序的教学设计让我们看到了老师不仅有良好的基本功,而且课前对教材有深入地研读,更看到老师驾驭课堂的能力多么强!】

3. 回眸历史,深入认识詹天佑。

(1)师:是啊,具有信心、细心、苦心、恒心、虚心、决心……的詹天佑是多么让人敬佩啊!如果我们对修京张铁路背后的那段历史了解得更加真切的话,一定会更加佩服詹天佑。同学们,看看那一段历史中,帝国主义的态度?

(2)学生汇报交流。(阻挠、要挟、嘲笑)

①师:再请关注京张铁路的自然地理条件。原来……(引读)

过渡:孩子们,再看看当时国内的反应。看到了吗?一起来读这句话:"1905年,清政府任命詹天佑……"生齐读句。

②解读"挟"字之意。字面解析、结合课文说说谁"挟"着谁?

【设计意图:对"挟"这个字的说文解字,帮助学生通过一个字来了解当时詹天佑面临的困难之大,加深对历史的了解,从而产生对詹天佑的敬佩之情。点滴之处见真功!】

③面对帝国主义的阻挠、要挟、嘲笑,面对高山深涧、悬崖峭壁,面对国人的殷切期盼,我们感受到了什么?(詹天佑面临着巨大的压力;争一口气太难了;能否修好铁路关系整个国家的荣辱)

师:那么詹天佑有没有犹豫呢?(生读信心的句子,强调"毅然")遇到压力、困难,他总是想——生再读决心句。

④补充材料:同学们,詹天佑难道仅仅只是碰到文中所说的困难吗?不是的,还有许多鲜为人知的困难,老师摘录了一些,请看大屏幕。(屏幕出示以下文字,背景音乐为班得瑞的《仙境》,师诵读)

慈禧太后为修颐和园每年不惜数千万金,但不愿为修路出钱。京张铁路经费被控制在英国汇丰银行手中。正当工程进入第二段时,汇丰银行故意刁难,拖付工钱,造成误工。

帝国主义乘机欺凌,他们派人打扮成猎人的模样,在詹天佑修筑铁路的地段巡视,以便随时看中国人出洋相。

铁路要经过皇室亲戚的坟地,他们率众闹事,要求改道。詹天佑忍辱负重,花费许多时间跟权贵周旋,终于让铁路从墓墙外通过。

和詹天佑一起修筑铁路的好友,有的坠入深涧,不幸牺牲;有的中途逃跑;最让詹天佑感到痛心的是,女婿被绑架,心爱的女儿不幸身亡。

师:听了刚才的几段话,老师相信,你们对詹天佑遇到的困难有了全新的感触,但是詹天佑有没有放弃?动摇?遇到困难……(生读决心的句子)你强烈地感受到什么?

【设计意图:巧妙利用多媒体优势,创设情境,并补充修筑过程中关于"困难"的资料,丰富文本资料,加深学生对詹天佑爱国、杰出的理解,充分激发学生的爱国

情感。】

(3)师小结:其实,詹天佑信心十足接受任务,细心、苦心工作,恒心坚持,虚心请教,决心不改,慧心攻克难关,都源于他强烈的——(爱国之心)

4. 感受奇迹,升华爱国情感。

师:同学们,正是凭着对祖国的忠诚,凭着自己的智慧,詹天佑硬是带领他的工程员让京张铁路提前两年竣工,并节省了白银28万两,创造了一个了不起的奇迹!而今,那段历史已经过去,今天的你还想对自己说什么?(学生汇报交流)

5. 首尾呼应,结课延情。

师:是啊,所以学习《詹天佑》这一课,我们说——(屏幕出现红字,师生朗诵)

　　纪念一条铁路
　　是为了牢记一段历史
　　缅怀一位伟人
　　更为了传承一种精神

【板书设计】

　　　　　　　　　20. 詹天佑

　　信心
　　细心
　　苦心　　　　　爱国　　　　　杰出
　　恒心
　　虚心　　(八达岭开凿示意图)　(居庸关开凿示意图)
　　决心

【探究反思】

1. 以"心"辐射全文,形散而神不散。

以"心"扩词,看似游戏的教学环节,却是教师的精心设计,旨在引导学生积极投入文本,迫不及待地去寻找相关描写,体悟詹天佑作为伟人的虚心、决心、细心、慧心等品质,而这一切都源于他的爱国心。课堂上时而放时而收,但"爱国之心"这一主线紧紧不放。

2. 教师课前深入研读教材。

巧妙利用多媒体优势,创设情境,并补充了修筑过程中关于"困难"的资料,丰富了文本资料,加深了学生对詹天佑爱国、杰出的理解,充分激发了学生的爱国情感。

32. 冬夜读书示子聿

教学内容 苏教版六年级上册第22课

创新思考

　　本诗文字意思浅显，但蕴含如何读书、做学问的深刻道理，真所谓"有境界自成高格"。六年级的学生学习古诗已经有了一定的基础，完全可以通过突破重点字词去解读诗的大意，应把重点落在体悟诗歌阐述的道理上，注重古诗的朗读和积累。教学中要留给学生充分的读的时间、品味的时间、想象的时间、合作的时间、交流的时间、背诵的时间，学生才能品味诗的语言，感悟古诗的韵律之美，品悟诗中蕴含的道理；才能用自己的情感去诵读古诗，用自己的声音抒发自己的情感；才能无限地走近诗人。

教学设计

一、教学目标

　　1. 能正确、流利、有感情地朗读并背诵《冬夜读书示子聿》，并能当堂默写。

　　2. 能用已掌握的方法准确理解"无遗力"、"工夫"、"纸上"、"终"、"浅"、"绝知"、"此事"、"躬行"等词的意思，大致领悟诗句的意思。

　　3. 感受古诗文字和意境的美，领悟知识与实践的关系，懂得不断读书、不断汲取新知识的重要性。

二、教学重、难点

　　教学重点：朗读并背诵《冬夜读书示子聿》，感受古诗文意境美和理趣美。

　　教学难点：领悟知识和实践的关系，明确实践的重要性。

三、教学时间

　　1课时。

四、教学准备

自制课件。

五、教学过程

1. 导入新课,揭示主题。

(1)学生背诵本学期学习的《示儿》一诗。

(2)谈谈你对陆游的了解。

(3)板书课题,学习"聿"。

(4)结合插图释题。

【设计意图:温故知新——由学生已有的古诗积累导入,特别是同一诗人的诗,能凭空增加一份亲切感,激发学生学习的兴趣。】

2. 初读古诗,读通古诗。

(1)了解学习任务,揭示学习古诗,要求达到:会读、会说、会背、会写。

(2)学生自学:请同学们自己读读古诗,读通古诗。

【设计意图:课堂上,我们要尊重学生,充分激发学生的主动意识和进取精神,使学生由原来被动地"学会"变为主动地"会学"。】

3. 熟读古诗,读出味道。

(1)学生读古诗,达到正确、流利、字正腔圆。

(2)教师范读,并指导如何抓住诗的节奏,读出诗的韵味。

(3)学生再读,评价。

【设计意图:对古诗的朗读节奏、重音的处理,不是由教师直接下结论,而是先由学生自己尝试后,教师加以必要的示范、点拨,在评价中形成彼此认同的意见。朗读就会抑扬顿挫,就能把握诗歌的情感基调。】

4. 研读古诗,读懂诗意。

(1)解词意。交流对重点字词的理解:"示"、"无遗力"、"工夫"、"纸上"、"终"、"觉浅"、"绝知"、"此事"、"躬行"。

(2)说诗意。抓住重点词语,联系插图理解诗意。

【设计意图:小学生身心发展的特点,决定了古诗文阅读的目的不在于理解内容的深度,而在于积累语言,增强语感,提高文学修养。所以,不必要求字字疏通,句句领会,允许"模糊解读"。】

(3)再读诗句。

5. 悟读古诗,读明诗理。

(1)品味:"古人学问无遗力,少壮工夫老始成。"

①辨析同音词:"工夫"、"功夫",并口头填空。

【设计意图:通过选择比较知道:"工夫"侧重于表示时间;"功夫"侧重于表示本

领。让学生联系语境理解,这里讲古人做学问,强调积累,要花平生工夫才有所成就。】

②你想到了哪些人也是"少壮工夫老始成"的呢?同学们可以自由发言。(人民艺术家齐白石"不教一日闲过";李时珍从小立志,晚年才编成《本草纲目》;谈迁编写《国榷》……)

③你的脑海里浮现出哪些成语、名言或者故事呢?可以在书上空白处写一写。

成语:孜孜不倦　不遗余力　坚持不懈　持之以恒

名言:少壮不努力,老大徒伤悲

书山有路勤为径,学海无涯苦作舟

三更灯火五更鸡,正是男儿读书时

宝剑锋从磨砺出,梅花香自苦寒来

故事:闻鸡起舞　悬梁刺股　囊萤映雪　凿壁借光

④朗读诗句,读出"少壮工夫老始成"的厚重感。

【设计意图:古诗词教学中要唤起学生的情感体验,产生共鸣和移情,引导他们由此及彼,调动自己的生活经验来再现作品中的形象,才能入境悟情。以关键词句"少壮工夫"为生发点,激活孩子已有的大量能够佐证这一哲思的知识储备,丰富诗境,加深理解和体验,达到深化、积累的效果。】

(2)"纸上得来终觉浅,绝知此事要躬行。"

①"终觉浅"的"觉"和"绝知此事"的"绝"容易混淆,"终觉浅"的"觉"与"绝知此事"的"绝"不仅是字形不同,它们的含义也是不相同的,从"觉浅"到"绝知",这需要怎样的一个过程呢?

②在我们以前学习的文章中,有不少是讲到亲自参加实践,才取得成功的,请你说说有哪些?(教师点拨:詹天佑修筑京张铁路请教当地农民;王安石三难苏学士;李时珍编《本草纲目》请教当地的农民……)

③只有理论知识而不参加实践的人能成功吗?(讲《纸上谈兵》的故事)

④"躬行"的名言警句有哪些?

实践是检验真理的唯一标准。——毛泽东

风声、雨声、读书声,声声入耳;

家事、国事、天下事,事事关心。——顾宪成

读万卷书,行万里路。——刘彝

理论是军官,实践是士兵。——达·芬奇

⑤你在生活中"躬行"的例子有哪些?(课后复习,动手做实验,背诵后默写,观察生活……)

⑥你明白了什么道理?(诗人陆游就是告诉儿子子聿,读书学习要孜孜不倦、持之以恒。读书获取知识后还要"躬行",通过亲身实践化为己有,转为己用,才能由"觉浅"到"绝知"。)(师板书)

【设计意图:古诗词的理解要鼓励学生多结合自己的生活经验,回忆已有的积累;联系事例、名人名言,理解起来自然事半功倍。短短的两句诗也就能读厚、读透,学生的体验也就深刻起来。】

⑦有感情地朗读。

6. 诵读古诗,积累巩固。

(1)看图想象:陆游当时是怎么想的?会以怎样的语气跟儿子子聿说呢?(也许是他想把他的经验告诉儿子,让他成为有用的人,成为栋梁之才。也许是提醒他的儿子,要想成为一个真正有学问的人,还要把了解书本知识和亲自实践结合起来。也许是他想提醒自己的儿子从小就要认真读书,长大后才能青出于蓝而胜于蓝。也许是他想通过"绝知此事要躬行",来告诉自己的儿子这个读书的好方法)

(2)创设情境读诗句:陆游看着子聿,_____地读到:子聿望着父亲,_____地读到:(循循善诱、语重心长、意味深长、一本正经、饱含深情、声情并茂……)

【设计意图:课堂表演能够促进儿童的创新思维,让孩子们愉快地投入到诗句所描绘的情境中去。课堂表演又将抽象的文字变换成生动活泼的艺术形象,小学生如同身临其境一般,能真切地体会到作品语言文字所表达的情感。】

(3)吟唱:在《小星星》的旋律里唱响古诗。

【设计意图:吟诗、赏诗是学习古诗最优秀的传统方法之一。通过吟诗、赏诗,不仅可以理解诗的内容,而且能深切地体会诗人的感情,从而将诗的内容和情感化为己有。此处创设吟诗的良好氛围,让学生走进诗里,或为诗人,或为子聿去吟、去诵。】

(4)当堂默写古诗。

【设计意图:给学生一个"躬行"的机会,深刻理解什么叫"躬行",让孩子在实践中潜移默化地感悟读书与实践相结合的重要性。】

7. 作业超市:拓展延伸。

(1)选读《冬夜读书示子聿》的其他几首。

(2)课外搜集一句你最喜欢的名言警句,作为自己的座右铭,时刻勉励自己勤奋读书,长大有所作为!

板书设计

```
           22. 冬夜读书示子聿
   孜孜不倦                    书本知识
            做  学  问
           （觉浅—绝知）
   持之以恒                    实践经验
```

探究反思

1. 品佳词，悟内涵。

学习古诗必须沉下来才能感受诗的意趣和含蓄，才能真正让学生读得明白、读得透彻。所以在古诗教学中，要作适当的词句推敲，并将它作为分析的切入口或"破译"诗意的重点。本课教学中，比较"工夫"与"功夫"，琢磨"觉浅"和"绝知"的距离和到达的途径，围绕"工夫"、"躬行"，让学生联系所积累的古人古事进行交流，并相应地回忆起"工夫"、"躬行"的名言警句，联系了学生自己在这两方面的亲身体会。由"终觉浅"到"绝知"的词意把握和过程探究，也正是对诗理的合理解读过程。

2. 创情境，促读书。

反复朗读是古诗教学中的主要方法。要引导学生注重节奏和音律去朗读；要带领学生进行探究问题后理解性的朗读；要能品味关键词句，在脑海中浮现情景，再进行深化理解性的朗读。教者还要善于引导学生借助书上的插图和布景，让学生穿越千年的时空，想象诗人的生活情景、积极的思维，真正体验其人、其情，才会有真正意义上的感悟，才会留下学生对古诗个性化的理解，才能将静止的文字变成有声的语言，使立体的、有生命的文本体现出精神的力量，才能凸现个性化的朗读。

33. 勇 气

教学内容　自选教学内容——一本图画书教学

创新思考

　　《勇气》这本图画书是美国作家伯纳德·韦伯创作的。他选择了孩子生活中常见的细节,用诗般的语言告诉孩子或是大人如何面对未知的下一刻,如何克服困难,表现勇气。选择这本图画书,主要的原因是现在的学生要么习惯顺从、习惯别人的包办代替,要么以自我为中心,很少顾及别人,有的过分骄傲,有的过分自卑,所以"勇气"太应该成为现在孩子们应该向往并具备的品质。而勇气并非是大人物和英雄的专利,每一个人只要敢正视困难,敢于挑战自己、战胜自己,人人都可以拥有勇气。

　　本书所涉及的内容都是学生在学习、生活中常遇得到的场景,因而容易产生共鸣。每段文字的结构相同,所以它又是进行朗读与写作的好范本。本节课的课型定位在读写结合的图画书阅读上。授课对象为一至六年级的学生。

教学设计

一、教学目标

　　1.通过老师的讲述,在听、看、读等多种学习方式中了解本书所要传达的主旨。

　　2.通过联系自己生活实际,小组合作共同创作《勇气》图画书。

二、教学重、难点

　　教学重点:了解作者要表达的意思并产生共鸣。

　　教学难点:敢于在小组里发表自己的意见,积极参与小组的共同创作。

三、教学时间

　　1课时。

四、教学准备

让学生搜集有关"勇气"的文章。

五、教学过程

1. 游戏导入,聊聊"勇气"。

(1)小游戏:你敢摸一摸吗?(老师有意用语言渲染不可知的神秘气氛,并让学生谈敢不敢摸的心理)

(2)板书"勇气"。说说你认为什么是"勇气"?你知道哪些有勇气的人?

【设计意图:小游戏既能活跃课堂气氛,又能引发学生的初步思考——其实只需一点勇气便可以揭开谜底。再通过引导学生聊一聊自己心目中有勇气的人物,便使得勇气更具体。同时,初步的聊也可以让老师了解学生的真实想法,为后面的教学做好铺垫。】

2. 阅读作家眼中的"勇气"。

(1)教师手捧图画书朗读故事1~8页,谈谈:你认为勇气应该是怎样的?

(2)继续朗读9~17页,回顾:你觉得哪个场景最能打动你?

(3)学生阅读《勇气》电子版18~32页。

(4)朗读《勇气》书中的文字。

【设计意图:图画书的阅读与课内阅读方法显然不能一样,它讲究粗线条,整体感知,同时强调借助图画的阅读来帮助了解文意、体悟文情。所以教学时以教师的讲述为主,学生在看图、听故事、猜猜想想说说中了解书的大意。因为本书较厚,文字较多,所涉及的内容方方面面,因此分为三次来阅读。第一次在教师的讲述中,学生边听边看,然后在每一种场景描述中猜猜主人公的做法,学生兴趣盎然。第二次再边听边看,集中交流印象最深刻的一次场景。最后一部分让学生自己看图阅读和思考。三种方法各有各的用意,同时学生也不觉得枯燥。】

3. 畅谈自己眼中的"勇气"。

(1)小组交流:勇气,是_____。

(在交流中,组长记录下伙伴精彩的发言)

(2)交流小组的"勇气宣言"。(将小组填写的"勇气宣言"贴到黑板上,朗读班级《勇气宣言》)

【设计意图:凡是阅读之后必要表达,这既是对刚才阅读的温故,同时也是表达自己的阅读体验。小组交流让每个学生都有了表达的机会,同时组长记录小伙伴最精彩的话语让学生更加有了说好的欲望。老师将每个小组记录的"勇气宣言"贴在黑板上,既能展示各小组交流的成果,同时各小组的成果又集合成一部班级的《勇气》图画书,可谓一举多得。】

4. 制作《勇气》图画书。

(1)展示别的同学制作的《勇气》图画书。

(2)动手制作自己的《勇气》图画书。(机动)

【设计意图:自己能创作并制作一本图画书吗?看似不可能其实很简单,同龄人创作的图画书能给学生极大的鼓励和勇气。】

5. 推荐"勇气"主题书籍。

图画书:《大脚丫跳芭蕾》、《维利床下的鬼》、《嚓嘭》、《凯能行》。

文字书:《鲁宾逊漂流记》。

【设计意图:课外阅读课内指导,课内的阅读更是为了激发学生课外阅读的积极性,此时老师的同类书籍的推荐无疑是学生最需要的,学生的阅读也是最有效的。】

板书设计

(略)

探究反思

图画书是学生非常喜爱的一种课外读物,它图文并茂,内涵丰富。精练的文字和精致的图画共同讲述一个故事,或是童年趣事,或是科普自然,或是人文历史,学生在优质的图画书中能享受到阅读的乐趣。而越来越多的语文老师也开始将教学的视野从教科书上移开,课外广博的书籍更是培养学生语文素养的好土壤。图画书较之长篇小说更容易在课堂上和孩子一起阅读,通过营造轻松的环境、老师绘声绘色的朗读、主题内容的讨论、相关活动的拓展等方式方法,老师和学生共同漫步在诗意的母语之旅,学生读书的欲望、语言的表达、思维的碰撞、精神的浸润都可以更轻松地达到。本节课几处特别的处理将使得课堂教学达到预期的效果:

1. 课前小游戏,轻松中有思考。

2. 故事阅读中的三段式设计,是基于对这本图画书的特殊处理,因为形式多样,各有要求,效果良好。

3. 多种形式朗诵书中的文字,再次梳理了本书的内容,也培养了语感,为后面的创作打下了基础。

4. 小组交流后合作完成一句"勇气,是_____"并将作品贴到黑板上,这个环节既给了学生自由表达的机会,也进行了读写训练。

5. 创作图画书,让学生明白一个好的作品既需要好的主题、流畅的文字,也需要相得益彰的图画。简单的小人书制作更是让学生有了动手的机会,学生兴趣非常大。

附:《勇气》图画书中的文字:

勇气

  勇气有很多种。
  有的令人敬畏。
  有的平平常常。
  总之,不管哪一种——勇气就是勇气。

  勇气,是你第一次骑车不用安全轮。
  勇气,是去参加智力竞赛,而你的题目该怎么读。
  勇气,是你有两块糖,却能留下一块到第二天。
  勇气,是到了开饭时间还拼命巴望着在"真"肉汤里还能有"真"肉块。
  勇气,是让别人最好离你小弟弟远点。
  勇气,是晚上由你负责查看房间里的动静。

  勇气,是刚搬到新地方,你大方地说:"嗨,我的名字叫伟利,你们呢?"
  勇气,是吃蔬菜时不做鬼脸,先尝尝再说。
  勇气,是读侦探小说时不先翻到最后几页,偷看"到底是谁干的"。
  勇气,是和别人吵架后你先去讲和。
  勇气,是故意踩人行道的缝隙。
  勇气,是棒球比赛进入最后关头,平分、二出局、满垒,轮到你最后一击。
  勇气,是你知道个大秘密,却答应对谁也不说。

  勇气,是让陌生人给你洗洗刷刷。
  勇气,是改掉坏习惯。
  勇气,是在别人都特别严肃的时候,你突然想起一个好傻的笑话,却能忍住不傻笑。
  勇气,是去参加一个生日晚会,你到得实在太早。
  勇气,是寄情人卡给你暗恋的她,还签上你自己的真名。
  勇气,是爱它,却不摘它。
  勇气,是不开灯就上床睡觉。

  勇气,是你决定去理个发。
  勇气,是努力藏起你小气、嫉妒的一面。
  勇气,是坐车游览到风景最好的地方时,你被挤在中间。

勇气,是解释你的新裤子怎么弄破的。
勇气,是再来一次。
勇气,是知道还有高山,就一定要去征服。
勇气,是上探太空,下探深海。
勇气,是小草从冰雪下破土而出。

勇气,是从头开始。
勇气,是坚持自己的梦想。
勇气,是立志做一名消防员,或是一名警察。
勇气,是必要时说声再见。
勇气,是我们相互给予的东西。

34. 寻 梦

教学内容 自选教学内容——图画书群书教学

创新思考

在课外阅读课内指导的课程研究中,大多数老师尝试的是一本书的教学,而往往一本书所折射的主题是深远的,所涉及的书目更是广泛的。再者,在高段,学生的人生观正逐渐形成,怎样将阅读与品性的培养相结合,这也是老师们应该研究的。在和高段学生座谈中,学生在"责任、友谊、奉献、智慧、死亡、信任、梦想、勇气、感恩"等成长的烦恼系列主题中选择最想交流的话题,结果被选最多的是"梦想",看来学生对未来充满渴望,也渴望规划自己的未来。设想在轻松的氛围中师生读图画书,一起聊梦想、思考梦想,不求有结论,更不望得定论,只是让高段的学生在听、说、思、读中开始懂得有梦的美好,了解圆梦需要努力与坚持,并在阅读的氛围中爱上阅读。也许本节课只是学生梦想开始的地方。

教学设计

一、教学目标

1.通过两本图画书的阅读引领学生思考:一个人,无论什么时候都应该有梦想,有了梦想,就应该去追求。

2.引领学生自由阅读,懂得从阅读中不仅能获得快乐,也能获得思考与帮助。

二、教学重、难点

教学重点:阅读《美丽的梦想》和《大脚丫跳芭蕾》,懂得有梦的美好、追梦的坚持。

教学难点:引导学生敢于追求美好的梦想,有目标,有计划,不放弃。

三、教学时间

1课时。

四、教学准备

自制课件。

五、教学过程

1.说梦——从选择"梦想"主题谈起。

(1)引入:最近胡老师把学校一书柜的图画书全翻了个遍,原因一是我本身喜爱图画书,二是源自前段日子在我们班上的一次关于"成长的烦恼"系列主题的调查。在那次调查中,同学们选的最多的就是"梦想"。

(2)简单交流:你觉得什么是梦想?

(3)小结并引入:梦想,多么美妙的词汇!这节课我们一起聊聊梦想,好吗?我们先跟随德国作家米歇尔·绍伯的《美丽的梦想》去认识几位可爱的朋友,听听他们的梦想都是什么吧。

【设计意图:图画书一直是学生非常喜爱的一种儿童读物,主题又是学生们自己选出来的,这样的结合一定是学生期待的,那就在期待中开始阅读吧。】

2.寻梦——阅读《美丽的梦想》,询问自己的梦想。

(1)PPT演示《美丽的梦想》,师生共同讲述。

(2)讨论:你觉得他们的梦想怎样?

(3)思考:那你的呢?你的梦想是什么?大胆想想你的梦想,然后把它认认真真地写在题板上:"我的梦想是……"

(4)交流每一位同学的梦想。

(5)小结并引入:同学们的梦想真是五彩斑斓,令人向往。有梦想的人是幸福的,更幸福的是能实现梦想。你们都想实现自己的梦想吗?有一位渴望成为舞者的小姑娘名叫贝琳达,因为身体的缺陷而苦恼,她能实现梦想吗?我们先来听听美国作家埃米·扬创作的图画书《大脚丫跳芭蕾》,一起了解贝琳达的圆梦之路。

【设计意图:一说起梦想,学生很容易将崇高的理想和家长父母的期望联系起来,而且受先前发言同学的影响,全没了自己真实的想法。从一本充满童趣却意味深长的《美丽的梦想》开始读起,就很容易打开学生的思维,走进学生的内心,也许学生说出的梦想不太可能实现,但是有梦的人是幸福的,敢于说出自己梦想的更是勇敢的。】

3.圆梦——阅读《大脚丫跳芭蕾》,冥想实现梦想的方法。

(1)PPT演示《大脚丫跳芭蕾》,请一生讲述。

(2)交流:你觉得贝琳达实现自己的梦想靠的是什么呢?她的身上有你的影

子吗?

(3)看看自己写下的美好梦想,想想:实现它,你最大的障碍是什么?实现它,你最需要什么?将答案写在题板上:"实现梦想,我最大的障碍是……我最需要的是……"

(4)把自己的困惑和思考在小组内交流,听听同伴的建议。

(5)小结并引入:圆梦是每个人的最大梦想,能明白自己努力的方向,明白自身的优势和劣势,然后朝着它去努力,我觉得这已经是走在圆梦的路上了。可正如大家所写的那样,圆梦的路并不是一帆风顺,有时可能一路荆棘,我们从哪儿寻求力量、获得信心?也许,它来自你的内心,也许来自朋友,也许可以来自书籍。正如我们刚看的两本图画书一样,书能给我们启发,给我们前行的力量。

【设计意图:圆梦的路途不会平坦无阻,学生很容易放弃自己的梦想,和学生说大道理也是收效甚微,而图画书中鲜活的人物形象却是最好的教材。通过和书中人物对话,静下心来反思并设计自己的追梦之路,收获才是学生自己的。】

4.读梦——自由阅读梦想主题系列图画书,寻找圆梦的力量。

(1)PPT演示梦想主题系列图画书。

(2)读吧:从书篮中选择一本自由阅读,寻找梦想的语言密码。如果你愿意,把你的读梦体会写在题板上。

(3)简单交流读后感:"读了这本书,关于梦想,我还想说……"

(4)总结:其实今天我们坐在这儿聊梦想,思考梦想,不一定要有一种结论。每个人的梦想各不相同,即使是你自己,不同阶段的梦想可能也不相同,但是没关系,我们只是要知道,人要有梦想,有了梦想便去追。今天我们在课堂上完成的关于梦想的思考编绘起来就是你自己的梦想图画书,在今后的学习生活和阅读中,你可以不断地去丰富它、完善它,希望你们的梦想图画书充满色彩、充满芳香,也愿今天在座的所有同学都能好梦不断、美梦成真。

【设计意图:寻梦的主题阅读岂是两三本书就能解决的?更何况"一千个读者就有一千个哈姆雷特"。在学生关于梦想的主题思考"愤悱"之时,适机推出老师精心挑选的关于寻梦的系列图画书,让学生自由选择阅读,自由书写阅读体会,应该是阅读最大的乐趣,也是学生此时的最需吧。】

板书设计

(略)

探究反思

当图画书走近我们时,每一个充满童心、痴情教育的人都会被它折服。原来,简单的图画书不简单;原来,图画书是让成人认识自己、认识儿童的镜子;原来,用天真、幽默、浪漫的图画与文字讲述人性之真善美其实是我们每个教育人的梦想。在前几次一本书的阅读教学研究基础上,这次的关于图画书主题阅读被人教社编辑、我国著名的儿童阅读推广人王林博士称为"群书阅读",是高层次的阅读。反思这样的成功尝试,大家认为以下几点是进行主题教学时要注意的:

1. 主题的选择来自学生的需求。

本次的寻梦主题是学生们自己提出的,这反映了多数学生的需求。因此,这样的主题更符合学生的阅读期待。

2. 重点书目的选择要考虑教学的需要。

关于寻梦主题的图画书有很多,譬如《犟龟》《花婆婆》《荷花回来了》《我的小马》《妈妈的红沙发》《安娜的红大衣》《雪花人》《海边的小房子》《驿马》《跳舞吧,小雅》《不莱梅的音乐家》《小猫玫瑰》,等等,都能让读者闻到寻梦的芳香,但是选哪本作为重点阅读的对象,则要根据主题的展开、教学的需要来定。例如,《美丽的梦想》是打开寻梦的窗户,而《大脚丫跳芭蕾》则是圆梦的钥匙,两本书都十分接近学生的实际,因此,选它们就能较好地推动主题的研讨。

3. 结合自己才能使阅读更有意义。

读书就是读自己,对于学生们自己选出来的话题,一定要结合阅读内容、紧密联系学生的实际情况。只有这样,学生才能真正走进书中,与人物共呼吸,才能走出书本,指导自己的学习生活。本次教学中,几次让学生在学习单上记录自己的想法就是搭起这样的桥梁,而在自主思考后的小组讨论,则让学生的阅读体会更加深入。

4. 课堂时间再紧也要让学生自主阅读。

好书很多,可时间有限,但无论如何,将最好的书让学生自由阅读一定是学生最盼望的。本次自由阅读环节——读吧尤其得到学生和听课老师的欢迎。有时关于课外阅读的推广其实很简单,好的书、安静的环境、自由的选择,足够了。

第四章 习作教学

1. 给动物设计名片

教学内容 苏教版三年级上册习作五

创新思考

　　本次习作的内容采用一种新颖的形式——设计动物名片。设计一张与众不同的动物名片，需要学生对这种动物有比较深入、细致的观察，有较翔实的资料积累，掌握动物的有关趣闻。因此，课前要引导学生通过网络、课外书籍、调查询问有关人士等渠道，进一步了解动物的形态特征及其生活习性。这既是诱发学生写作的动力，也是学生作文"言之有物"的必要保证。

　　课堂上，教师要引导学生对资料进行加工、处理，扩展学生习作练习的空间，提高学生的写作能力。三年级属作文起步阶段，教师可抓住课本中的范例，让学生在读中仿、仿中创，从而学会用列数字、举例子等说明方法，用第一人称或第三人称的叙述形式介绍小动物。

　　艺术化设计又是本次习作不可或缺的组成活动，可以此来培养学生的创新、实践能力。教师要鼓励学生大胆创意，如：名片形状的多样性，插图或用搜集的图片，或自己画图等。这也体现了语文学科与其他学科的整合。

教学设计

一、教学目标

　　1. 了解动物趣闻，初步培养学生搜集、整理资料的能力。

　　2. 能正确、生动地介绍动物的外形特征和生活习性。

　　3. 能在搜集资料的基础上，创新求异，设计出与众不同的动物名片，培养学生的创新、实践能力。

　　4. 通过本次习作激发学生热爱动物、热爱生活的感情。

二、教学重、难点

教学重点:通过搜集资料,了解动物特点,学会设计名片。

教学难点:正确处理所搜集的资料,令设计新颖有趣。

三、教学时间

1课时。

四、教学准备

搜集自己喜欢的一些动物图片及相关资料并进行初步整理。

五、教学过程

1.创设情境、入话题。

(1)师:最近,合肥的野生动物园要引进一批动物,为了让游客更好地了解这些动物,准备为这些动物设计名片。咱们班的同学愿意参加这项有趣的活动吗?

(2)师:结合大家课前搜集的资料,你最想介绍哪种动物?为什么?

(3)师:这节课,我们就来给自己喜欢的动物设计一张别具特色的名片,好不好?(板书:为动物设计名片)

【设计意图:情境的设计是为了激起学生习作的兴趣,激发自我表现欲。学生在这项公益活动中感受到一种被需要的快乐,从而激发他们创作的潜能,巧妙引导学生为了解决问题而开始主动探究。】

2.读题审题、明要求。

(1)自由读读《习作五》,想想动物们给我们提出了哪些要求?

(2)全班讨论,师点拨。

3.细读例文、悟写法。

(1)生自由读例文,思考:

①小作者介绍了鲸和海龟的哪些特点?

②小作者运用了哪些方法来介绍?给你留下深刻印象了吗?

(2)全班交流,师点拨、归纳:

①探讨问题一:

鲸:特点——大。从嘴巴、婴儿时的体重、身长、生长速度、食量等几方面介绍。

海龟:从个儿大、潜水本领强、不迷失方向等方面介绍。

(师归纳并板书:形态特征　生活习性)

②探讨问题二:

举例子、列数字——语言简明、准确、形象。

拟人手法——采用第一人称的形式,把动物当做人来写,如"把幼鲸比作婴儿"等等,让名片的内容生动有趣、吸引人。

【设计意图:作文教学强调开放性,但也不是毫无标准的随意写。通过研读习作要求和例文,学生能习得完成本次习作的有价值的相关知识,这是学生能够正确处理所搜集资料的重要前提。】

4.举例交流、促提高。

(1)师:请你运用范文中学到的方法,根据动物朋友的特点,进一步整理、归纳自己搜集的资料。条件允许的话,可在资料上圈圈画画,想想怎样介绍它。

(2)师:请你在小组内说说自己设计的名片内容,小组成员提提建议。(师巡视指导)

(3)指名上台介绍动物朋友,其他同学当"小评委",看看他说得怎样?好在哪里?又有哪些不足之处需要改进?老师相机评价。

(4)师:把你所说的写下来,就是名片的内容啦。

【设计意图:正确处理所搜集的资料是本次习作的难点。课堂上要给学生充分实践的时间。通过多种形式的练说,教师能有针对性地予以指导,同时能发挥合作学习的优势,同学间取长补短,在互议互评中有效突破难点。】

5.个性设计、激创新。

(1)师:名片的内容有了,如何设计,才能别具特色,更吸引人呢?

(2)生讨论,师点拨:

配图片——可以动手画,也可从资料中剪剪、贴贴。

变形状——名片的形状可自由选择,可圆可方,还可设计成动物本身的造型。名片周围可剪出漂亮的花边,还可选择不同底色的卡纸来制作。

6.设置比赛、体成功。

师总结:同学们课后自主完成名片的制作,别忘多听听同学、家长的想法和意见,多多修改。下节课我们在班上来个动物名片设计大赛,一起来欣赏和交流吧!

板书设计

为动物设计名片

形态特征　　生活习性

举例子　　列数字　　拟人手法

探究反思

1.拓宽写作渠道,降低写作难度。

学生对于小动物并不陌生,但为自己感兴趣的动物制作名片可不算容易,它需要准确、精练、生动的语言。教师在教学前要有充分的预设,引导学生多渠道搜集资料,充分利用现代信息技术,有效降低写作难度。这个方法至少给学生两点启示:第一,读与写是紧密结合的,平常多读、多看,提起笔来才不会犯难。第二,写作文不是凭空想象,只有留心观察,融入自己的感受,写出的文章才会吸引人。

2.激发创新思维,体验写作之乐。

在学生的印象中,作文都是用工整的文字抄在作文本上的,等待教师的评定。本次习作以"名片"这一特别形式呈现,其艺术化制作可谓充分激起学生的创新欲望,给他们搭设展示美术、手工等素质的平台。学生不仅能以积极的态势为文字增辉,更为别具特色的习作成果而欣喜不已。如何让学生乐于写作,教师在本次教学中有着深刻的体验。

2. 写写自己的新发现

教学内容 苏教版三年级下册习作三

创新思考

　　教材所给的例文《小草中的发现》是一篇佳作。小作者用一颗充满好奇的心,发现了草丛中正在造新房的蚂蚁和摆动长须的甲虫。小作者通过自己细心的观察、简洁的描述,描画了一个表面静悄悄、实则活生生的昆虫世界。教师在教学中要由此示范引路,引导学生学会用一颗充满好奇的心去仔细观察,在观察中学会思考,学会发现有趣的东西;同时引导学生学会用充满想象力的语言细致地描绘生活中的发现。

　　叶圣陶先生说:"生活就如源泉,文章犹如溪水,泉源丰盈而不枯竭,溪水自然流个不停。"由此可见,习作教学与生活紧密相连。本次习作应联系生活,将引导学生寻找发现、描述发现、修改发现贯穿教学始终。紧扣生活体验,习作的情趣性就自然流露了。

教学设计

一、教学目标

　　1.读懂例文,了解小作者是怎样用自己的眼睛发现小动物的,又是如何细致地写出它们的活动的。

　　2.学会用一颗充满好奇的心去细心观察、认识事物,学做生活中的有心人。

　　3.按要求完成习作,把自己的发现认真细致地描写出来,做到文通句顺。

二、教学重、难点

　　教学重点:

　　1.通过例文引路,引导学生学会观察,发现生活中的新事物或新现象。

　　2.在观察的基础上,把自己的发现认真细致地描写出来,做到文通句顺。

教学难点:如何把自己的发现细致、清楚地描述出来。

三、教学时间

1课时。

四、教学准备

提前一周布置任务,让学生用课余时间在草丛、树林、池塘甚至泥土里去观察生活、寻找新的发现。

五、教学过程

1. **谈话导入,引出"发现"。**

(1)师:同学们,大千世界无时无刻不在发生神奇的变化。青草吐绿,花儿绽放,青蛙鸣唱,清泉流淌……你从中感受到生活的精彩了吗?

(2)生简单交流一周以来的发现心得。

(3)师:张开你的双眼,仔细看;竖起你的耳朵,仔细听;开动你的脑子,认真想,你会为自己独特的发现而兴奋不已。

【设计意图:从学生的生活切入教学,激起学生学习的兴趣。学生在简单的交流之后,已为彼此新奇的发现而欣喜不已,可谓情在"趣"中生。】

2. **研读例文,学会"发现"。**

(1)生自由读例文,思考:

①作者发现了哪些有趣的动物?

②这些动物有什么特点?

③他是怎样发现的?

(2)全班交流,师点拨、归纳:

①作者观察了平常几乎让人视而不见的蚂蚁和甲虫。

②蚂蚁在造新家。

师点拨"新土":刚挖出来的土比较潮湿松软,而以前挖出来的土比较干燥坚硬。新土颜色比较深,以前挖出来的颜色比较淡。如文中作者想到的,"像细细的沙"。

甲虫头上有着"长长的须",是深褐色的,"像电视机上的天线"。

③小作者观察仔细,微乎其微的东西都被作者看在眼里。在观察的同时,还自然地展开了联想。

【设计意图:教师有层次地引导学生读例文、找方法,让学生明白观察时,不仅要观察到这是什么,还要观察这样东西的特点,这种观察力的培养对学生习作能力的提高尤为重要。】

3. **紧扣生活,描述"发现"。**

(1)四人小组互相说说自己的发现。

第四章 习作教学

要求:把自己的发现说清楚。(表达顺序:发现的时间、地点;发现了什么;发现的东西有什么特点)把自己当时的心情通过描述表现出来。

(2)集体交流,互相评议。

让1~2名学生上讲台交流,师生共同评价。注意紧扣"观察要仔细、联想是否自然"进行评价。

(3)根据评价方法,同桌相互交流,互提建议。

【设计意图:从说到写,是习作教学的重要途径。通过多维互动的交流评价,学生互相开阔思路,丰富题材,并掌握要领。在分享中,学生体验到用心观察所带来的乐趣,课堂因与生活的融合而充满生机。】

4.起草成文,描写"发现"。

(1)学生练习写稿,教师来回巡视,指导帮助习作有困难的学生。

(2)学生写完后,先自己读习作,看看是否写明白。

【设计意图:本次习作重在培养学生发现、创新的意识和积极关注生活的态度。教师应用开放的眼光看待学生习作。写人、写事、写物、写景均可,形式不限。只要是学生用自己独特的眼光去发现、去感受,教师均应予以肯定和鼓励。】

板书设计

写写自己的新发现
观察仔细
联想自然

探究反思

1.指导观察,培养良好的写作品质。

例文对学生来说可谓是"有章可循",教师要充分用好这个例子,对例文进行挖掘与使用,使其对学生的习作水平的提高起到积极的作用。苏霍姆林斯基说:"教给方法比教给知识更重要。"提高学生的观察能力非一朝一夕之功,教师必须在平常的课堂教学中通过各种途径有目的、有层次地培养。一双善于发现的眼睛,将为学生习作打开一扇扇通往真善美小世界的窗户。

2.联系生活,引学生找写作之源。

本次习作紧密联系学生的实际生活,引导学生充分体验大自然的生机无限和魔幻神奇。因为有了真实的生活体验,学生习作的热情与表达的冲动自然而然能被激发出来,令整个习作教学过程情趣盎然。学生从而乐写、会写,写出了不少妙趣横生的佳作。因此,要想学生有话可说,必须从丰富多彩的生活中引入活水,鼓励学生做个有心人。

3. 发表自己对某件事的看法

教学内容 苏教版三年级下册习作五

创新思考

叶圣陶先生曾经说过："心有所思，情有所感，而后有所撰作。"在这篇习作指导中，教师除了要引导学生按照"看到现象—说明道理—发出呼吁"的三部曲完成一篇观点清楚、说服力强的习作之外，更要在互相交流的过程中，提高学生明辨是非的能力，培养学生"我是文明小公民"的主人翁意识。

面对开放性的习作要求，学生会有广泛的选材。但三年级学生的思想认识和生活阅历有限，教师在教学的各个环节都要注意点拨、提升，甚至是纠正，使学生懂得作文题材无小事，小事中常常蕴含大道理。

本次习作以通讯稿形式出现，教师在教学过程中要创设情境，搭设生生互动的平台，通过听众的反馈来检测作者的说服力，给作者的修改提供切实的帮助。习作完成后，应鼓励学生积极向班级板报、学校广播站、报刊杂志社投稿，升华学生的写作成就感。

教学设计

一、教学目标

1.通过阅读例文，初步感知作者运用有力的事实和数据把自己的观点清楚明白地表达出来的写作方法。

2.对周围的事件发表自己的看法，提高明辨是非的能力，培养观察生活、关注社会的良好品质。

3.能根据需要，有目的地搜集和处理有关资料，写成一篇观点清楚、说服力强的短文。

二、教学重、难点

教学重点:初步学习作者运用有力的事实和数据,表达自己的观点。

教学难点:能清楚、明白地表达自己的观点,说服力强。

三、教学时间

1课时。

四、教学准备

留心生活,选择准备发表看法的事件,有条件的可拍成照片,并搜集有关资料。

五、教学过程

1. 师生谈话,激发兴趣。

(1)师:生活是万花筒,令人感动的事,令人遗憾、令人痛心的事常常发生。面对种种不文明的现象,我们应该怎么做?

(2)师出示一份隔天的晚报,读一两则新闻,请学生简要谈谈自己的看法。

【设计意图:教师读报上的新闻能营造真实的写作情境,可打开学生的写作思路,把选材目光投向生活的某个角落。此时请学生简要发表看法是个热身,激发学生发表自己看法的热情,产生写作期待。】

2. 学习例文,领会方法。

(1)师:要制止别人的不文明行为,你劝说时要有理有据,才有说服力。夏志成小朋友看到别人捕捉蜻蜓,便上前劝阻,说得别人心服口服。后来他还投稿到报社,号召更多的人来保护蜻蜓。让我们一起来看看他发表的文章吧!

(2)学生自主研读例文。思考:

①他先写什么?接着写什么?最后写什么?

②读了这篇文章,你有什么收获和启发?

(3)全班交流,教师点拨、归纳:

①探讨问题一:

先交代了自己看到的现象和自己的心情;然后具体说明了蜻蜓是昆虫世界最出色的"除害飞行家";最后呼吁大家都来保护蜻蜓。

(板书:看到现象　说明道理　发出呼吁)

②探讨问题二:

作者运用了打比方、举例子、列数据等方法,还课外搜集了资料。这样写出的文章有条有理,很有说服力。

【设计意图:本次习作可以看做是一篇小小议论文,这是学生的首次尝试,教师必须降低写作难度。除了例文运用的写作方法,本次习作的段落内容安排不可忽视,它便于学生整体把握文章结构。两者结合,才能使自己发表的观点有理有据。】

3. 创设情境,尝试练说。

(1)师:(出示书上插图)近段时间,菜市场出现卖青蛙的人,要知道青蛙可是庄稼的保护神啊。如果请你写一篇《保护青蛙》的通讯稿,你该怎样写呢?

(2)请生仿照范文,同桌练说。教师可通过屏幕出示一张资料卡,内容主要介绍青蛙有哪些本领,捕捉青蛙会造成哪些严重的后果。

(3)指名上台说,师生共同评价。

4. 话题拓展,自由练说。

(1)仿照例文,每人在小组内就自己前期观察到的不文明现象,结合资料和自己的生活积累,发表自己的看法,并请小组成员发表听后的感受。

(2)指名上台说,师生共同评价。

【设计意图:从书本到生活,教师给予学生充分的"说"的空间。一方面是遵循"先说后写"的规律,通过仿照例文的反复练习,进一步降低写作难度。同时,让学生在"发言者"与"听众"的角色互换中,进一步习得提高习作说服力的方法。】

5. 自由写作,完成初稿。

师:把你的看法写下来,就是一篇小小通讯稿啦!如果你的文章能在报上发表,引起人们的思考,那该是一件多么自豪的事啊!

板书设计

发表自己对某件事的看法

看到现象　说明道理　发出呼吁

举例子　　列数字　　打比方

探究反思

1. 用事实说话,突破习作难点。

为了使自己的文章具有较强的说服力,学生已能自觉搜集相关的资料,并进行选择、整理。更可喜的是,不少学生能结合自己的亲身经历来循循善诱。如:以自己曾经因购买小摊贩的"三无"零食而吃坏肚子,提醒伙伴购买食品要看包装、看时间、选地点;以自己亲眼目睹的交通事故,说明遵守交通规则的重要性,等等。这种现身说法因融入了作者的真情实感增强了习作的感染力。教师在相应的教学指导中作了充分肯定,习作的难点得以有效突破。

2. 写以致用,激发写作热情。

鼓励学生习作完成后积极投稿,不仅能扩大宣传效果,更使学生懂得,看见不良行为要及时制止是每个公民应尽的职责,培养学生观察生活、关注社会的良好品质。学生亲身经历"选材—习作—投稿(发表)"的过程,感受到"写"在我们日常生活中有着帮助我们表达观点、实现有效交流的重要作用,将不断增强学生的自信心和创新意识。

4. 记一次体验活动

教学内容 苏教版四年级下册习作七

创新思考

本习作分三部分。第一部分是对例文的简单介绍,说明这篇习作讲述的是小作者参加一次体验活动的经历与感受。第二部分是例文《"护蛋"》,是柳倩影小朋友的一篇习作。第三部分是习作要求,要求组织一次体验活动,把自己的经历和感受写出来,并与大家交流。

小学生受年龄限制,对生活的自然认知与体验也就相应减少。本次习作,采用情境体验法,帮助并教会学生直接有效地储备习作素材。

教学设计

一、教学目标

1.通过组织一次体验盲人的活动,回味自己在体验过程中心理和行动的发展变化,并有详有略地描写出来,特别注意写下自己对这次活动独特的感受。

2.通过阅读例文《"护蛋"》,了解只有写出自己独特的感受才能把体验写生动。

3.激发学生参加活动的兴趣,鼓励学生在日常生活中也要有选择、有目的地进行体验,平时多储备,做个有心人。

二、教学重、难点

教学重点:在活动过程中让学生的体验、感受更清晰,能组织成文。

教学难点:习作指导过程中,突出学生个性化的体验。

三、教学时间

1课时。

四、教学准备

1. 学生座位不变,讲台排成长条会议桌型,桌上放若干玻璃水杯,桌下放热水瓶若干。(热水瓶中装冷水,这一点对学生保密)

2. 学生每人准备一块蒙眼的布或黑色胶带。

五、教学过程

1. 明确体验要求。

(1)这节语文课我们要来一次不同寻常的体验,有兴趣参加吗?瞧这架势,一定有意外的收获等着大家呢!

【设计意图:小学生年龄特征是喜欢热闹、从众。这一环节算是习作的动员与号召,燃起学生的激情,让学生在热闹兴奋的状态下抛却语文学习的压抑感,轻松进入体验状态。】

(2)公布体验项目:做一次盲人,完成倒一杯水拿到自己桌上的任务。

(3)出示体验活动规定:

①体验过程中,记住你始终是一个盲人!

②体验过程中,必须听从指令,拒绝交流!

③体验过程中,可以思考,把每一个感受在脑子里备份!

请思考30秒,能做到的,严阵以待!

【设计意图:"没有规矩不成方圆",将规矩立得像煞有介事,让学生明确规则的重要性,尤其是30秒钟的"规矩记忆",引起学生的有意注意,进而更好地转化成活动过程中的自律行为。】

2. 展开体验活动。

(1)在半分钟后你们将成为一名无助的盲人,请再看一眼这个美好的世界吧,记住这个教室每个方位的布置,可能你在"失去光明"后,会非常需要这份记忆!(静静观察30秒)

【设计意图:为成功体验埋下伏笔,体验结束时,能很自然地引导学生明确"成功属于有准备的人",教育学生于细节处用心,养成处处留心的好习惯。】

(2)蒙上眼睛,预祝大家都能出色地完成体验任务!

【设计意图:调侃式的加油鼓劲,再度激发学生的体验欲望和体验热情。】

体验一:预设的困难。

师:现在你就是一位无助的盲人,将要走上讲台,倒一杯水,然后端着水回到自己的座位。这一路,你会走得如何艰难?你想过吗?好好地思考一下吧。(思考3分钟)

【设计意图:教师利用感染性的语言,让学生把困难进行充分估计,理清自己的思维,预定展开活动的方式等。3分钟,让学生在静中"热身",拾起一根有目的活

动的"拐杖"。】

体验二:任务的艰辛。

①师:马上要开始接受任务了,先请第一横排的"盲"同学站起身来,后面的"盲"同学凭借自己的直觉,也可以伸出手来摸索。如果你确定前一位同学完成了任务,回到了座位,那么你就可以开始行动了。静静地用脑子和耳朵去认识这个社会吧!活动开始!

【设计意图:盲人就是用耳朵和大脑去感知社会的,让学生在这一趋于真实的状态下展开活动,也许活动未必能进行得流畅、完美,也许教室里会水洒一地,但相信学生的感受、体验是真实的,这就是我们组织活动的目的所在。】

②学生活动的过程中,教师语言辅助引导:

〈1〉如果你是一位"盲妈妈",你的孩子饥渴难忍,你要立刻为他倒上一杯水;

〈2〉你没想想这是一杯怎样的水吗?万一……

〈3〉听,这个声音,你应该猜得到,你的"盲同学"遇到了什么状况;

〈4〉还没轮到你,你有没有一种焦躁感?是不是非常渴望有人提醒一下,该你上场了;

……

【设计意图:在教师很感性的语言情境引导下,学生的游戏心态越来越被真实的体验心态所替代。语言的刺激能引发学生更深入地思考,思考也会更接近自然、人性。而这些思考也正是我们所需要的习作的素材。】

体验三:盲人的生活。

①师:现在每个同学都完成了体验任务,有成功者也有失败者,老师还想强调的是,你们的体验只是盲人生活的一部分。在生活中,盲人还会遇到怎样的艰辛呢?(静静思考1分钟)

②摘去蒙眼的布,回到光明中来,观察教室后,请表达一下你的感受。

【设计意图:多制造一些思考的空间给学生,这样生成的个性化的东西就比较多。这两个环节的设计,都是为了拓展学生的习作思路,给予一定的想象空间后,体验也就自然地升华为对弱势群体的关注、爱护,对自己现有生活的满足。《语文课程标准》所要求的习作"应引导学生关注现实,热爱生活",也就顺理成章地达成了。】

3.回忆体验过程。

(1)对教室进行简单清理,边清理边回忆刚才的体验过程。

(2)师生共同完成板书:做任务前、做任务时、做任务后。

(3)选择体验过程中感受最深的一点交流。

【设计意图:帮助学生梳理一下思路,在习作的谋篇构段上作个引导。】

4. 书写体验之旅。

(1)师:刚才同学们在体验过程中思考的肯定要比交流的多得多,提起笔,开始习作,注意:着重写出自己的经历和感受。

(2)学生完成习作。

【设计意图:就习作教学而言,最为重要的是通过我们的教学,让学生把得于心的东西,创造性地转化成应于手的成果。前一轮交流要收在热闹处,顺水推舟,进行习作,一定会让学生产生"乐于书面表达"的内在动机。表达欲望增强了,习作可圈可赞的地方自然也会不断增多。】

5. 分享体验甘苦。

(1)《"护蛋"》引路。

①阅读例文《"护蛋"》,小作者写了些什么?(自己的做法;自己的担忧;同学的"碎蛋"经历……)

②给你印象最深的是哪个情节?

③小结:只有写出属于自己的最真实的感受,你的文章才能给人留下深刻印象。

【设计意图:例文只是例子,不能原封不动地照搬,不能把例文变成限制学生自由表达的"样板文"。】

(2)阅读自己的文章,交流自己的独特感受。

(3)自改,把遗漏的感受添加进文中。

(4)同桌互改:语句是否通顺;标点运用是否得当;有无错别字;分段是否合理。

【设计意图:一篇文章三分写七分改,可见,修改是多么重要!小学习作第三学段的要求是:修改自己的习作,并主动与他人交换修改,在四年级下半学期这个过渡时期,我们应该着力培养学生的自改、互改的能力,在修改过程中实现吸纳与倾吐的交融与互动。】

(5)作文誊写。

6. 拓展体验思路。

(1)生活中我们可以参与体验的活动还有很多,如当一回聋哑人;当一回小老师;当一回家……说说你最想体验的活动。

(2)体验前,必须做好充分准备,就像老师帮大家准备的体验盲人活动一样,给你的体验活动列个体验提纲或者定个体验方案吧。小组合作讨论。

(3)利用课后时间,自主体验。需要的话,老师可以给予一定的帮助。希望你们能把自己的体验过程记录下来。

【设计意图:一次体验习作完成了,但我们不能只将目光停留在完成了一项教学任务上,要让学生能在日常生活中不断增强储备习作素材的意识,丰富自己的见闻。我们一定要抓住、用好这一个动笔的时机,让学生在实践中提高习作能力,让动笔写作真正成为开展饶有兴趣的活动的一种需要、一种必然。】

板书设计

记一次体验活动

体验—回味—分享

(独特感受　详略得当)

探究反思

　　本次习作教学旨在让学生在轻松愉悦的切身体验中,乐于表达,会表达,在习作过程中,锻炼和提高写作能力。

　　1. 创设情境。

　　让学生在轻松的、充满期待的氛围中有切身的、强烈的体验,为快乐习作打下坚实的基础。

　　2. 创造性地解读和运用例文。

　　3. 注重对学生习作修改的具体指导。

　　"同桌互改"这一环节,为了减少盲目性,拎出四个修改方面,而这四个方面的导航让学生的修改更有方向性。

5. 写一个自己喜欢或崇拜的人

教学内容 苏教版五年级下册习作六

创新思考

　　写人的记叙文，要通过具体内容，把人物描写得有血有肉，还要表达自己的真情实感。教材提供的几位英雄模范离学生的生活实际较远，不容易写出真情实感。所以，教学时，鼓励学生从身边的人观察起，从自己最佩服的人写起，从看似不起眼的小事中挖掘作文素材，唤起学生对习作的兴趣。只有学生进入了激活状态，情感的大海才能有壮丽的浪涛，才能使学生的内部语言高度活跃起来。这样，情感与语言同构共生，从而达到习作的目的。

　　鉴于本册书有几篇写人的成功范例，故而教学时采用读写结合的模式。结合已学过的课文，在读中学写，由仿到创。以读为基础，学读文章材料的选择，学读文章中心的确定，学读文章题目的拟定，学读文章描写方法的运用，把着力点放在学生的读写训练上，让学生做真正的语文学习的主人。

教学设计

一、教学目标

　　1. 训练学生写自己喜欢或崇拜的人，提高学生写人的能力。

　　2. 学会通过人物的外貌、动作、语言、神态表现人物的特点，通过具体事例表现人物的品质。

　　3. 懂得生动的描写来源于生活中的观察。继续锻炼、培养学生修改文章的能力。

二、教学重、难点

　　教学重点：通过人物的外貌、动作、语言、神态表现人物的特点，通过具体事例表现人物的品质。

教学难点:用典型事例准确表现人物品质,力求做到写得"真"、写得"像"、写得"活"。

三、教学时间

1课时。

四、教学准备

观察或采访自己喜欢(崇拜)的人,搜集他的相关资料。

五、教学过程

1.交流观察情况,揭示写作主题。

(1)交流你在一周时间内所观察的对象情况。

【设计意图:要将人写真、写像、写活,就必须对所写的人有一个更准确、更全面的认识。只有通过仔细观察,才能够进一步把握人物的特点品质。让学生交流所搜集的人物的典型材料,激起学生表达的愿望,产生写作的动机。】

(2)揭题,读懂习作提示。

2.精心选择材料,力争表达中心。

(1)说人选——在你最熟悉的人中,你心里最喜欢、崇拜谁?他有什么高尚品质?根据学生回答,相机板书。(主要有两大类:身边的人或非身边的人)

　　板书内容——亲人、老师、同学、英雄、明星、科学家……

　　　　　　乐于助人　勤奋好学　心胸宽广　勤俭节约

　　　　　　爱护弱小　锲而不舍　一丝不苟　工作负责……

(2)忆课文——关注材料的选择。

《爱因斯坦与小女孩》重点选择了爱因斯坦和小女孩从相撞到相遇,再到相约的三天时间的事例侧面来写爱因斯坦的伟大。《彭德怀和他的大黑骡子》、《大江保卫战》各是选择了什么典型材料来表现主题的?

(3)巧帮助——关注材料的取舍。

王明同学在写这篇作文时,他决定写班上的李强,他想到了李强同学的几个事例,不知道用哪个好,请你帮他参考一下,看看哪件事有典型性。

①他每天早上来到学校,总是主动把教室打扫干净。

②有一次,他的同桌上课时呕吐,别的同学连忙掩住鼻子,他却马上给同桌递上了纸巾,接着拿着垃圾铲到操场铲来沙子把地上的污物盖起来,课后他又把污物清扫掉。

③早晨,他排队买面包,见一位残疾人拄着拐杖排在他后面,他主动和残疾人换了个次序。

④星期天,他主动帮妈妈洗衣、做饭……

⑤在公共汽车上,他主动把座位让给了一位老奶奶。(教师随机点拨)

(4)理方法——抓住典型材料。

引导学生总结:写人的作文,如果选择了有说服力的事情来写,那么作文就成功一半了。

(5)思文脉——精选合适材料。

说说你准备用什么事例来表现他的品质。

【设计意图:写作文之前选择事例很重要。引导学生回忆写人的课文,关注材料的选择与取舍。从熟识的文章入手,学生觉得可学性很强。接着在预设的"帮助"下学会从繁杂的事例中进行有效选择,并说给同伴听,为写好作文打下坚实的基础。】

3.选好写作方法,描写精彩文章。

(1)明确本次作文的要求和写作方法:

①通过典型事例,表现人物值得敬佩的品质。

②通过抓住人物的外貌、语言、动作、神态、心理活动等进行细致描写,表达对人物的喜欢和崇拜之情。

③题目自拟。

(2)回顾课文《彭德怀和他的大黑骡子》、《大江保卫战》、《爱因斯坦与小女孩》,将人物的特点写下来,并说说写彭德怀是抓住了什么描写?黄晓文呢?爱因斯坦呢?

【设计意图:阅读文本,品读文中人物的外貌、神态、动作、语言等内容,在学生理解与表达、学习与运用之间架起一座桥梁,让学生读中悟,仿中创,进入读写结合的思维通道。初步感知人物描写的一般方法,丰富语言表达形式。】

(3)总结写法。瞧他什么样,看他怎么做,听他怎么讲,猜他怎么想。

细致描写——具体事例!

(4)思考:你准备抓住人物的哪方面描写。将你笔下的人物的特点写出来,让读者有如见其人的感觉。

【设计意图:写这篇文章想要告诉别人一个什么样的人,激励学生从独特的视角写出自己的独到见解,使别人读了倍感亲切。也就是通常所说的"立意"的训练。】

(5)同桌互说后大组交流。

【设计意图:将自己内心的真情实感用恰当的语言表达出来。这时学生如"鱼鲠在喉",不吐不快,纷纷畅所欲言,将自己的打算一吐为快。学生的写作欲望被激发,习作自然是水到渠成。】

(6)学生写作,教师巡视。

4. 及时讲评习作,激励学生修改。

(1)片段赏析:选读自己觉得最得意的部分。

①你的作文题是什么?

②请题目拟得精彩的同学上讲台板书题目。

③说说你写的是什么事例?突出哪方面描写?

④你听了他的习作,还想知道什么?或者有什么问题要问他?

(2)利用板书(具体事例、细致描写)给出评价建议:同学评、教师评。教师适时点拨:人物描写也不必面面俱到,应根据当时的实际情况有所侧重,这样人物形象会更加突出。

(3)自主修改作文:自己改—同伴改—自己再改。

【设计意图:"文章不厌百回改",这是本册培养良好的学习习惯的内容。好文章是改出来的,让同学们对照习作要求认真地自主修改,然后经同伴对照习作要求改,最后结合同伴的意见再自主修改,培养学生的自主修改作文的能力。】

(4)谁还想让大家分享他的作品?交流习作,师生评议。

(5)学生自读作品。

5. 课堂总结延伸,激励认真誊抄。

(1)同学们,今天我们学会了写自己喜欢或崇拜的人,还进一步巩固了修改文章的方法,真是受益匪浅!希望大家喜欢别人、崇拜别人的同时,也能得到别人的喜欢和崇拜!

(2)请大家将自己的文章再读再改,誊抄上本。注意字迹、标点、段落、格式。

板书设计

写自己喜欢或崇拜的人
(身边的人或非身边的人)

亲人、老师、同学、英雄、明星、科学家……

乐于助人　勤奋好学　心胸宽广　勤俭节约

爱护弱小　锲而不舍　一丝不苟　工作负责……

具体事例!细致描写!

探究反思

1. 善于观察促习作。

鲁迅先生曾说:"若要创作,第一须观察。"到生活中观察,才能丰富习作素材。丰富多彩的生活是每个学生取之不尽、用之不竭的源泉。只要我们有意识地把学生的目光引向生活,引导学生到生活中去观察,就能随时随地获取丰富的习作素材。在教学时,打破"一篇习作教学就是两课时"的做法,让学生走进生活。在作文课前一周,让学生明确习作的要求,放手让其到生活中去充分观察、搜集信息。学生所写之作当然不是"空话"与"套话",而是他们眼中的世界与生活。正如叶圣陶先生所言:"生活就如源泉,文章犹如溪水,源泉丰富而不枯竭,溪水自然活泼泼地流个不歇。"

2. 文章不厌百回改。

古有贾岛"推敲"、王安石"炼字"的故事,都说明文章修改的重要性。修改是写作很重要的环节。文章最初的立意、构思直到表达方式、语言等,不可能一次就达到完美。而修改过程,就是对文章去粗取精、润色加工的过程,就是在原文基础上进行再创作的过程,也是进一步提高写作水平的过程。只有在阅读中思考,在思考中修改,在修改后阅读,才能使文章臻于完美。

第五章　综合性学习

1. 问 路

教学内容 苏教版二年级上册练习三口语交际

创新思考

　　生活中常常会遇到人生地疏的情况,于是问路便成为人们必须具备的口语交际能力。这次口语交际要求学生在日常交际活动中,学会有礼貌地问路,文明地进行人际沟通,以争取别人的帮助来解决生活中的实际问题。

　　教学中,我把学会问路作为教学的重点,让学生学会在问路和指路时要有礼貌,把意思表达清楚明白,倾听别人的询问或回答时要仔细、有耐心。二年级学生单独出门的机会并不多,安全意识尤为重要,所以可通过创设情境的方式,有效地将课堂和生活链接起来,教会孩子平安出行。

教学设计

一、教学目标

　　1.学会在日常交际活动中,有礼貌地问路和指路,学会文明地进行人际沟通,以争取别人的帮助来解决生活中的实际问题。

　　2.培养学生观察、说话的能力,并养成认真倾听别人说话的习惯。

二、教学重、难点

　　教学重点:学会有礼貌地问路和指路。

　　教学难点:由书本走向生活,让学生在亲身体验中获得能力。

三、教学时间

　　1课时。

四、教学准备

　　自制课件。

五、教学过程

1. 情境导入。

(1)同学们,你们已经学会了介绍方位,那你们能帮帮老师吗?

师生模仿打电话。

师:喂,是××同学家吗?哦,老师想到你家家访,你家住在哪里?我现在在学校,我该怎么走?

生模仿接电话,介绍方位。

(2)(出示卡通女孩图)你们的方位感真强,那你们愿意去帮助兰兰吗?哪位同学愿意上前和兰兰打招呼?

角色扮演,指名学生练习和兰兰对话,引出说话主题。

学生:你好,兰兰,你这是要到哪里去呀?

兰兰:你好,我要到白马石刻公园去,对了,你去过那里吗?知道怎么走吗?

学生:哦,白马石刻公园,我还真没去过呢,兰兰,你边走边问吧,记住,路上要注意安全哦!(板书课题:问路)

【设计意图:课前,通过与数学老师的沟通,了解到学生刚学过描述方位,导入中整合了数学的内容,完全符合学生的实际能力,能让学生体会到运用知识解决问题的快乐。巧妙提出帮助老师、帮助兰兰的请求,这既是对学生能力的充分肯定,同时也激发起学生带着帮助他人的自豪感,主动参与到话题中。】

2. 回顾经历。

(1)同学们,你们有过向别人问路的经历吗?

(同桌间交流)

(2)指名说,师及时地予以评价。

【设计意图:让学生梳理自己的生活经历,总结自己的生活经验,这来自同学间的经验很真实,比空洞的说教更有说服力,也易于打开话题。】

3. 出谋划策。

(1)兰兰继续往前走,一路上,她会遇到这些人:

(课件出示卡通人物)老爷爷　　中班小朋友
　　　　　　　　　姐姐　　一个神情可疑的人

兰兰应该向谁问路好呢?

(2)生交换意见,说明原因。

(3)师小结:我们时刻要有安全意识,所以,问路,要选能把地址说清楚又安全可信的人。(板帖:安全第一)

(4)谢谢同学们的建议,兰兰决定向迎面走来的姐姐问路,让我们听听她是怎么说的?学生观看问路的动画。

第五章　综合性学习

(5)兰兰问路和姐姐指路,你从中有什么发现?
根据学生回答,整理板书:
问路　　有礼貌　问清楚　听仔细
指路　　有礼貌　仔细听　耐心明白地说
【设计意图:二年级学生受到年龄和能力的限制,自己单独出门并且需要问路的机会很少,所以有的经验是片面的、空缺的,这就需要教师为他们营造出这样的生活场景,引导他们去分析:向谁问路最安全?怎样问路、指路最有效?在口语交际课上,口语能力训练在先,但思维训练也不能忽视。】

4. 练习问路。
(1)学生想象不同的问路经历,分小组合作练习问路。
(2)学生自我推荐上台表演,评议。
【设计意图:小组演练,有利于学生更广泛地参与到交际活动中来。】

5. 小结感受。
(1)在同学们和路人的帮助指点下,兰兰走啊走,终于找到了白马石刻公园。(出示公园图片)瞧,几个烫金的大字,就像在欢迎着兰兰呢!这时兰兰最想说的是什么呢?(生练习说话)
(2)师小结:同学们,生活中的困难随时会发生,当遇到困难时,要学会求助于别人,而我们面对别人的求助时,也要热情对待。
【设计意图:告诉学生,兰兰找到了公园,这既能保持情境的完整,又让学生在帮助别人的成就感中强化学习的目标和动机。】

6. **生活拓展。**
课件出示文字:

> 做个小旅行家
> 你的需要:
> 1.一个人到外文书店买英语书。
> 2.到姑姑家做客,下了公交车,忘了该往哪儿走?
> 你的身边有:
> (1)公用电话亭;
> (2)一家挤满顾客的商店;
> (3)一家网吧。
> 你可以怎么做呢?

【设计意图:随着现代化科学手段的丰富,问路、找路的方法也将呈现多样性,你可以打电话回家问家人、朋友,也可以上网查找。设置这样的拓展题,真实再现

学生生活的需求和问题,引导他们学会用便捷、安全的方式解决问题。】

7.交流收获。

(1)这节课,你最大的收获是什么?

(2)师总结:经常帮助别人,自己才会永远快乐。

板书设计

问　路

问路　　有礼貌　　问清楚　　听仔细

指路　　有礼貌　　仔细听　　耐心明白地说

安全第一

探究反思

1.问路指路,双向互动。

听话、说话是口语的单向使用,多以独白的形式存在。口语交际是特定情境中听说双方言语互动的过程,是一种动态的语言实践活动,常以对话的形式出现。情境性和互动性是口语交际的基本特征。教学中要始终关注"问路"和"指路"两条线,注重培养学生文明得体地表达自己的思想情感和善于与人沟通的能力。

2.联系生活,与时俱进。

教学中通过"回顾经历"和"生活拓展"的环节,拓展交际话题,让学生思考、整理问路和指路的内容,把交际情境引向生活实际,使交际更具实际意义。另外,指导学生有效利用身边的资源,提高问路和指路的效率。

3.学会问路,安全出行。

低年级学生天真烂漫,他们乐于帮助别人,同时也渴望能独自面对社会。拥有一段别样的生活经历,让自己体会"我是大孩子了"的自豪感,是很多孩子的渴望和冲动。我们既要培养学生乐于助人的美德,也要强化学生的安全意识。所以,教学中选用生活中的不同情境,可进一步激发学生的理性思维,培养学生理智分析、解决问题的能力,让口语交际课更加具有可行性。

2. 未来的汽车

教学内容 苏教版二年级下册画画说说写写

创新思考

"未来的交通工具会是什么样的？展开想象画一画，再用几句话写一写"。交通工具种类繁多，为了与学生的生活经验相链接，教师特地将说话、写话的内容范围缩小，定位于所有学生都熟悉的汽车，设计了以"未来的汽车"为主题的语文综合性活动。

以学生的兴趣为出发点，以学生的主体活动为中心，设计"看车展、学知识、设计车、介绍车、推销车、写说明、办画展"等系列语文综合实践活动，促使学生乐于参与，自主实践，切实在活动中提高说话和写话等能力。

教学设计

一、教学目标

1.激发学生活动的兴趣，指导学生从说到写，培养学生的口语表达能力和写话能力。

2.通过对作品的自主设计、互相评价、讨论交流，提高学生的想象能力、审美素养、合作和交往能力。

3.了解汽车的相关信息，提高综合运用语文、美术等学科知识的创新和实践能力。

二、教学重、难点

教学重点：指导学生对汽车的性能和外形作出大胆的构想，并把设想较为准确地表现出来。

教学难点：引导学生把设想的未来汽车较为准确地用画面、语言和文字表现出来。

三、教学时间

2课时。

四、教学准备

汽车模型、汽车课件。

五、教学过程

第一课时

1. 创设情境,引入课题。

(1)课件引入:同学们,今天小车迷丁丁要带大家去参加北京国际汽车展。那儿人山人海,可真热闹!咱们快去瞧一瞧吧!

播放课件:小卡通人丁丁热情地介绍德国大众、法国雪铁龙、日本丰田、国产吉利和奇瑞等公司推出的几款最新车型,突出每款汽车的颜色、构造、功能等不同特点。

【设计意图:眼观色彩鲜明的新型汽车的图片,耳听生动的讲述,能极大拓宽学生的视野和思维。】

(2)交流自己观看车展后的感想。

【设计意图:小学生的好奇心强,都喜欢对事物提出自己的看法,所以要在课堂中给予学生独立思考和发表见解的空间。】

(3)小结:汽车发展的趋势,如节省能源、减少污染、安全舒适、智能化等,引出"未来的汽车"这一话题。

2. 展开想象,自主设计。

(1)未来的汽车会是什么样?我们大胆想象,来个设计大赛好吗?

(2)播放小车迷丁丁介绍汽车知识的课件。

丁丁首先自述:"小朋友们!我可是汽车知识的小灵通呀!这次汽车设计大赛有我的帮助,你们会觉得很轻松。"再一一介绍汽车外形的演变、汽车色彩的奥秘和汽车的种类等。

丁丁相机提问,同步展示画面:

①你们知道现实生活中有哪些不同功能的汽车吗?

有客车、货车、救护车、消防车、油罐车、警车、垃圾车、洒水车、吸尘车、吊车、军用车……

②普通汽车从外形上看由哪几大部分组成?

了解汽车结构由车头、车厢、车尾、车轮组成。

【设计意图:如果说创新是设计的灵魂,那么有关汽车的知识就是未来汽车设计的基础。教师多启发调动学生的生活经验说说有关汽车的"已知",通过课件帮助学生了解汽车的分类、外形与功能的发展等,扩大未知领域,丰富汽车设计的背景知识。】

(3)说说你想设计什么车?集体交流,互相启发,引导学生有条理地展开想象。

颜色:绿色、粉红、银色、彩色、变色……

形状:青蛙、贝壳、花朵、蘑菇、海星……

功能:海陆空多功能车、太阳能汽车、防盗汽车、防爆胎越野车、可根据需要改变式样的车……

【设计意图:通过一连串启发性的问题,让学生充分讨论,能使学生最大限度地发挥自己的想象力和创新力,拓展设计思路。】

(4)好啊!那同学们就大胆地发挥自己的想象力,快点拿出水彩笔画一画自己心目中的未来汽车吧,还要给自己设计的汽车起一个形象好听的名字!

学生自主设计,师巡回指导。

3.**展示设计,介绍作品。**

(1)小组内交流作品,进行品评。

要求:

①组员逐个发言,声音响亮。介绍时要按照一定的顺序,可以由整体到部分,从上到下或从外到内,抓住汽车的特点介绍清楚。

②其他同学认真倾听,等发言结束后,从创意、外形、色彩等方面评议作品,比一比谁说得具体、有条理、设计有新意,也可用委婉的语气提出建议。

(2)根据大家的建议,各自修改设计。

(3)评选出本组最佳汽车设计,推荐一名表达能力强的同学代表小组参加全班交流。

(4)小组集体出主意,想办法,帮助本组代表做好充分的发言准备。

【设计意图:在小组合作的过程中,有明确具体的学习要求,学生才能在组内进行有效的交流与互助,有利于提高合作的水平。】

4.**布置作业。**

每位同学继续修改完善自己的作品,也可重新设计,为参加学校的未来汽车想象画展做好准备。

第二课时

1. 模拟情境,范例引路。

(1)模拟销售现场。

时间:2030年 教室:北京新世纪汽车大世界(黑板上方挂起横幅)

各小组代表:汽车推销员(佩戴"汽车导购员"胸牌)

其他同学:选购新车的顾客

(2)自我设想:

假如你是一名汽车推销员,你会怎样介绍汽车?

假如你想要购买自己喜爱的汽车,你又想了解些什么?

(3)范例引路:看课件(丁丁推销汽车的卡通动画片),注意小推销员丁丁是怎么介绍的?

2. 自主介绍,自由交际。

(1)各小组代表利用投影仪展示本组最佳设计作品,小组成员可以补充发言。

提示:"推销员"介绍时要热情大方,可先介绍汽车的名称是谁设计的,然后说清楚汽车的优点。"顾客"对不明白或感兴趣的地方进一步询问时,"推销员"要耐心解答。(对学生卡壳的地方,教师相机进行点拨)

(2)集体评议,选出"最佳汽车设计师"、"最佳汽车推销员"和"最佳合作小组",说明获选理由。

(3)自由交际,学生自选小伙伴,分角色扮演"推销员"和"顾客",再角色互换,介绍各自的设计,进行充分地练说。

3. 当堂写话,欣赏佳作。

(1)激发写话的兴趣:同学们,你们都很有想象力,设计出的未来汽车让老师大开眼界,画得不错,说得也很精彩。想不想让全校的老师和同学们都知道你的奇思妙想呢?老师准备把大家的设计放在学校的橱窗里展出。为了让每位观众一看就明白,得给每幅未来汽车想象画配上一段文字说明才行!请大家把刚才介绍汽车时说的话写在写话本上,将你所画的新型汽车用文字表达出来,看谁写得最详细,句子最通顺。

(2)学生动笔写,教师巡视,个别指导。

(3)欣赏2~3篇佳作,集体讨论其优点。

4. 拓展活动,延伸交流。

每位同学将写话修改后工整地抄在自己的未来汽车想象画旁,以小组为单位张贴在规格统一的展板上,组员共同动脑、动手进行美化装饰。我们将在学校橱窗里举办以"小小设计师,汽车真奇妙"为主题的画展。

板书设计

未来的汽车

颜色　形状　功能

探究反思

　　抓住语文综合实践活动及学生的年龄特点,执教时应以激发学生的画汽车、说汽车、写汽车的欲望和兴趣为主安排活动环节。学生在兴趣的驱使下,一定能发挥丰富的想象力,在轻松的气氛中放飞自己的灵感。在活动过程中,学生以四人为一组进行交流并改进设计,能取长补短,形成一个学习共同体,互相欣赏,互相帮助,满足了学生的表现欲和帮助他人的良好愿望,使学生感受到集体学习的乐趣和温暖。这样,使课堂教学真正做到面向每一位学生,从而提高学生的自信心和积极性。

3. 动物——人类的朋友

教学内容 苏教版三年级下册语言综合实践活动

创新思考

　　这次语文实践活动是基于网络基础,针对现今学生信息化水平的大幅提高设计的,课题新颖有趣,贴近学生生活,易引发兴趣。全过程都是以学生为主角,从小组汇报研究内容到相互评议学习成果、发表见解,都让学生自主完成。教师在其中只起到引导、衔接的作用,在活动中培养学生的动物保护意识、合作学习意识,培养学生利用网络资源拓展学习的能力。

教学设计

一、教学目标

　　1.培养学生的动物保护意识。

　　2.通过专题汇报,锻炼学生的语言组织和口头表达能力。

　　3.培养学生利用网络信息资源,加工并整理信息的能力。

　　4.通过小组学习的方式,培养学生的合作意识。

二、教学重、难点

　　教学重点:从纷繁的网络资源中选取所需的有用信息并加以整理。

　　教学难点:网络海量的信息,往往让学生无所适从,课前有必要引导学生适当筛选。

三、教学时间

　　1课时。

四、教学准备

　　1.学生形成若干个学习小组。

　　2.教师为学生提供一些世界濒危动物的种类及相关网址,各学习小组从中任选一种自己感兴趣的物种进行研究性学习(分布、生存现状及保护措施等),分工协作,以网页形式呈现成果。

3. 虚拟网或开放的因特网,学生人手一机。

五、教学过程

1. **导入谈话,揭示学习任务。**

在我们一起学习过《狼和鹿》这篇课文后,同学们对动物保护问题产生了浓厚的兴趣。所以我们一起进行了一项研究性学习——研究目前世界珍稀动物的生存现状。小组成员通力合作,通过网络进行了广泛的搜集和整理,形成一份研究报告,并制作了相关的网页。下面,就请各学习小组派一名代表在全班作一次研究性学习的汇报,并展示你们的学习成果。之后,我们将对其进行评价。

2. **展示成果,促进双向互动。**

下面我们请第一小组的同学展示他们的研究内容,请其他同学认真倾听,在听完汇报之后,还可以相互交流。

第一组的同学作专题汇报,汇报时可以同时将本组是如何开展合作学习的方法介绍一下。

【设计意图:研究成果以网页形式发布,一张即使称不上精致的页面也凝聚了小组每一位同学的心血。同时,这也是对课堂内容的延伸,体现了语文教学的开放性,而且这份成果不是简单的网上资源的累加,而是信息的重组、加工,体现了知识的"内化"。】

(1)听了第一组的汇报之后,其他同学如果还有什么疑惑或好的学习建议就与他们直接交流。

其他同学质疑,第一组解疑。同学们还可以就学习方法和呈现结果提出评价意见。

【设计意图:这个生生互动的环节非常重要。既能锻炼汇报的同学的语言表达能力,也能培养倾听的同学的逻辑判断能力。更为可贵的是,在这一过程中,大家取长补短,探索一种新型的学习方式。】

(2)在线调查。

大家到底对第一小组的学习成果持什么样的看法呢?让我们一起进入"dongwu.htm"页面,点击"在线调查",然后在四个评价标准中选出你所想的,最后提交。

学生思索、操作,在动脑、动口、动手中完成评价任务。

教师公布调查结果(百分比形式),小结第一组研究学习成果。

【设计意图:打破了以往课堂教学中口头评价的模式,以直观便捷的手段鼓励学生积极参与到学习评价中,让每位学生有了表达的机会,学生的兴趣非常高,这

正是小组汇报,全班讨论。】

3. 总结。

通过今天这种研究性学习的展示,你对如何学好语文有什么新的认识吗?学生各抒己见。

【设计意图:以学生总结代替教师总结,促进学生理性地分析、思考问题,引导他们学会总结学习方法。】

板书设计

(略)

探究反思

《语文新课标》提出:"语文课程应植根于现实,面向世界,面向未来;应拓宽语文学习和运用的领域,注重跨学科的学习和现代科技手段的运用,使学生在不同内容和方法的相互交叉、渗透和整合中开阔视野,提高学习效率,初步获得现代社会所需要的语文实践能力;语文课程应该密切关注当代社会信息化的进程。"作为新时期的语文教师,应积极拓宽学生学习语文的渠道,尤其是城区学校,基本普及信息技术教育。网络对于孩子们来说,早已不是新鲜事物,如何引导他们借助网络的海量知识,正确健康地选择、获取有效信息,《动物——人类的朋友》进行了一次有益的尝试。从课堂效果看,学生的参与率达到100%;小组各成员在合作学习中,均取得了不同层次的发展。但在实际操作中对教师的要求比较高,尤其是"提交评价"板块,需要授课人具备一定的计算机水平。

4. 学会拒绝

教学内容 苏教版五年级上册口语交际三

创新思考

　　学会拒绝,对学生来说极富新鲜感,同时有一定难度。因为,学生原有的认知倾向于尽可能满足别人提出的要求,拒绝别人会给对方带来不快。因此,教师在教学中应帮助学生营造轻松、积极、和谐的口语交际氛围,学生才能在课堂上畅所欲言地发表自己的见解,表达自己的内心感受。在思维碰撞中,学生领悟拒绝的艺术,体验交际互动带来的乐趣。

教学设计

一、教学目标

　　1.训练学生当别人提出不合理的要求,或者让你去做力所不能及的事情时,应当拒绝。

　　2.学会拒绝别人时态度诚恳、理由充足、讲究方法。

二、教学重、难点

　　教学重点:明辨是非,能听清楚别人提出的要求什么地方不合理,并勇于拒绝。

　　教学难点:如何将拒绝的原因说得充分合理,使对方信服地接受。

三、教学时间

　　1课时。

四、教学准备

　　让学生课前搜集有关拒绝的故事。

五、教学过程

1. 谈话导入,感知拒绝技巧。

(1)师:同学们,在生活中,当别人对你提出不合理的要求,或者让你去做力所不能及的事情时,你会怎样做呢?(板书:拒绝)

(2)师讲述小故事。请生简要谈谈听后感受。

关于拒绝,一个流传很广的故事是百度的李彦宏。当百度还是一个小公司时,曾有一个对百度非常重要的项目招标。客户要求投标企业在三个月内提供产品,其他公司都同意了,而他拒绝了,因为他认为在那么短的时间内做出合格的产品是不可能的事情。最后,选择了拒绝而让客户认为更值得信赖的百度中标了。

(3)师:有时候,勇于说"不",结果并不糟糕,拒绝中还有大学问。这节课,我们就来学会拒绝。(板书:学会)

【设计意图:学生普遍的心理认为,拒绝别人是不礼貌的行为。因此,课堂开始,教师以一个成功的拒绝别人的案例为引子,消除学生的担忧心理,激励学生勇于拒绝。这是"学会拒绝"的重要前奏。】

2. 创设情境,探究拒绝技巧。

(1)怎样拒绝别人呢?这里有个例子:周雨和几个小伙伴踢球时不知怎的将足球踢到高高的树杈间了。周雨叫李亮爬上树去取。可树旁竖着"禁止攀爬"的标记。李亮怎么拒绝呢?

(2)生讨论。可请两生表演,必要时师可参与表演。

(参考对话:

周雨:李亮,你会爬树,快爬上去把球拿下来。

李亮:这样不好。你看牌子上写得很清楚——禁止攀爬。

周雨:没关系,你动作快点,没人看见。

李亮:不行。树杈那么高,爬上去太危险。而且,对保护树木也不利。

周雨:那你说咋办?

李亮:肯定有办法。走,咱们去找根断落的长树枝试试。

……)

(3)引导学生评价此次拒绝过程。

(4)师生共同总结拒绝要点:态度诚恳 语气坚定 理由充分

(5)师推荐几种巧妙的拒绝方法。

请人转告。当面难以拒绝的事,可请第三者转达。

另做选择。对方提出的要求,如你难以完成,可以根据实际情况,向对方提出一些有效建议,用另一种替代的方法去帮助他。对方感受到你的真诚之后,就更能心平气和地接受你的拒绝了。

【设计意图:师生合作进行角色表演,能调动学生的主动性和积极性。在具体情境中,学生联系生活体验,敢于表达。在此基础上总结出的拒绝要点,更加真实、有效,易于被学生接受。这样的交际活动少了说教味。】

3. 生生合作,掌握拒绝技巧。

(1)同桌合作,从书上的三道题目中选择其中的一道,讨论该如何拒绝,然后分角色合作表演拒绝的场面。

(2)小组合作上台表演拒绝的场面,请学生评价,并进行改进。

第一题要点:

①会浪费很多钱。

②坐得久了,损害视力,还会得颈椎病。

③打游戏会上瘾,必然影响学习。

第二题要点:

①做作业是为了巩固所学的知识,应该完成。

②班干部要履行自己的职责,不能对老师撒谎,应帮助同学改正错误。

第三题要点:

做人要有诚信。如果因为半张门票失去宝贵的诚信,实在得不偿失。

4. 联系生活,巧用拒绝技巧。

(1)师:从同学们的表现,看出大家已掌握了拒绝的技巧。在我们的现实生活中,还有哪些需要拒绝的事情呢?通过今天的学习,你的拒绝是否会更委婉、更诚恳些了呢?

(2)四人一组,结合平时的生活体验,设计一个话题,练习拒绝。师巡回参加小组讨论。

(3)请几个小组表演,共同点评。

(特别提示:拒绝时,要做到以理服人,注意自己的态度不能因为有道理、有理由就盛气凌人;只有在别人的要求不合理,或你力所不能及的时候才可拒绝。更多的时候,我们要充满爱心,乐于助人)

【设计意图:口语交际强调双向互动,而不是听与说的简单相加。课堂上,要给予学生充分的活动时间,人人参与,角色体验。口语交际的练习题目必须与生活有机链接,才能达到学生自主交际的目的,从而将课堂习得的交际技巧投身实践。】

5. 总结延伸,内化拒绝技巧。

师:今天我们共同学习了一些拒绝技巧,其中的学问还很深,有待我们在生活中不断摸索、总结,掌握语言的艺术。最后把喜剧大师卓别林的话给你们:"学会说'不'吧!那你的生活将会美好得多。"

板书设计

学会拒绝
态度诚恳
语气坚定
理由充分

探究反思

1. 双向互动，注重交流和沟通。

只有交际双方处于互动的状态，才是真正意义上的"口语交际"。在"学会拒绝"交际活动中，学生受视野和思维方式等限制，往往尤为关注拒绝的一方，忽视被拒绝一方，其实也有自己的理由。那样，这个话题就减弱了互动性。因此，在教学中，教师不仅要引导"拒绝一方"说出理由，让他"能言善劝"，也要引导"被拒绝一方"说出自己的想法。这样，在交际时才不会变成一个人的"独角戏"。交际的艺术才能充分彰显。

2. 立足生活，探究交际技巧。

口语交际必须营造接近学生生活的情境，让学生均有自己的生活经验做基础，都有话可说，才能体会到交流的乐趣。课堂上，交际技巧也必须基于学生原有的生活经验。通过教师的有效引导、调控，学生在交际活动中自主体验、逐渐领悟。口语交际能力的形成，仅凭口语交际课的教学是很不够的，还需要通过大量的语言实践，学生才能不断内化、提高。教师应鼓励学生融入生活这个广阔的交际舞台，锻炼自己的口语交际能力，从而真正达到会说的目的。

5. 学做节目主持人

教学内容 苏教版四年级下册第五单元口语交际

创新思考

　　学做节目主持人,这是学生从未练习过的一种全新的口语训练。本次口语交际旨在让学生在具体的语言环境中进行交流,了解作为一名主持人必须掌握的简单程序。交际情境的创设应当引发学生交际的需要,只有发自内在的交往需求,才可能产生富有实效的口语交际活动。因此,口语交际教学情境的创设应当尽量贴近现实生活,符合学生的年龄特点。

教学设计

一、教学目标

1. 了解主持人的常用语言。
2. 尝试根据节目内容设计开场白、结束语和串词。
3. 根据所写的主持词上台模拟主持过程。

二、教学重、难点

教学重点:了解主持人的常用语言。

教学难点:

1. 根据节目内容设计串词。
2. 模拟主持过程,仪态端庄,说普通话,精神饱满。

三、教学时间

1课时。

四、教学准备

图片、手卡、话筒。

五、教学过程

1. 激趣导入。

(1)精彩的节目丰富了我们的生活。俗话说,红花要有绿叶衬。一台再好的晚会,如果没有节目主持人,就不会光彩夺目。那同学们都知道哪些著名节目主持人?

(2)(出示主持人图片)指名介绍并说出他所主持的节目名称,喜欢的原因或者特色主持词。

(3)是啊,这些主持人都有自己独特的风格,给我们留下了深刻的印象。今天,我们也来过把主持瘾,主题就是"六一"儿童节。

【设计意图:口语交际意味着"生活",它是一种需要、一种智慧,是"现代公民的必备能力"。真正充满生命力的口语交际教学,应该植根于学生的生活世界,在共同而和谐的气氛中打开话匣子,引发学生内需,以便形成比较强的交际素养。】

2. 明确要求。

(1)齐读书上要求。

(2)指名概括准备内容。

(3)谁能根据这次的主题给我们现场说段开场白与结束语呢?

(4)小结:节目开始之前要做一个简单的开场,内容就和庆祝"六一"、抒发同学们的感情有关,如"亲爱的老师、同学们,你们好!一年一度的儿童节又到了,今天,我们齐聚一堂,就让我们放声高歌,尽情舞蹈,庆祝这个属于我们自己的节日吧!四(6)班庆'六一'儿童联欢会现在开始!"

所有节目表演结束后,要进行总结或说说愿望和祝福,如"欢乐的时光总是如此短暂,今天的联欢会就要结束了,再次祝大家节日快乐!明年的今天我们再相会"。

(5)我们除了要事先准备好这两个内容,还要写好衔接每个节目的串词,这就要求我们根据场上的气氛灵活调整内容。你们认为写串词需要注意什么呢?

(6)尝试设计串词:

如果刚才表演的是个舞蹈节目,你会如何点评?如果是小品呢?如果下一个活动是小游戏,你如何介绍?

(7)小结:同学们说得都不错,过渡自然,既点评了上个节目,又引出了下个节目,激发了观众的兴趣,看来大家都具备做主持人的潜质。下面我们就来看看咱们班庆"六一"联欢会都有哪些精彩节目吧!

【设计意图:本课内容是在正式场合中的、带有一定技巧的口语交际,大部分学生在日常生活中都缺少这种交际的环境,因此虽然对内容不陌生,但是缺乏相应的知识和技能,需要教师在活动中给予细致的指导,以积累这方面的口语知识,形

成"根据现场需要和反馈信息临时增删、调换说话内容,变化用语及语气"等技能。】

3. 分工合作。

(1)出示节目单:

大合唱:《宇宙的种子》

小品:《不差钱》

古筝配乐诗朗诵:《水调歌头》

三句半:《文明好少年》

舞蹈:《福娃大团圆》

小魔术:《小球穿透术》

英语童话剧:《老鼠嫁女儿》

歌伴舞:《快乐的节日》

【设计意图:《语文课程标准》指出,"口语交际教学活动主要应在具体的交际情境中进行","让学生承担有实际意义的交际任务"。交际情景的生活化,可以促进学生语言能力的发展,提高运用语言的能力。创设真实的口语交际情境,充分调动学生的表达热情,让学生有机会去展示,乐于去表达。】

(2)出示合作要求:

①前后四人为一小组。

②将上述节目分为两组,由两名同学分别完成,其余两名同学完成开场白和结束语。

(3)生各自完成手卡。

(4)谁来为我们朗读一下开场白?还有其他的设计吗?

(5)依次请同学朗读所写的串词和结束语。

(6)再次修改。

4. **指导实践。**

(1)出示主持要求:

①仪态端庄,面带微笑。

②说普通话,声音洪亮。

③精神饱满,富有激情。

④根据需要,添加动作。

(2)组内根据刚才的分工,合作练习主持。

(3)上台组合主持。

(4)其余学生对照四点要求评选星级主持。

【设计意图:"互动"是口语交际教学的基本特点,采用小组合作法,将任务细化,降低活动难度,选择即席表演,多个回合的交流提高交际质量,从单一到综合,从浅易到复杂,一步步深入,体现交际由比较简单、表面到比较丰富、深入的训练过程。】

5. **总结寄望。**

同学们完成得都很出色,今后,我们的班级队会、元旦联欢会、学校的大型活动都需要招募优秀的主持人,希望大家能将今天所学运用到以后的实践中去,一展风采!

板书设计

学做节目主持人

开 场 白　　串　词　　结 束 语

渲染气氛　　衔接自然　　总结寄望

探究反思

《新课标》指出:"语文教师应高度重视课程资源的开发和利用,创造性地开展各类活动,增强学生在各种场合学语文、用语文的意识,多方面提高学生的语文能力。"训练之前,教师先从学生熟悉的节目主持人导入,拉近了学生和文本的距离,调动了学生的积极性。让学生谈谈对主持人的印象看似是课前的谈话,实际上是让他们概括主持人所具备的品质,这样就让学生轻松进入了情境。接下来,教师通过让学生回忆以及举例初步了解写开场白、串词和结束语的方法,梳理主持的各个环节,形成一个清晰的流程。《新课标》积极倡导自主、合作、探究的学习方式。本节课中,教师引导学生由说到写,由演到评,合作学习环节设置的成功就在于降低了学生学习的难度,提高了学习效率,培养了协作能力,让学生在交流中促表达,在表演中促体验。

6. 学会安慰

教学内容 苏教版四年级下册第三单元口语交际

创新思考

《学会安慰》是一个极易让学生动情的话题,要利用教材提供的话题创设情境、营造氛围,使学生产生"如入其境"的亲历感、现场感,尽可能地回归常态、还原生活。这样,有利于克服学生的心理障碍,积极投入,主动交际,提高训练质量。让学生学会如何用恰当的语言安慰他人为重点,同时在学会安慰的基础上再学会表达感谢。

教学设计

一、教学目标

1. 培养学生在别人遇到不顺心的事时具有安慰他人的意识,学会说安慰别人的话。

2. 学会倾听,有交际的自信心,说话时态度自然大方。

3. 培养学生初步具有文明和谐地进行人际交往的能力,培养学生关爱他人的品质。

二、教学重、难点

教学重点:在具体的情境中进行口语交际的训练,使学生具有文明的语言修养。

教学难点:学生敢于发表自己的意见,在倾听他人说话时要认真、耐心,能抓住重点,并能简单地转述。

三、教学时间

1课时。

四、教学准备
制作课件。
五、教学过程
1. 情境导入,感受安慰。
2008年5月12日的汶川大地震,震惊了全世界,它使无数的家园毁于一旦,让无数的人们遭遇了难以承受的生命之痛。这位压在废墟下的女孩是北川县曲山小学的四年级学生李月。她是一位酷爱芭蕾舞蹈,连做梦都想成为一名舞蹈家的漂亮女孩。可这场无情的地震却夺去了她的左腿,毁掉了她一生的梦想。没有了左腿,她再也无法像其他孩子一样欢快地行走、奔跑;再也无法穿上红舞鞋跳她心爱的芭蕾舞蹈;甚至当她坐着轮椅来到大街上,看到的再也不是人们羡慕的眼光,而满是怜悯和同情……

可就在李月无比伤心、痛苦、绝望的时候,来自社会各界的武警战士、医生、护士,还有残疾人艺术团的叔叔、阿姨们都纷纷伸出援助之手,给予了李月无微不至的关怀、爱护和鼓励。他们的真情安慰让她战胜了自卑和困难,重返芭蕾舞台。

最后,李月以其优美的舞姿、灿烂的笑容定格在残奥会的开幕式上,也定格在世界人民的心中!孩子们,可见安慰的力量是多么伟大,今天这堂课,就让老师和你们一起化作爱的天使来学会如何安慰他人。

出示课题:《学会安慰》

2. 范例引路,学会安慰。
(1)小李月的遭遇也牵动着我们的心。同学们,此时此刻,你的心里有什么感受?你知道小李月的感受吗?作为同龄人,我们能为她做些什么呢?

(真诚的安慰、热心的帮助)

(2)怎样安慰才能让小李月不再这么伤心?

学生练习说话。

(3)谁的安慰最打动你?从语言、动作、表情、效果等方面评价,提建议。

(4)小结:是啊,当别人伤心、难过、苦闷时,一个关切的眼神,一个轻轻的拥抱,一句温馨的话语,都是多么的重要啊!我们只有怀着一颗同情心,委婉地、真心实意地给予别人安慰,才能打动别人的心,给别人带来快乐。

板书:安慰者
   语言委婉
   真心实意

3. 练习安慰,表达感谢。
是的,生活中每个人都有烦恼和不顺的事,老师也不例外,你们愿意倾听老师的烦恼,为老师排忧解愁吗?

(1)老师是爸爸妈妈的独生女,从小就是他们的掌上明珠,可自从参加工作后,我就远离父母,和他们聚少离多。儿行千里母担忧啊,他们每时每刻都在想着我,念着我,尤其是如今,他们都是六十几岁的人了,生活上有很多不便,需要我的照顾,我却不能常常待在他们的身边陪伴他们。我总觉得自己不孝顺,你们说我该怎么办啊?

(2)看到这么多同学愿意帮助老师,我很感动,不过,在你们安慰我之前,要给大家布置一个观察任务:老师在接受大家安慰时,我的语言、动作、神情这些方面做得怎么样?

(3)听完你们的话,我觉得心里舒服多了,谢谢你们对我的安慰,还有给我提的建议,老师一定会化作实际行动去做,我想在座的每位老师听了大家对我的安慰后也会和我有同样的感受,不管有多忙,我们都要记得关爱父母。你们的安慰不但会感动我,也会感动在座的每位老师。谢谢给予我真心安慰的爱心小天使们!

(4)学生安慰,老师应对。

(5)评价:你们认为老师在得到这些同学的安慰后做的怎么样?

(6)小结:是呀,当别人安慰了我们后,我们就应当怀着一颗感恩的心,真诚地对人家说声谢谢!感谢人家给自己带来的快乐!

板书:被安慰者
　　　态度真诚
　　　表达感谢

4. 综合实践,深化主题,升华情感。

老师曾听人说:安慰别人的人是天使,他带走了烦恼和忧愁,留下了快乐和温馨,老师真高兴,我有这么多的爱心小天使。请同学们找到自己的好朋友问一问他们有什么烦恼和忧愁,去安慰安慰他们,当然也可以敞开心扉大胆地把自己心中的烦恼、委屈、不愉快的事说给他们听,让他们帮你解忧,让我们一起去享受安慰别人和得到别人安慰后的那份快乐吧!

【设计意图:口语交际的教学活动应在具体的交际情境中进行。教师为此创设了全班进行交际和学生个别进行交际的情境,可以扩大交际面。】

(1)请学生汇报安慰过程。

(2)采访收获。

(3)同学们,我们一句轻声的安慰,一声真诚的感谢,汇成的是一条爱心的小溪,谱写的是一曲爱的奉献,愿我们的安慰能让受伤的心灵如沐春风,让我们的关爱能伴在座的每一位一路同行,让爱心天使满人间!

板书设计

（略）

探究反思

教学中要教会孩子多角度、全方位地进行安慰，告诉学生方法和技巧，培养交际技能，让学生的安慰产生实质性的效果。

教者转换角色，诉说自己的烦恼，寻求学生的帮助，引导学生观察、倾听自己的应对，总结出被安慰者应有的应对要求和技巧，这种示范作用巧妙而自然，便于学生模仿。

7. 小小新闻发布会

教学内容 苏教版五年级上册口语交际四

创新思考

　　这节课旨在以"新闻发布会"的形式培养学生关注新闻的意识,提高评论新闻的能力,在表达与交流中提高学生口语交际的水平。每一位学生都是口语交际的主体。教师在组织教学的过程中,必须面向全体,关注所有学生。课堂上拟通过"播报员"、"评论员"的角色互换,让交际多角度进行,体现人人参与,彰显生生互动,充分体现"平等对话,互动生成"的特点。学生在充分自主实践的基础上,掌握交际要领。同时,角色体验激起学生兴趣,奖项设置引发学生的竞争意识,交际情境呈现勃勃生机。

教学设计

一、教学目标

　　1.让学生在"新闻发布"的交际情境中,学会倾听、表达和交流,提高口语交际能力。

　　2.鼓励学生通过多种途径收集新闻,关注时事新闻,能简单地对某则新闻谈谈自己的看法。

二、教学重、难点

　　教学重点:引导学生观察社会现象,学会准确表达、合理评议。

　　教学难点:培养学生认识社会、评价事件的能力。

三、教学时间

　　1课时。

四、教学准备

　　1.让学生通过多种途径收集新闻,如看电视、读报纸、上网、观察生活等。并从收集到的新闻里挑选出自己感兴趣的,试着用自己的话来表达。再想一想自己对这则新闻有什么看法。

2.学生通过电视看主持人如何播新闻。

五、教学过程

1.创设情境,明确要求。

(1)课件播放中央电视台由少儿主持的《新闻袋袋裤》栏目中的精彩片断。

(2)师:看着口齿伶俐、镇定自若的新闻小主播,你想不想也来露一手?

(3)师生讨论,明确新闻播报的要求。

①掌握发布新闻的方法。

〈1〉先说说新闻的标题,引起大家的注意。

〈2〉再简单介绍一下新闻的时间、地点、人物及事情的经过、结果。

〈3〉最后可谈谈自己的感受。

②播报新闻必须做到落落大方、声音响亮、语速适当、用词准确、选材新颖、富有感染力等。观众也要认真倾听。

【设计意图:通过播放、讨论学生熟悉的少儿新闻节目,给学生提供了评价新闻的依据,使他们知道该怎样播新闻、评新闻,为交际活动的开展奠定基础。】

2.小组合作,初步互动。

(1)以小组为单位,每位组员说说自己准备的新闻。

要求:

①每个同学能清楚地讲述自己的新闻及感受、想法。

②倾听新闻时要专心,可向讲新闻的人提出问题或谈感受。

(2)小组长组织本组同学选取一两则大家都感兴趣的新闻,选出小组发言代表。

(3)小组发言代表练说自己准备的新闻,组员出谋划策,共同指导。

【设计意图:通过小组讨论与交流,让每一位学生都参与交际。通过不同的角色体验,在语言实践、生生互动中学会交际。这遵循了口语交际的主体性原则。】

3.集中评议,全面互动。

(1)设立奖项,激励参与。

①"最佳新闻播报员"(播报新闻是否做到声音响亮、语速适当、用词准确、选材新颖、富有感染力等)

②"最佳新闻"(新闻内容是否新颖、有趣等)

③"最佳评论员"(能否抓住关键问题提问,并有自己独到的见解)

(2)召开新闻发布会。

活动要求:选手积极参赛,听众认真倾听,积极参与,公正地评选出相关获奖者。

①每组推选的代表轮流上台播报新闻。

②每一则新闻播报完毕之后,老师有意识地指导学生提修改建议、发表看法等。

(3)活动评奖、颁奖。

【设计意图:此环节奖项的设置,是为了调动学生学习的积极性,促进学生乐于交际,善于交际,从而培养学生的参与意识、竞争意识。在评论新闻时,教师要注意引导学生对新闻价值的正确理解,培养学生积极、向上的情感态度与价值观。】

4.学以致用,鼓励实践。

(1)今天我们班举行了小小新闻发布会,这可是咱们班的新鲜事,谁能对这件事进行现场播报?

(2)个别学生上台播报。老师指导其说清新闻的时间、地点、人物及事情的经过、结果,并拟个恰当的标题。

【设计意图:新闻的一大特色是及时,这个环节的设计充分体现了这一点。学生通过前面几轮的练习,现在得以实践,因而学习热情高涨,课堂气氛推向高潮。】

5.活动延伸,拓展交际。

(1)师:在我们丰富多彩的生活中每天都有许多新鲜事。希望大家热爱生活、关注生活,锻炼自己的口才,增加自己的胆识。正如中国古代一副对联所说:"风声雨声读书声,声声入耳;家事国事天下事,事事关心。"

(2)活动设计:每周一的语文课前3分钟为新闻播报时间,同学轮流当主持人,播报自己感兴趣的新闻。

板书设计

小小新闻发布会

播报员:声音响亮　　　　　听众:认真倾听

语速适当　　　　　　　　　提问抓要点

用词准确

选材新颖

富有感染力

探究反思

1.多维互动,注重思维指导。

要提高孩子们的口语交际能力,思维指导必须跟进。本次口语交际,培养学生的认识社会、评价事件的能力是教学难点。因此,在"播报员"和"评论员"展开对话的环节,教师要予以适时、有效、有针对性的引导,这既是对交际活动的调控,也是对学生评价能力的指导,更体现了新闻发布会真、新、快的特点。

2. 学以致用,融入社会实践。

"语文的外延与生活的外延相等。"口语交际应该与学生的生活密切结合。离开了学生的生活,口语交际只能是水中月、镜中花。通过"小小新闻发布会",培养学生关注生活、热爱生活的情感态度。通过把自己接触社会、了解社会的情况向别人介绍,或者评论别人播报的新闻,从而认识社会,增强主人翁意识。将新闻交流引入日常教学活动,更是体现了交际活动的实践性。

8. 诵读与积累

教学内容 苏教版五年级下册第七单元

创新思考

《诵读与积累》是苏教版小学语文教材"练习"中的一个重要部分,目的是帮助学生接触更多的语言材料,"丰富学生的语言积累",要求在学生头脑中达到熟读成诵的目的,同时让学生了解、吸收中华优秀文化,促进其语文素养的发展。

《诵读与积累》就像一眼清泉,唯有不断的流动,才会永不停息地涌出。如果没有流动,就会成为一潭死水,最终枯竭。教学时,我们一方面要引导学生找出词语内部的关系、特征,让学生结合工具书弄明白词语的意思以及出现在什么样的语境中,从而达到识记理解并能灵活运用的目的;另一方面本着运用的原则,我们要创设学生乐学的情境,让学生在轻松愉快的氛围中"读读背背"、"说说写写",从而丰富语言的积累,提高学生的语言表达能力。让《诵读与积累》的内容进入学生头脑的周转站,再把积累的东西运用到阅读写作中去,运用到日常生活中去,运用到语文学习的过程中去。

教学设计

一、教学目标

1.通过学习,让学生积累一组描绘四季美好景象的成语。

2.引导学生感知四季的美,激发学生热爱大自然的情感。并懂得时不我待的重要内涵,做一个珍惜时间的人。

3.引导学生乐于运用自己积累的成语进行说话、写话。

二、教学重、难点

教学重点:在诵读的基础上进行积累,并能联系生活感悟成语的意思。

教学难点:在理解成语的基础上进行有效运用。

三、教学时间

1课时。

四、教学准备

学生利用工具书扫清阅读障碍,查阅不理解的词语。

五、教学过程

1. 读——清除障碍。

(1)出示12个成语,学生初读,利用工具书查准字音。

(2)检查正音:"万象更新"中的"更"读"gēng","骄阳似火"中的"似"读"sì","寒气袭人"中的"袭"读"xí"。

(3)指导朗读:一行一行地读。

(4)读给同伴听,评价。

2. 读——琅琅成诵。

(1)囫囵吞枣式背诵:比赛速背,看看谁背得最快。

【设计意图:让学生像古人上私塾一样,先摇头晃脑读起来,甚至背诵储存起来,在不求甚解的读中先背下来。让学生"先吞噬、后反刍"。】

(2)才艺展示:根据自己的实际情况进行背诵,可背全部,可背一部分。

(3)激励评价。

【设计意图:由于同学们比赛的对象是自己,而非他人,故而踊跃地投入到背诵比赛中,"在蹦一蹦中摘到桃子",让每一位学生都能体验到成功的喜悦。】

(4)多种方式巩固背诵。

分行背:读第一行背第一行;读前两行背前两行;读前三行背前三行;读全部背全部。

拍手背:四字成语多合辙押韵,朗朗上口,教学中可引导学生边击掌,边读背。每两字为一节拍,每四字为一重拍,轻重结合,缓急相间,边拍边诵,其乐融融。

轮对背:语串中的每对成语,意思相近或相承,可男女轮读轮背,可师生对读对背。

【设计意图:小学生的注意力集中时间短,他们活泼好动、爱玩、爱唱、爱做游戏,要想激发他们的兴趣,集中他们的注意力,必须不断地变换读背的形式,使他们乐此不疲,才能真正地将内容记在脑海里。】

3. 读——探究内涵。

(1)交流你读懂的词语。

(2)质疑你不懂的词语,请"小老师"解疑。

(3)总结:说说每行词语的意思。

【设计意图：让学生当"小老师"，激发学生的学习积极性，把课堂回归于学生，是学生的课堂当然得由学生做主。】

4. 读——拓展延伸。

(1)仔细观察，寻找规律：四季交替，时光变化，珍惜时间。

(2)拓展：有同样意思的还有哪些词语？写下你积累的其他描写四时的词语。

春　春暖花开　春色满园　姹紫嫣红　莺歌燕舞
夏　大雨如注　烈日当空　疾风骤雨　夏日炎炎
秋　秋高气爽　丹桂飘香　果实累累　秋雨潇潇
冬　鹅毛大雪　冰冻三尺　寒风刺骨　寒冬腊月

(3)你积累过哪些有关四季的古诗？

春　云淡风轻近午天，傍花随柳过前川。
　　好雨知时节，当春乃发生。
夏　接天莲叶无穷碧，映日荷花别样红。
　　黑云翻墨未遮山，白雨跳珠乱入船。
秋　独在异乡为异客，每逢佳节倍思亲。
　　采菊东篱下，悠然见南山。
冬　遥知不是雪，为有暗香来。
　　大雪压青松，青松挺且直。

(4)珍惜时间的成语和诗句有哪些？

时光飞逝　时不我待　岁月如歌　时光荏苒
一寸光阴一寸金，寸金难买寸光阴。
日日待明日，万事成蹉跎。

【设计意图：让学生首先找出这些成语的特点，然后利用学生已有的知识储备，让学生说出具有相同特点的词语，并由此拓展到相关四季的古诗，以丰富学生对同类词语的积累。】

5. 读——灵活运用。

(1)提供语言环境，学生选择相应词语填入。

(欢度春节时想到_____；郊游时想到_____；劝解上网成瘾的朋友时想到_____；大雪纷飞时想到……)

(2)读一读，用其中的一些词语说一段话。

(3)评价。

【设计意图：理解成语的意思后，提供语言环境选词填空，再用所学的几个成语说一段话，创设积累成语的语境，激发学生积累成语的兴趣，利于今后的记忆、拓

展、运用,真正达到学以致用的目标。】

6.写——丰盈积累。

(1)写下你在本节课积累的词语、句子。

(2)写下一段话,用上你积累的词语。

【设计意图:以"读、背"促"说、写"。学生在自由自主、乐意融融中探索新知,拓宽知识面,形成探究新知的能力,使一节本属枯燥乏味的《诵读与积累》课变得内容丰富和活力四射。】

板书设计

清除障碍
琅琅成诵
探究内涵
拓展延伸
灵活运用
丰盈积累

探究反思

儿童时代是学习语言、发展记忆的黄金时期。朗读背诵应该说是小学生学习语文最直接有效的方法。通过诵读、背诵,不仅可有效地刺激孩子的记忆力,还能让孩子集中注意力,使孩子变得更加聪明。故而在课堂上运用多种方法,拓宽读背空间,提高读背效率。而积累贵在运用:在教学中结合教学内容,巧妙地激活学生已有的积累,让积累的词语"运动"起来,促使积累和运用相互促进,相得益彰。《诵读和积累》就是编者的有心插柳,教师要明其用心,行有效之举,定能"绿树成荫"。